川嶋四郎
宮永文雄
鶴田　滋
上田竹志
園田賢治
濱田陽子
酒井博行
濱﨑　録
薗田　史
池田　愛
渡邉和道
石橋英典
山中稚菜
寺村信道
山本　真

川嶋四郎【編著】

判例民事訴訟法入門

Introduction to
Civil Procedure
with Leading Cases

日本評論社

はしがき
──本書を読む前に

　本書は、民事訴訟法を判例とともに学ぶための入門書です。民事訴訟の基本的な仕組みと判例を分かりやすく理解するために、民事訴訟のプロセスを概説しながら、先例となる重要な判例（判決・決定）をほぼ網羅的に学べるように工夫しました。授業のテキストとしても、自習用の書物としても、かなり役立つと考えています。

　民事訴訟法の領域には、1冊で訴訟手続と判例法の全体像を学ぶことができる手軽な入門書は、これまで無かったのではないかと思います。この本の着想は、授業の中から生まれました。学生たちのおかげです。民事訴訟法を学ぶ学生は、条文や原理原則を学び、民事訴訟法が実際にどのように用いられるかを学習することになりますが、裁判所での民事訴訟はいわば非日常的な営みですので、実際にはなかなか具体的なイメージをつかむことができません。判例は教材として役立ちますが、これまでテキストの中に重要な全ての判例を比較的詳しく盛り込んだ入門書は存在しませんでした。そのような書物が欲しいという学生たちのニーズに答えるために生まれたのが本書なのです。

　最近、特にSDGs（Sustainable Development Goals.「持続可能な開発目標」）が、様々な機会に語られています。その中で、意外に知られていないのが、「世界的目標」17項目中の第16番目に、「平和と公正をすべての人に（Peace, Justice and Strong Institutions）」と題して、「持続可能な開発のための平和で包摂的な社会を促進し、すべての人々に司法へのアクセスを提供し、あらゆるレベルにおいて効果的で説明責任のある包摂的な制度を構築する」という項目です。その16.3には、「国家および国際的なレベルで法の支配を促進し、すべての人々に司法への平等なアクセスを提供する」とあります。ただし、残念ながら、今のところ日本国は、この目的に沿った民事裁判制度の具体的構想を、必ずしも明らかにできていません（現在進行形である「民事裁判のIT」化の方向性にも、か

なり疑問があります。川嶋四郎＝笠原毅彦＝上田竹志『民事裁判 ICT 化論の歴史的展開』〔日本評論社、2021 年（近刊）〕参照）。

　しかし、私たちの日常生活、企業の経済活動、公共団体等の各種行為等から発生する様々な民事紛争を解決し、最適な法的救済を提供できるセーフティネットとして、裁判所は、全ての人、企業、公的団体等に平等かつ公正に開かれていなければなりません。「正義・司法へのアクセス（Access to Justice）」の重要性です。利用者一人一人を大切にし「誰一人取り残さない民事司法」が、日本において保障されねばならないのです。これが、日本国憲法の本旨でもあり、民事訴訟法学者の悲願でもあります。

　現在の民事訴訟過程とその現実の営みの一端は、「法発展の公共財（Public Goods）」とでも言うべき判例を見れば、窺い知ることができます。本書が、多くの判例を詳しく紹介しつつ民事訴訟の現在の実践風景、すなわち「生きた民事訴訟法」の姿を提供したかったのは、まさに、その学びを通じて、現在と将来の人々のためによりよい制度のあり方を考えてもらえればと思ったからにほかなりません。そこは、民事事件を解決する過程で「正義（Justice）」を実現することができる稀有な場なのです。

　ロシアの文豪レフ・トルストイは、晩年の名著『復活』（1899 年刊）に、「人間は川のようなものである」と記しました。人は多様であり一人の人間も変化しうることを、川にたとえたのです。私は、民事訴訟のプロセスも流れる川のようなものだと考えています。しかも、それは人生にも似ています。民事訴訟過程は、個別訴訟事件ごとに様々な様相を示すだけではなく、一定の制約はありますが、当事者らが手続を進めていくことを通じて、救済結果を自ら創造していくこともできるのです。それはダイナミックなプロセスなのです。ただ、そのような醍醐味とともに、訴訟には怖さもあります。それでも備えあれば憂いなしであり、手続や判例を知っていれば、事前に適切な対応をとることも可能になるのです。民事訴訟法の条文にはすべてが書かれているわけではありませんし、また、民事訴訟の原理原則も抽象的な指針にすぎませんので、判例こそが、いわば「導きの星」あるいは「聖エルモの火」（嵐から航海士を救う炎）となりえるのです。

　確かに、英米法のように、日本の判例には「先例拘束性」はありませんが、

最高裁判所は1つであり、同じような事件の場合には最終的には同じような判断が下されることが予測できますので、日本でも判例は重要な役割を担っています。学習の観点から、判例は、民事訴訟が現実の事件でどのように行われ、民事訴訟法がどのように活用されているかを知るための格好の素材となるのです。

　ともかく、難しい学問とされる民事訴訟法とその実務の姿を、一人でも多くの人々が、本書を通じて身近に感じてもらえれば、執筆者の喜び、それに過ぎるものはありません。

　本書は、当初、2019年5月のある祝賀の席で企画を公表し、私が本書の執筆者に説明した上で執筆に取りかかってもらい、できるだけ早く公刊することを考えていました。しかし、思わぬことからその席ではそれが叶わず、結局遅れてしまいました（ただそのための幸運として、最新の判例を盛り込むことができたのですが）。それにもかかわらず、我慢強く原稿をお待ちいただき、しかも懇切丁寧に様々なご助言をいただきました日本評論社の岡博之氏、厳しい出版界の事情の中で本書の刊行を快くお引き受けくださいました、同社の串崎浩社長には、心から深く御礼を申し上げます。

　なお、本書の執筆者は、私がその学びをサポートすることができた律儀で真摯な信頼できる教育研究者たちです。皆さん、現在大学と民事訴訟法学の世界で活躍しています。執筆者からは、いずれも力作というべき原稿を受け取りましたが、できるだけコンパクトで分かりやすい民事訴訟手続・判例に関する入門書を編集するという目的から、我が身を削ぎ落とすような苦痛を感じながら、満遍なくかなり圧縮せざるを得ませんでした。お詫びとともに、皆さんのご健勝とご発展を、心から願っています。

　　　『司法制度改革審議会意見書』公表20周年の盛夏に、霊峰比叡を望みながら
　　　　　　　　　　　　　　　　　　　　　民事訴訟法の世界の片隅にて
　　　　　　　　　　　　　　　　　　　　　　　　　　　　　川嶋四郎

本書の用い方

　本書は、「1冊で民事訴訟の全手続過程と全重要判例を学ぶこと」ができるように、分かりやすくまとめています。

　本書で詳しく取り上げた重要判例の数は全114件、明治から令和までの約110年間にわたります。4元号にまたがりますので、（　）内に西暦も付加しました。日本の歴史とともに、不易流行（変わらないものと変わるもの）を知り、それぞれの時代における人々や裁判所の営みを感じ、民事訴訟判例の歴史的な形成と展開を学んでもらえればと願っています。

　基本的な構成　本書では、まず、訴訟手続について基本事項を時系列に従って概説した後に、その様々な局面ごとに、重要判例を取り上げています。その判例で問題となった論点を示し、〈事案〉では、図示を交えて事実関係を簡潔に説明しています。当事者はXやY等と表記していますが、生身の人間であり活動を行う法人等であることを考え、学びの際には具体的な紛争のイメージを掴んでもらえればと思います（人間社会の事件ですので、様々な人たちが〔当然悪い者たちも〕登場します）。〈判旨〉（または、〈決定要旨〉）では、裁判所の判断内容の重要部分を、ほぼそのまま「　」内で引用しています。ただし、古い判例は、読みやすくするために、カタカナをひらがなに直し、新たに句読点を付したり、漢字にフリガナを振ったりしています（なお、「　」内には、「右のとおり」、「右各物件」、「右登記」等、「右」がよく出てきますが、これは判決書等が縦書きであった時代の名残です）。「　」内で裁判所が引用する判例についても、読者の便宜のために、本書では西暦も付加し、本書全体での判例引用の形式で統一しました。ともかく、個々の事件について日本の裁判所がどのように判断したかは、日本という国の「文明度」を図る物差しになりえます。現在の視点からは疑問となる判例も、先例的なものゆえにあげていますので、読者の皆さんが批判的に考察してもらえれば、いずれ変更されることになるでしょう。

　法令や判例の略記　本書では、**民事訴訟法**を通例「民訴法（みんそほう）」と略記しています。（　）内の引用条文については、民訴法の条文は、単に条数のみで記し、民事訴訟規則の条文は、規○条と表記しています。その他の法令については、憲法は「憲」、民法は「民」等、一般的な略語を用いています（例、憲○条、民○条等。その他の略語については、お持ちの六法等を参照してください）。なお、判例では、旧法の条文が用いられているものも少なくありませんが、その場合には、すべて（対応する）現行法を〔　〕内に記しました。

　判例については、たとえば、「**最三小判昭和 55（1980）年 1 月 11 日・民集 34 巻 1 号 1 頁〔種徳寺（しゅとくじ）事件〕**」（→【判例①】）は、「最」＝最高裁判所、「三小」＝第三小法廷、「判」＝判決、「昭和 55 年 1 月 11 日」＝判決言渡しの年月日、「民集」＝最高裁判所民事判例集、「34 巻 1 号 1 頁」＝第 34 巻の第 1 号 1 頁に登載されたことを、それぞれ示しています。「〔種徳寺事件〕」とは、（編者が付した）通称の事件名です。すべての事件に件名を付加しているわけではありませんが、印象を持ちやすくするために付けています。なお、本文で用いた判例には、「判時（はんじ）」、「判タ（はんた）」、「金法（きんほう）」等の略語もありますが、それぞれ、商業誌である「判例時報」、「判例タイムズ」、「金融法務事情」等の略です。

　なお、現在では、最高裁判所の判例等は、最高裁判所のホームページ（https://www.courts.go.jp）から容易に読むことができるようになりました。そこにはすべての判例が網羅されているわけではありませんし、事実関係も最小限しか記載されていませんが、とりあえず参考になります。事件の全貌を知るためには、現在では全審級の裁判が登載されている「民集」がお勧めです。これに対して、判時、判タ、金法等には、簡潔な解説が付されているので便利です。最近では、判例等のデータベースも、各大学の図書館等で利用できますので、以前と比べて判例へのアクセスは格段によくなりました。暑い夏の日、冷房もない図書館から判例集をたくさん借り出し、汗を流しながらコピーをせざるを得なかった時代と比べれば、隔世の感があります。

　裁判所の判決等の種類については、本文の第 11 講 197 頁を、上級審の裁判所における判断の仕方については、第 14 講 281 頁・282 頁等を、それぞれ参照してください。本書では、民事訴訟のプロセスの各部分が相互に関連し合っているために、索引事項を充実させ、相互に参照しあえるように工夫しました。

あたかも機関車がスイッチバック式の軌道を駆使して峠道を登り切るように、読者の皆さんも、行きつ戻りつしながら民事訴訟法を征服してもらえればと願っています。登頂した山上から眺めることができる日本民事訴訟法の眺望は、格別なはずですから。

　以下には、現在の日本における民事裁判制度の基本的なシステム等を略述しました。民事訴訟法の理解の増進につながればと願っています。

[1] 裁判所の種類・役割等（民事領域）

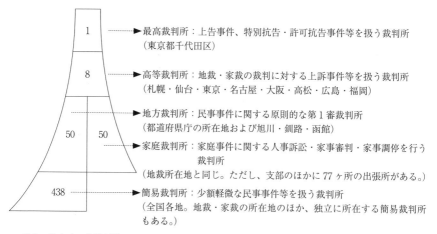

＊　表内の数字は、裁判所数。

＊＊　地方裁判所・家庭裁判所には、それぞれ203ヶ所の支部がある。家庭裁判所には、77ヶ所の出張所がある。

＊＊＊　高等裁判所には、7ヶ所の支部がある。ただし、その中の1ヶ所は、東京高等裁判所内に設置された知的財産高等裁判所である。

＊＊＊＊　（　）内は、各裁判所の所在地。

＊＊＊＊＊　なお、現在、福島富岡簡易裁判所は原発被害のため閉鎖中であり、同裁判所管轄内の民事事件は、郡山簡易裁判所が扱っている。

2021年8月現在

[2] 民事事件審級概略図（訴訟手続〔判決手続〕）

例、【判例①】ほか、多数

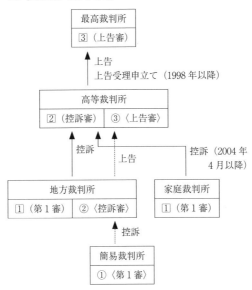

[3] 民事事件審級概略図（決定手続）

例、【判例⑦】ほか

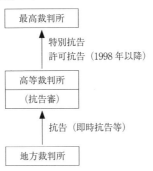

[4] 旧憲法下の民事事件審級略図（訴訟手続） ＊ただし、時期により異なる。

例、【判例⑥】ほか

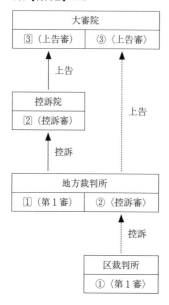

目　次

第1講
裁判所

> 〈本講のポイント〉
>
> 　民事訴訟の舞台となるのは裁判所であり、そこでの主役は当事者である。主役である当事者については、次講以下で述べることにし、本講では、重要な判例を紹介しつつ、まず、裁判所の権限としての民事裁判権やそれが扱う「法律上の争訟」（→Ⅰ）について説明し、次に、裁判所の管轄（→Ⅱ）を概観し、さらに、裁判所・裁判官の公正確保の制度として、除斥・忌避等（→Ⅲ）についても言及し、またさらに、訴訟事件よりもより簡易な手続で裁判を行う非訟手続（→Ⅳ）について説明することにより、民事訴訟のいわば土俵や基本的特質等について学ぶ。
>
> 　なお、基本的な裁判所の組織等については、「はしがき」に記した図表を参照（→ⅵ頁）。

Ⅰ　民事裁判権と法律上の争訟

1　民事裁判権

　一般に、民事訴訟事件（行政事件・家庭事件を含む。）等を審理判断する手続を民事訴訟といい、それを行う国家の権能を、**民事裁判権**という。司法権（憲76条以下）は、この民事裁判権と刑事裁判権とからなる。民事裁判権は、とくに、外国や外国人との関係で、日本の司法権が行使できる範囲を画する意味がある。この権限の内容としては、紛争当事者を裁判に従わせ、かつ、従わない場合に、日本国の司法権が判決内容を強制的に実現できることを含んでいる。これに対して、日本国の民事裁判権内の事件について、どの範囲内で司法権の行使が許されるかに関するものとして、裁判所の**審理判断権**（**審判権**）の限界の問題が

2

ある。

2　法律上の争訟

　最高裁判所は、一切の法律・規則・命令または処分について違憲審査権を有する（憲 81 条）。また、裁判所法 3 条 1 項は、立法部門（国会）、行政部門（内閣）と並ぶ司法部門、つまり裁判所の本来的な役割として、裁判所が、原則として「一切の法律上の争訟」を裁判する権限を有すると規定する。**法律上の争訟**とは、当事者間の具体的な権利義務または法律関係の存否に関する紛争であって、かつ、それが法令の適用により終局的に解決することができる事件をいう（例、最三小判昭和 56（1981）年 4 月 7 日・民集 35 巻 3 号 443 頁〔板まんだら事件〕等）。

　この法概念は、①立法・行政との関係で望ましい司法権の範囲を画定するとともに、②裁判上紛争を処理し法的救済を与えることができる市民間の紛争の種類を限定する役割をもっている。①の例としては、国による警察予備隊設置等の行為の無効確認請求は許されないとした判例（最大判昭和 27（1952）年 10 月 8 日・民集 6 巻 9 号 783 頁）等が、②の例としては、宗教上の教義の当否が問題とされた【判例①】や板まんだら事件（上記・最三小判昭和 56（1981）年 4 月 7 日）等がある。憲法学でも論じられる課題であり判例である。

　裁判所の審理判断権限の範囲は、法システムや裁判所（裁判官）の基本姿勢によって変わりうる。諸外国でもその基本スタンスは多様である。ただし、日本の裁判所は、市民による一定の公的な政策形成を求める訴訟（いわゆる公共訴訟、政策形成訴訟）等に対しては、たとえば、大阪国際空港事件の最高裁判決等に象徴的に見られるように、一般に消極的な態度をとってきた（最大判昭和 56（1981）年 12 月 16 日・民集 35 巻 10 号 1369 頁→【判例㉗】）。

　なお、日本の民事裁判権の及ぶ事件であり、かつ、審理判断権の範囲内のものであっても、訴えの提起が、訴権の濫用（民 1 条 3 項）に当たる場合（例、最一小判昭和 53（1978）年 7 月 10 日・民集 32 巻 5 号 888 頁→【判例㉖】）や不法行為（民 709 条）となる場合（例、最三小判昭和 63（1988）年 1 月 26 日・民集 42 巻 1 号 1 頁）には、提訴は許されず、たとえ訴えが提起されても、その訴えは不適法であり却下される。

> ## 【判例①】　法律上の争訟：宗教団体の内部紛争事件
> ──住職の地位確認請求は、民事訴訟の審理対象となるか？
> 最三小判昭和 55（1980）年 1 月 11 日・民集 34 巻 1 号 1 頁〔種徳寺事件〕

〈事案〉　本件は、宗教団体の内部紛争であり、もともと、宗教法人 A 寺（種徳寺）の住職と代表役員の地位にあった X（原告・被告・控訴人・上告人）が、A 寺を包括する宗教法人である Y 宗（被告・被控訴人・被上告人）から住職罷免処分を受けた結果として、A 寺代表役員の地位も失ったことを争い、Y 宗を被告として、X が A 寺の代表役員の地位にあることの確認を求める訴え等を提起したことに始まる（第 1 訴訟）。この罷免処分は、X が寺務を頻繁に怠り、大多数の檀徒か

```
①第 1 訴訟　X ──────→ Y 宗
　　A 寺の代表役員の地位確認請求
②第 2 訴訟　A 寺 ──────→ X
　　寺院敷地建物引渡請求
　　　　第 1 審：①訴え却下
　　　　　　　　②請求認容
　　　　第 2 審：①②併合
③第 3 訴訟（本件控訴審で追加）
　　A 寺の住職の地位確認請求
　　　　：①②控訴棄却
　　　　　③訴え却下
　　最高裁：上告棄却
```

ら信任されず、A 寺の住職を円満なかたちで続ける見込みが立たないとの理由から、Y 宗の住職任免規程 11 条を根拠としてなされたものである。しかし、X は、そのような事実の不存在や、処分手続が履践されていないこと等を理由として、その処分の無効を主張した。

　そこで、A 寺（原告・被控訴人・被上告人）は、当該寺院敷地建物の所有権に基づいて、その占有者である X を被告として、引渡しを求める別訴（第 2 訴訟）を提起した。ここでは、被告 X が、自らの代表役員たる住職の地位を抗弁として主張し、A 寺が、処分のなされたことを再抗弁として主張したのに対して、X が、上記処分の無効を再々抗弁として主張した。

　第 1 訴訟の第 1 審判決は、X が確認を求める代表役員は A 寺の地位であるから、Y 宗を被告とする訴えは、たとえ請求認容判決が確定しても、その効力が A 寺に及ぶことはないために、有効適切な紛争解決方法といえず即時確定の利益を欠くとして、X の訴えを不適法却下した。また、第 2 訴訟の第 1 審判決は、X の再々抗弁を排斥し、A 寺の引渡請求を認容した。

　両訴訟で敗訴した X が、両第 1 審判決に対して控訴した。控訴審では、両訴えが併合審理されたところ、X は、訴えを変更して、Y 宗を相手方として、自らが A 寺の住職の地位にあることの確認を求める新たな訴えを追加した（第 3 訴訟）。

　控訴審は、この第3訴訟については、住職が宗教活動の主宰者の地位を意味し、法律上の地位とみなされないとの理由から、訴えを却下し、第1訴訟および第2訴訟に関する控訴については、いずれについても第1審の判断を正当として、控訴を棄却する判決を言い渡した。これに対して、Xは、上告理由の第1として、第3訴訟の訴え却下部分について、住職の地位を法律上の地位でないとしたことについて、判決に影響を及ぼすことが明らかな法令違背があること、上告理由の第2として、第2訴訟の第1審の判断を維持したことについて、一方で、住職の地位確認請求訴訟（第3訴訟）に対する本案の判断の余地を否定しながら、他方で、寺院敷地建物の引渡請求訴訟（第2訴訟）の前提問題として、Xの住職の地位が失われたとする第1審判決を維持したことは、理由齟齬（そご）の違法があるとして上告したのが本件である。

〈**判旨**〉　上告棄却。上告理由第1について、「原審の適法に確定したところによれば、Y宗においては、寺院の住職は、寺院の葬儀、法要その他の仏事をつかさどり、かつ、教義を宣布（せんぷ）するなどの宗教的活動における主宰者たる地位を占めるにとどまるというのであり、また、原判示によれば、A寺の住職が住職たる地位に基づいて宗教的活動の主宰者たる地位以外に独自に財産的活動をすることのできる権限を有するものであることはXの主張・立証しないところであるというのであって、この認定判断は本件記録に徴し是認し得ないものではない。このような事実関係及び訴訟の経緯に照らせば、Xの新訴は、ひっきょう、単に宗教上の地位についてその存否の確認を求めるにすぎないものであって、具体的な権利又は法律関係の存否について確認を求めるものとはいえないから、かかる訴（うったえ）は確認の訴の対象となるべき適格を欠くものに対する訴として不適法であるというべきである（最高裁判所昭和……44年7月10日・第1小法廷判決・民集23巻8号1423頁〔銀閣寺事件→【判例⑰】〕参照）。もっとも、Xは、Y宗においては、住職たる地位と代表役員たる地位とが不即不離の関係にあり、A寺の住職たる地位は宗教法人A寺の代表役員たりうる基本資格となるものであるということをもって、住職の地位が確認の訴の対象となりうるもののように主張するが、両者の間にそのような関係があるからといって右訴が適法となるものではない。」（以上、**判旨①**）

　上告理由第2について、「論旨指摘の原審の各判断は、互いに当事者を異にし、訴訟物をも異にする別個の事件について示されたものであるから、その間に民訴法395条1項6号〔現、312条2項6号（理由の食違い）〕所定の理由齟齬（そご）の違法を生ずる余地はなく、したがって、論旨はこの点において理由がない。のみならず、A寺のXに対する右不動産等引渡請求事件は、A寺の住職たる地位にあったXがそ

の包括団体であるＹ宗の管長によって右住職たる地位を罷免されたことにより右事件第1審判決別紙物件目録記載の土地、建物及び動産に対する占有権原を喪失したことを理由として、所有権に基づき右各物件の引渡を求めるものであるから、Ｘが住職たる地位を有するか否かは、右事件におけるＡ寺の請求の当否を判断するについてその前提問題となるものであるところ、住職たる地位それ自体は宗教上の地位にすぎないからその存否自体の確認を求めることが許されないことは前記のとおりであるが、他に具体的な権利又は法律関係をめぐる紛争があり、その当否を判定する前提問題として特定人につき住職たる地位の存否を判断する必要がある場合には、その判断の内容が宗教上の教義の解釈にわたるものであるような場合は格別、そうでない限り、その地位の存否、すなわち選任ないし罷免の適否について、裁判所が審判権を有するものと解すべきであり、このように解することと住職たる地位の存否それ自体について確認の訴を許さないこととの間にはなんらの矛盾もないのである。」（以上、**判旨②**）

　本判決は、**判旨①**で、寺院の住職の地位確認訴訟が、単に宗教上の地位についてその存否の確認を求めるものであるにすぎない場合には、住職の地位が宗教法人である寺院の代表役員となる基本資格であるときでも、確認の訴えの対象適格を欠くものに対する訴えとして不適法であると判示した。これは、「訴訟物レベルにおける宗教問題」の判断の可否が問題となった事案であり、確認対象としての適格を欠くとしている。ここで、裁判所は、確認の訴えの利益（確認の利益）の問題（→ 79 頁）として処理している。

　また、本判決は、**判旨②**で、住職の地位の存否が他の具体的権利または法律関係をめぐる紛争につき請求の当否を判定する前提問題となっている場合には、裁判所は、その判断の内容が宗教上の教義の解釈にわたる場合でない限り、右住職の地位の存否について審判権を有することを判示した。これは、訴訟物の判断の前提問題レベルで宗教問題の判断が要請される場合には、「宗教上の教義の解釈にわたる場合」には、法律上の争訟に当たらず、司法審査が及ばないことを示唆するものであった。

　その後、最二小判平成1（1989）年9月8日・民集43巻8号889頁〔蓮華寺事件〕は、具体的な権利義務ないし法律関係に関する訴訟であっても、宗教団体内部においてされた懲戒処分の効力が請求の当否を決する前提問題となって

6

おり、その効力の有無が当事者間の紛争の本質的争点をなすとともに、それが宗教上の教義、信仰の内容に深く関わっているため、その教義、信仰の内容に立ち入ることなくしてその効力の有無を判断することができず、しかも、その判断が訴訟の帰す（帰趨）を左右する必要不可欠のものである場合には、この訴訟は、裁判所法3条にいう法律上の争訟に当たらないと判示した。上記最三小判昭和56（1981）年4月7日〔板まんだら事件〕（→2頁）も同旨である。

なお、ごく最近の最大判令和2（2020）年11月25日・民集74巻8号2229頁〔岩沼市議会事件〕は、従来の判例（最大判昭和35（1960）年10月19日・民集14巻12号2633頁〔山北村議会事件〕）を変更し、普通地方公共団体の議会の議員に対する出席停止の懲罰の適否が司法審査の対象となる旨を判示した。この判例は、従来司法審査の範囲外とされた事項について、裁判所における法的救済の範囲を広げた画期的な最高裁大法廷判決である。この判例の射程がどこまで及ぶかについては、必ずしも明確ではないが、従来、自律的な法規範をもつ団体や社会等の内部規律に委ねられていた事項について、司法審査が貫徹されることを通じて、内部規律の実体的・手続的な正当性が確保されることが望まれる。

II 管轄

1 管轄の意義

日本全国には様々な種類の裁判所が多数存在する。民事紛争の処理に際して、現実には、これらの裁判所が、一定のルールに従って民事裁判権（→I 1）を分かち合い、個別具体的な訴訟事件の審理判断を行（おこな）っている。

問題となるのは、紛争当事者が、どの裁判所で、実際に法的な救済を得るために訴えを提起でき審理・裁判の機会を得ることができるかである。そこで、特定の裁判所が、事件について民事裁判権を行使できる権能を**管轄権**という。

国家が管轄の配分をどのように定めるかは、当事者から見れば、どの地で紛争解決のためのいわば「土俵作り」を行うことができるかの問題である。すなわち、たとえば、当事者双方が離れた土地に住んでいるような場合には、当事者から見れば、どこの裁判所に訴えを提起して自分の事件の攻撃防御を展開す

ることができるか、あるいは、どこで応訴しなければならないかに関わる問題
なのである。それゆえ、管轄の配分については、当事者の裁判を受ける権利（憲
32条）を具体化するかたちで、事前に分かりやすく利用しやすい合理的なルー
ルが定められていなければならない。

　このような管轄の存在は、訴訟要件（→197頁）の1つである。その存在に
疑いがあれば、裁判所は、職権で管轄の有無を調査しなければならず、被告か
らの主張がなくても、職権で証拠調べを行うこともできる（14条）。当事者が、
管轄権のない裁判所に訴えを提起した場合には、裁判所は、他に管轄を有する
裁判所（管轄裁判所）があれば、申立てによりまたは職権で、その裁判所に事
件を移送する（16条1項）。日本に管轄裁判所がなければ、訴えは不適法とな
り却下されることになる。

2　管轄の種類

　管轄には、様々な種類がある。以下では、たとえば、京都市に住む債権者X
が、福岡市に住む債務者Yに対して500万円の貸金返還請求訴訟（以下、「本
件訴え」という）を提起する場合に、どこの裁判所に提訴できるかについて考
えてみよう（→**設例**。なお、本来、判決が出るまでは、債権者と称する者が本当に
債権者であり、債務者と称する者が本当に債務者であるかどうかは明らかではないが、
以下では便宜的に、債権者・債務者と呼ぶことにする）。

①事物管轄　第1審裁判所を地方裁判所か簡易裁判所かのいずれとするかが、**事物管轄**の問題で

設例

> 債権者X（京都市在住）　──→　債務者Y（福岡市在住）
> 　　　　　500万円の貸金返還請求

ある。その区別の基準は、訴訟の目的の価額（訴額）、すなわち原告が訴えに
よって法的な救済を求めている権利・利益を金銭に評価して算定した額（8条
1項）であり、現在では、訴額が140万円以下の請求は簡易裁判所が、140万
円を超える請求等は地方裁判所が、それぞれ事物管轄を有することになってい
る（裁33条1項1号・24条1号）。そこで、本件訴えについては、地方裁判所
が事物管轄をもつ。ただし、地方裁判所といっても日本にはたくさんあるので、
どの地方裁判所に訴えを提起できるかが問題となる。

②**合意管轄**　まず、本件において、X・Y間の消費貸借契約書の中に、たとえば「広島地方裁判所を専属的な管轄裁判所とする」旨の合意（専属的管轄の合意）がある場合に、債権者Xは、広島地方裁判所に訴えを提起することもできる。これを、**合意管轄**（11条）という。これがない場合には、以下で述べる管轄の一般原則を考える必要がある。

③**土地管轄**　所在地の異なる同種の裁判所間における事件分担をどのように行うかは、**土地管轄**の問題である。民訴法上、土地管轄は、「原告が被告の法廷地に従う」という原則により定められる。これは、訴訟をする際には、原告は被告の地に出向いて行うのが公平であるとの考え方に基づいている。それゆえ、原則として、訴えは、被告の**普通裁判籍**の所在地を管轄する裁判所の管轄に属することになる（4条1項）。**裁判籍**とは、事件と管轄区域とを結び付ける要素であり、被告の普通裁判籍は、被告が自然人の場合は、住所等により定まり（同条2項）、法人等の場合には、主たる事務所または営業所の所在地等により定まる（同条4項）。本件訴えの場合には、債務者Yは福岡市に住んでいるので、福岡地方裁判所が管轄をもつことになる。なお、ここでいう普通裁判籍とは、次に述べる特別裁判籍との関係で一般的な裁判籍という意味である。

しかし、このような一般原則には数多くの例外がある。それが、**特別裁判籍**（5条）であり、本件訴えで特に問題となるのは、**義務履行地の特別裁判籍**（同条1号）である。義務履行地は、特約がない限り、債権者の住所地である（持参債務の原則→民484条1項、商516条等）ので、本件訴えの場合に、京都市が義務履行地となり、京都地方裁判所も管轄をもつことになる。このように、債権者Xは、普通裁判籍所在地の裁判所（福岡地方裁判所）と特別裁判籍所在地の裁判所（京都地方裁判所）のいずれかを選択して、訴えを提起することもできるのであるが、通常、自分にとって便利な京都地方裁判所を選択する。

④**応訴管轄**　なお、たとえば債権者Xが債務者Yに対して岡山地方裁判所に本件訴えを提起した場合に、被告Yが管轄違いの抗弁を出すことなく本案（→197頁）について弁論をしたときには、岡山地方裁判所に管轄が発生する。これを、**応訴管轄**（12条）という。これは、被告Yがその地で訴訟を受けて立つ意思を尊重した規律である。

⑤**指定管轄**　以上のほかに、本件訴えでは問題にならないが、日本の裁判所

が管轄権を有する訴えでも、民訴法等の規定により管轄裁判所が定まらないときは、関係のある裁判所に共通する直接の上級裁判所（直近上級裁判所）が、決定により、管轄裁判所を定めることになる（10 条）。これにより定められた管轄が、**指定管轄**（裁定管轄）である。たとえば、滋賀県（大津地方裁判所彦根支部管轄地区）と岐阜県（岐阜地方裁判所大垣支部管轄地区）との県境の山中で生じた民事事件について、土地管轄が明らかではない場合に、合意等がないとき、直近上級裁判所である最高裁判所（上記 2 裁判所の上級裁判所である大阪高等裁判所と名古屋高等裁判所の共通の上級裁判所）が、大津地方裁判所彦根支部を指定したとき、その管轄が指定管轄である。

　以上をまとめれば、〈**表 2**〉のとおりとなる。

〈**表 2**〉土地管轄

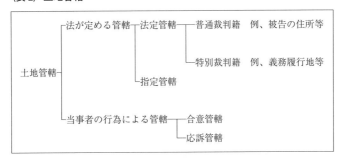

3　移送

　一般に、ある裁判所にいったん係属した事件を、その裁判所の裁判により他の裁判所に引き続き係属させることを、**移送**という（16 〜 22 条等）。移送の制度は、紛争当事者の視点から見れば、紛争処理の「土俵作り」において両当事者の公平の確保を目的とするものであり、両当事者が相手方との関係から最適な法廷地で裁判を受けられるために不可欠の制度である。

　これは、提訴に際してまず原告に管轄選択権が認められていることの見返りとして、訴訟における当事者平等の原則を確保するために、被告に移送申立権が与えられたといえる。たとえば、本件で、債権者が、京都地方裁判所に訴えを提起した場合には、情況に応じて、裁判所は、当事者間の衡平を図るために、当事者の申立てまたは職権で、より適切な他の管轄裁判所（例、福岡地方裁判所）

に事件の移送を行うこともできる（17 条を参照）。ただし、当事者等がテレビ会議システム（204 条）や書面による尋問（205 条）等を利用できること等も考慮して、移送決定に消極的な裁判所も見られる（例、大阪高決平成 10 (1998) 年 11 月 11 日・金判 1065 号 49 頁等）。

　また、【判例②】のように、管轄違いの裁判所に提訴された場合（16 条）にも、移送が問題となる。

【判例②】管轄違いによる移送
　　──管轄違いの移送は、どのように判断されるか？
最二小決平成 20 (2008) 年 7 月 18 日・民集 62 巻 7 号 2013 頁

〈**事案**〉　X（相手方・相手方・抗告人）は、貸金業者 Y（申立人・抗告人・相手方）に対して、貸金債務を弁済したが過払金（かばらいきん）が発生しているとして、不当利得返還請求権に基づく

```
X ─────→ Y
      不当利得返還請求
第 1 審：移送申立ての却下決定
第 2 審：第 1 審決定の取消し・移送決定
最高裁：原決定破棄・原々決定に対する抗告棄却
```

過払金 664 万円余り、および、民法 704 条前段所定の利息の支払（しはらい）を求める訴訟を、X の住所地を管轄する A 地方裁判所に提起した（5 条 1 号、民 484 条）。Y は、X・Y 間の金銭消費貸借契約において、「訴訟行為については、B 簡易裁判所を以て（もっ）専属的合意管轄裁判所とします。」との契約条項があることを理由に B 簡裁を専属的管轄とする合意が成立していると主張して、民訴法 16 条 1 項に基づき、本件訴訟を B 簡裁に移送することを求めた。これに対し、X は、上記専属的管轄の合意の成立と効力を争い、本件訴訟は、地裁で審理・裁判をするのが相当であると主張した。

　第 1 審（原々審）は、専属的管轄の合意の成立とその効力が本件訴訟にも及ぶことを認め、本件訴訟は地裁において自ら審判をする「自庁処理」を行うのが相当であり（16 条 2 項本文）、Y の移送申立ては理由がないとして、これを却下する旨の決定をした。

　第 2 審（原審）は、専属的管轄の合意により B 簡裁が専属的管轄裁判所であるとしたが、自庁処理が認められるのは、専属的管轄裁判所への「移送を認めることにより訴訟の著しい遅滞を招いたり、当事者の衡平を害することになると認めるべ

き事情がある現合に限られると解され、このような事情がないときには、合意に基づく専属管轄裁判所に移送するのが相当である」と判示して、原々決定を取り消し、本件訴訟を B 簡裁に移送する旨の決定をした。

〈決定要旨〉　原決定破棄・原々決定に対する抗告棄却。「民訴法 16 条 2 項の規定は、簡易裁判所が少額軽微な民事訴訟について簡易な手続により迅速に紛争を解決することを特色とする裁判所であり（裁 33 条、民訴 270 条参照）、簡易裁判所判事の任命資格が判事のそれよりも緩やかである（裁 42 条、44 条、45 条）ことなどを考慮して、地方裁判所において審理及び裁判を受けるという当事者の利益を重視し、地方裁判所に提起された訴訟がその管轄区域内の簡易裁判所の管轄に属するものであっても、地方裁判所が当該事件の事案の内容に照らして地方裁判所における審理及び裁判が相当と判断したときはその判断を尊重する趣旨に基づくもので、自庁処理の相当性の判断は地方裁判所の合理的な裁量にゆだねられているものと解される。そうすると、地方裁判所にその管轄区域内の簡易裁判所の管轄に属する訴訟が提起され、被告から同簡易裁判所への移送の申立てがあった場合においても、当該訴訟を簡易裁判所に移送すべきか否かは、訴訟の著しい遅滞を避けるためや、当事者間の衡平を図るという観点（民訴 17 条参照）からのみではなく、同法 16 条 2 項の規定の趣旨にかんがみ、広く当該事件の事案の内容に照らして地方裁判所における審理及び裁判が相当であるかどうかという観点から判断されるべきものであり、簡易裁判所への移送の申立てを却下する旨の判断は、自庁処理をする旨の判断と同じく、地方裁判所の合理的な裁量にゆだねられており、裁量の逸脱、濫用と認められる特段の事情がある場合を除き、違法ということはできないというべきである。このことは、簡易裁判所の管轄が専属的管轄の合意によって生じた場合であっても異なるところはない（民訴 16 条 2 項ただし書）。」

　本決定は、管轄違いの移送について、その判断方法を判示した。すなわち、地方裁判所にその管轄区域内の簡易裁判所の管轄に属する訴訟が提起され、同簡易裁判所への移送の申立てがあった場合に、同申立てを却下する旨の判断は、民訴法 16 条 2 項の規定の趣旨にかんがみ、広く当該事件の事案の内容に照らして地方裁判所における審理および裁判が相当であるかどうかという観点からされるべきであり、地方裁判所の合理的な裁量に委ねられている旨を判示した。その上で、そのことは、簡易裁判所の管轄が専属的管轄の合意によって生じた場合であっても異ならないと判示した。

Ⅲ　裁判の公正確保

1　裁判の公正と国民の信頼

　裁判は、公正に行われなければならない（2条）。国民の信頼がなければ、裁判制度は立ち行かないからである。このことは、戦後の日本でも、まず最初に確認された。初代最高裁判所長官の三淵忠彦は、就任に際して「国民諸君への挨拶」と題する会見を行い、そこでは、「裁判所が正義と公平とを実現する事は肝要な事である。しかし、もっと肝要なのは国民が裁判所は正義と公平とを実現するところだと信ずる事である。」と述べたのである。

　そこで、たとえば、裁判官が事件やその当事者と特別の関係にあるゆえに裁判に関与するのが公正でないと疑われるような場合には、その事件の職務遂行から当該裁判官は排除されなければならない。これが、**除斥**や**忌避**の制度である（23条・24条。この規定は、裁判所書記官や専門委員にも準用されている（27条・92条の6））。さらに、鑑定人に対しても、当事者の忌避権が認められている（→214条）。

2　除斥

　法定の除斥原因（23条1項1〜6号）がある場合に、当然に職務を行うことを禁止することを、**除斥**という。除斥原因としては、たとえば、裁判官が当事者と一定範囲の親族関係にあるような場合等、裁判の不公正さを強く疑わせる定型的な事由が、列挙されている。なお、ここで除斥原因とは、除斥となりえる原因という意味であり、上告理由や再審事由等と同様の用法である。

3　忌避

　除斥原因がなくても裁判の公正さが害されるおそれがある場合に、当事者は、その裁判官が職務を遂行すべきでない旨の申立てを行うことができる。これを、**忌避**の申立てという。忌避の場合には、忌避が理由のあることを認める決定があってはじめて、裁判官は、職務の遂行から排除される。これまで日本では、【判例③】が象徴的に示すように、忌避が認められた公刊判例はほとんどなかった

が、近時、国家賠償請求事件で、**国の指定代理人**（訟務検事）であった裁判官の忌避が認められた裁判例（金沢地決平成28（2016）年3月31日・判時2299号143頁）がある。

4　回避

除斥原因や忌避原因がある場合に、裁判官は、監督権を有する裁判所の許可を得て、当該具体的事件の職務担当から外れることもできる（規12条、裁判所書記官についても準用されている。規13条）。これを**回避**という。

> **【判例③】忌避事由**
> ——裁判官が弁護士の女婿である場合に、忌避は認められるか？
> 最二小判昭和30（1955）年1月28日・民集9巻1号83頁

〈事案〉　本件は、いくつかの上告理由の中で、忌避権の侵害や回避義務違反が指摘された事件である。事件としては、X（原告・被控訴人兼控訴人・上告人）が、Y組合（被告・控訴人兼被控訴人・被上告人）に対して提起した立木（赤松）の売買契約存在確認訴訟事件である。

> X ——→ Y
> 売買契約不存在確認請求
> 第1審：一部認容
> 第2審：全部認容
> 最高裁：上告棄却

　第1審が、一部認容判決を言い渡したので、X・Y双方が控訴し、控訴審ではYが全面勝訴した。この判決に対するXの上告において、原判決における法令適用等の誤りを指摘し、かつ、原判決言渡し後に、原審裁判長AがY訴訟代理人Bの女婿であったことに気付いたことから、おおむね次のように主張した。すなわち、原判決には、Xの忌避権を不当に蹂躙し、回避すべき裁判官が関与してなされた違法がある。原審裁判長Aは、Y訴訟代理人Bの一親等の親族関係（AがBの女婿という関係）にあったから、裁判が裁判長の意見に左右されることが多いのは国民一般の通念であって、このような身分関係が自然の親子よりも義理と敬愛の点で深いものであるのも一般国民の是認するところである。この点で、原審裁判長Aは、民訴法43条〔現、民訴規12条〕により職務の執行から回避すべきであった。同条には、「回避スルコトヲ得」とあるが、裁判の公正を確保するための義務規定と解すべきであるが、原審裁判長Aは、Y訴訟代理人Bの女婿であることをXに対し

全然知らせないで本件の審理をした。この事情は、原審の陪席裁判官もＹ側も当然知っていることであるので、Ｘの立場としては、ますます裁判の公正を害されたといわざるをえない。かくして、原審は、終始Ｘの目をおおい、一方においてはその忌避権を不当に蹂躙し、一方において回避義務に違背して原判決をするに至ったものである、と主張したのである。

〈判旨〉　上告棄却。「原審における裁判長たる裁判官が、原審におけるＹ組合の訴訟代理人の女婿であるからといって、右の事実は民訴35条〔現、23条〕所定事項に該当せず、又これがため直ちに民訴37条〔現、24条〕にいわゆる裁判官につき裁判の公正を妨ぐべき事情があるものとはいえないから、所論は理由がない。」
....

　本判決は、裁判官が当事者の訴訟代理人の娘婿であっても、回避の義務違反はなく、しかも、その関係をあらかじめ当事者に知らせなくても忌避権の侵害にならない旨を判示した。現代的な視点からは、必然的に判例変更されるべき判例であり、（当時の）日本の裁判所・裁判官における「裁判の公正さ」に対する感覚が疑われるものである。

Ⅳ　訴訟と非訟

1　非訟手続の意義

　裁判所が、訴訟手続よりもより簡易かつ柔軟な手続で、私人間における一定の生活関係を形成したり、一定の紛争解決をしたりする手続として、非訟手続が存在する。この手続は、訴訟手続でない紛争解決手続であるので、**非訟手続**と呼ばれる。訴訟以外の紛争解決手続として、ADR（Alternative Dispute Resolution. 裁判外紛争解決手続）にも似ているが、ADRが当事者の合意を基本とした紛争解決手続であるのに対して、非訟手続は、決定という裁判を導く点で、訴訟手続と同様に、強制的な裁判手続である。ここで、非訟手続について学ぶことの意義は、訴訟手続ではない裁判手続を学ぶことを通じて、訴訟手続自体の特質や本質的な構成要素を学ぶことにある。

2 非訟事件の種類

非訟事件には、多様で広範な事件が含まれる。たとえば、①非訟事件手続法に定められた民事非訟事件（裁判上の代位に関する事件等）、②家事事件手続法別表第1・第2に規定された諸事件（成年後見事件、遺産分割事件等）、③借地借家法に定められたいわゆる借地非訟事件（借地条件の変更、増改築の許可等）、さらに、④調停事件、民事執行事件、民事保全事件や破産事件等が挙げられる。

3 訴訟手続と非訟手続の相違点

非訟手続（非訟事件手続ともいう）には、訴訟における原告・被告関係のような二当事者対立構造を採らないものもある。その審理手続では、口頭弁論（→107頁）が開かれず、審問という非公開の方式が採られる。裁判の形式は、判決ではなく決定であり、それに対する不服申立ての方法は、控訴ではなく、抗告（→282頁）という簡易な手続に限られている。非訟手続は、訴訟手続と比較して、審理手続が簡易であり、関係人（当事者）の手続上の地位や権限（手続保障）があまり強く認められていない。裁判所の裁量的で、柔軟かつ後見的な判断の余地が、訴訟手続の場合と比較して格段に大きくなる。

4 訴訟事件と非訟事件の区別

非訟事件と訴訟事件の区別の基準をめぐっては、様々な考え方が対立している。判例は、次のような立場に立っている。

【判例④】訴訟と非訟
——夫婦同居審判事件の家事審判手続に、公開原則が適用されるか？
最大決昭和40（1965）年6月30日・民集19巻4号1089頁

〈事案〉 X（妻。申立人・相手方・相手方）は、Y（夫。相手方・抗告人・抗告人）と婚姻し、Y方で同居していたが、その後、別居し、Xは実家に戻った。Xは復縁を望んでいたが、Yは離婚を主張してこれを拒否した。そこで、Xが、Yを相

X ——→ Y
夫婦同居審判の申立て
第1審：申立認容
第2審：抗告棄却
最高裁：抗告棄却

16

手に、福岡家庭裁判所に夫婦同居の審判（民752条、家事審判法9条1項乙類1号〔現、家事事件手続法150〜157条・別表第2第1号〕）を申し立てた。

　原々審の福岡家裁は、この申立てを認め、Yはその住居でXと同居しなければならないとの審判をした。Yが、原審の福岡高等裁判所に即時抗告したが、同裁判所は抗告を棄却した。

　これに対して、Yは、原審決定が憲法上の対審の原則、公開の原則に違反してなされたもので憲法違反であるとして、特別抗告した。

〈決定要旨〉　抗告棄却。「憲法82条は『裁判の対審及び判決は、公開法廷でこれを行ふ』旨規定する。そして如何なる事項を公開の法廷における対審及び判決によって裁判すべきかについて、憲法は何ら規定を設けていない。しかし、法律上の実体的権利義務自体につき争があり、これを確定するには、公開の法廷における対審及び判決によるべきものと解する。けだし、法律上の実体的権利義務自体を確定することが固有の司法権の主たる作用であり、かかる争訟を非訟事件手続または審判事件手続により、決定の形式を以て裁判することは、前記憲法の規定を回避することになり、立法を以てしても許されざるところであると解すべきであるからである。

　家事審判法9条1項乙類は、夫婦の同居その他夫婦間の協力扶助に関する事件を婚姻費用の分担、財産分与、扶養、遺産分割等の事件と共に、審判事項として審判手続により審判の形式を以て裁判すべき旨規定している。その趣旨とするところは、夫婦同居の義務その他前記の親族法、相続法上の権利義務は、多分に倫理的、道義的な要素を含む身分関係のものであるから、一般訴訟事件の如く当事者の対立抗争の形式による弁論主義によることを避け、先ず当事者の協議により解決せしめるため調停を試み、調停不成立の場合に審判手続に移し、非公開にて審理を進め、職権を以て事実の探知及び必要な証拠調を行わしめるなど、訴訟事件に比し簡易迅速に処理せしめることとし、更に決定の一種である審判の形式により裁判せしめることが、かかる身分関係の事件の処理としてふさわしいと考えたものであると解する。

　しかし、前記同居義務等は多分に倫理的、道義的な要素を含むとはいえ、法律上の実体的権利義務であることは否定できないところであるから、かかる権利義務自体を終局的に確定するには公開の法廷における対審及び判決によって為すべきものと解せられる（旧人事訴訟手続法〔家事審判法施行法による改正前のもの〕1条1項〔離婚事件の管轄〕参照）。従って前記の審判は夫婦同居の義務等の実体的権利義務自体を確定する趣旨のものではなく、これら実体的権利義務の存することを前提として、例えば夫婦の同居についていえば、その同居の時期、場所、態様等について具体的内容を定める処分であり、また必要に応じてこれに基づき給付を命ずる

処分であると解するのが相当である。けだし、民法は同居の時期、場所、態様について一定の基準を規定していないのであるから、家庭裁判所が後見的立場から、合目的的見地に立って、裁量権を行使してその具体的内容を形成することが必要であり、かかる裁判こそは、本質的に非訟事件の裁判であって、公開の法廷における対審及び判決によって為すことを要しないものであるからである。すなわち、家事審判法による審判は形成的効力を有し、また、これに基づき給付を命じた場合には、執行力ある債務名義と同一の効力を有するものであることは同法 15 条〔現、家事事件手続法 75 条〕の明定するところであるが、同法 25 条 3 項〔現、同 287 条〕の調停に代わる審判が確定した場合には、これに確定判決と同一の効力を認めているところより考察するときは、その他の審判については確定判決と同一の効力を認めない立法の趣旨と解せられる。然りとすれば、審判確定後は、審判の形成的効力については争いえないところであるが、その前提たる同居義務等自体については公開の法廷における対審及び判決を求める途が閉ざされているわけではない。従って、同法の審判に関する規定は何ら憲法 82 条、32 条に牴触するものとはいい難く、また、これに従って為した原決定にも違憲の廉はない。」

　なお、この決定には、3 名の補足意見があるほか、7 名の裁判官の意見が付されている。

本判例は、訴訟と非訟の区別に関する著名な最高裁大法廷決定である。本判例は、第 1 に、法律上の実体的権利義務自体を確定することが固有の司法権の主たる作用であり、それを確定する訴訟事件については、公開・対審（口頭弁論）・判決による裁判を受ける権利（憲 32 条、82 条）が保障されなければならないが、非訟事件については、そのような保障はないこと、第 2 に、訴訟事件は、実体的権利義務自体に争いがある場合にこれを終局的に確定するものであるのに対して、非訟事件は、実体的権利義務があることを前提として裁判所が後見的見地から裁量権を行使してその具体的内容（例、同居義務の具体的内容としては、その履行の時期、場所、態様等）を形成するものであること、第 3 に、非訟事件の裁判が確定しても、実体的権利義務の有無の争いについては、既判力（→ 203 頁）が生じないので、改めて公開・対審・判決による訴訟手続による判断を求めることができることを判示した。この判例については、訴訟事件と非訟事件の区別としては明快であるが、形式的すぎるきらいがあり、学説上様々な議論がある。

　なぜ**訴訟と非訟の区別**が重要かと言えば、判例によれば、その違いによって**憲法保障**の範囲が異なるからであり、特定の民事事件に関する法規における当事者の**手続保障**、つまり**当事者権**（→ 20 頁）の保障のあり方に差異が生じるからである（例、訴訟手続では、公開裁判が保障されるが、民事執行、民事保全、破産、家事事件等の非訟手続では、それが保障されない。）。ただし、近時は、平成23（2011）年に制定された非訟事件手続法や家事事件手続法に見られるように、非訟手続における手続保障も強化されつつある。

第2講

当事者Ⅰ：当事者の確定・当事者能力等

〈本講のポイント〉
　本講と次講では、民事訴訟の主役である当事者について、重要判例を紹介しながら、説明をしたい。民事訴訟において当事者とは、訴えを提起する者とその相手方である。これらの当事者が判決の名宛人となる。後述の参加人を除けば、原告および被告が判決手続の第1審における当事者となる。本講では、当事者が誰かが明らかにされ（当事者の確定→Ⅱ）、当事者として認められるための一般的な資格が問われる（当事者能力→Ⅲ）。そして、次講で、誰が判決を言い渡すに相応しい当事者であるかを説明する（当事者適格→第3講）。

Ⅰ　当事者とは

　民事訴訟において当事者とは、判決の名宛人になっている者（判決の受取人として名が挙げられている人）のことであり、訴えを提起する者が原告であり、その相手方が被告である。このような当事者の捉え方は、実体的な権利・法律関係の有無や紛争の関与度合いに基づいて当事者とされるのではないことから、**形式的当事者概念**と呼ばれる。後述の参加人を除けば、原告および被告が判決手続の第1審における当事者となる。

　なお、民事訴訟の当事者は、審級によりその呼び名が異なり、第2審の控訴審では、控訴を申し立てた者が控訴人であり、その相手方が被控訴人である。第3審の上告審では、上告を申し立てた者が上告人であり、その相手方が被上告人である。なお、上告受理申立ての場合（→282頁）には、その申立人が、上告受理申立人であり、その申立てをされた者は相手方である。また、訴訟手続の付随手続である証拠保全（→161頁）や文書提出命令（→166頁）での当

事者は、申立人と相手方と呼ばれる。

　当事者には、当事者としての様々な権利（**当事者権**）が与えられている。た
とえば、除斥・忌避の申立権、弁論権（主張・立証を行う権利）、上訴権等、様々
な手続保障の権利が与えられているのである。

Ⅱ　当事者の確定

1　当事者の確定理論

　訴訟は、原告の意思で訴えが提起され、被告がそれを受けて防御をするもの
であり、それが当事者の利益につながるものである。しかし、ときに名宛人と
された者と、真に当事者とすべきものとの間に齟齬が生じることもある。その
中には、第三者が当事者の名を無断で用いて判決を得て、名宛人とされた当事
者の権利利益を侵害することもある。これは、氏名冒用訴訟と呼ばれる。

　このような場合に**当事者を確定する基準**としては諸説あるが、伝統的には、
訴状に記載されたとおりに当事者を確定する**表示説**が通説となっていた。処分
権主義により、誰を被告とするかは原告に委ねられており、これが通常の扱い
となる。

　しかし、後述する死者を当事者とする訴訟の場合の扱い等で表示説の立場を
貫徹すると、名宛人とされた者に判決効を及ぼすことが手続保障の観点から望
ましくない場合や、実在しない当事者が訴状に記載されていた場合の扱いに問
題があり、判例も、表示説の立場を貫徹していない。近年では、訴訟係属中に
おける当事者の確定は行為規範として表示説を用い、判決確定後に当事者の確
定が必要となった場合に評価規範として当事者として適格か否か（適格説）を
基準とする**規範分類説**（行為規範・評価規範二分説）が有力となっている。当事
者の確定理論については、〈**表3**〉のとおりである。

2　氏名冒用訴訟

　民事訴訟においては当事者、特に被告の手続保障が重要であることは言うま
でもないが、被告に対して訴状等の送達がなされていないにもかかわらず、第
三者が被告に成りすまして訴訟活動を行うなどしたために、本来の被告が何等

〈表 3〉 当事者の確定理論

表示説【通説】	訴状に表示された通りに当事者を確定させる説
意思説	当事者の意思を基準とする説
行動説	当事者の行動を基準とする説
適格説	実体法上最も適切な紛争主体が当事者となるとする説
規範分類説【有力説】	行為規範と評価規範を分け、行為規範（訴訟係属中）としては表示説を基準として、評価規範（訴訟終了後）としては、適格説を用いる説
紛争主体特定責任説	行動規範の観点から真の紛争主体を特定する責任を原告と被告の間で分配する説

　の防御もできないまま、判決が確定した場合、本来の被告はどのように救済されるべきか。このような**氏名冒用訴訟**については、被告に判決効を及ぼすべきでないことは言うまでもないが、具体的な手続や従来の当事者確定理論で説明できるかについては議論の余地がある。

　ここでは氏名冒用訴訟の例と死者を当事者とする訴訟の例として、大審院時代の判例を紹介する。

【判例⑤】氏名冒用訴訟
　──民事訴訟で氏名を冒用された者（被冒用者）は、どのような救済を受けられるか？
　大判昭和 10（1935）年 10 月 28 日・民集 14 巻 1785 頁

〈事案〉　Y（再審被告）は X（再審原告）に対して、株金の支払を求める訴えを提起してこれに勝訴し確定（前訴）、この判決に基づき X の動産に対する強制執行を行った。ところが、X は前訴が提起されたこと

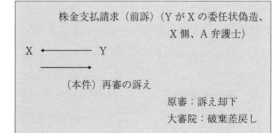

株金支払請求（前訴）（Y が X の委任状偽造、X 側、A 弁護士）

X ◄─────── Y
　─────►

（本件）再審の訴え

原審：訴え却下
大審院：破棄差戻し

を知らず、強制執行を受けて初めて自らに対する判決を知るに至ったものである。

前訴ではＡがＸの訴訟代理人として訴訟行為を行っていたが、実はＸのＡへの訴訟委任状は偽造されたものであった。Ｘが前訴についての再審の訴えを提起したのが本件である。

　原審は、前訴での氏名冒用の事実は認めたものの、Ｘは訴訟当事者の地位を得たことにならないので既判力（きはんりょく）が及ばないのだから、Ｘに対して何等の訴訟上の救済を行う必要もないとして、訴えを却下する旨判示した。Ｘが上告。

〈判旨〉　破棄差戻し。「他人の氏名を冒用して訴訟を為す者ある場合に於（おい）て、訴訟行為が冒用者の行為として為（な）され、訴訟の判決が、其（そ）の冒用者に対して言渡されたるときは、其の効力は、冒用者のみに及び被冒用者に及ぶことなしと雖（いえど）も、訴訟当事者の氏名を冒用し、当事者名義の委任状を偽造して訴訟代理人を選任し、被冒用者名義を以（もっ）て訴訟行為を為さしめ、裁判所が之に気付かずして、被冒用者に対し判決を言渡したるときは、其の被冒用者は、訴訟当事者となりたるものなれば、判決の既判力は、冒用者に及ばずして被冒用者に及ぶものと謂（い）はざるを得ず。従て、被冒用者は、判決の確定前に在（あり）ては、上訴に依（よ）りて之が取消を求むることを得べく、確定後に在ては、民訴法第420条〔現、338条〕第３号に依り、再審の訴（うったえ）を起（おこ）すことを得べきものとす。然らば、Ｘ主張の事実ありとせば、再審の訴を提起すること（しか）を得べきものなるに拘（かかわ）らず、原院が此の場合を以て、氏名冒用者が自己の行為として訴訟を為したる場合と同視し、本件確定判決の既判力は、Ｘに及ばざるものと解し、且（か）つ、本件は再審の訴を提起し得べき場合に該当せずと判示して、叙上（じょじょう）の如く、Ｘの再審の訴を不適法として却下したるは、不法なりと云（い）はざるを得ず。」（漢字仮名を修正し、句読点を付加）

　判例の立場は、本来であれば判決の効力は冒用した者に及ぶものであり被冒用者には及ばないはずであるものの、実際には裁判所がこれに気づかないまま判決する可能性も否定できず、一応は被冒用者に及ぶことになってしまうが、被冒用者は当事者の立場に立つのであるから、法的救済を受けるために再審の訴えを提起することができるというものである。

3　死者名義訴訟

　氏名冒用訴訟と並んで、自然人の当事者能力が問題となる事例が、死者を当事者とする訴訟である。これを、**死者名義訴訟**という。そもそも原告にとって

実在しない者を被告として訴えることは無意味であり、訴訟の途中で当事者が
死亡した場合は、性質上承継できないものを別とすれば、訴訟承継（124 条以下）
の手続により訴訟を続行することが可能である。したがって、通常このような
問題が発生するのは、実在を信じて訴えた被告が訴訟提起時にはすでに死亡し
ていたというケースである。訴状が送達された段階で、訴状の交付を受けた同
居の家族や相当のわきまえのある者が何等の対応もしない場合、擬制自白（159
条）により原告勝訴の判決が確定し、これを**債務名義**（民執 22 条 1 号）として
なされた強制執行を受ける段階になってはじめて、被告の家族などが状況を把
握することとなる。

　他方、表示された被告が死亡したことが明らかにならないまま承継人となる
べき者が訴訟活動を行い、ある程度審理が進んでから経緯が明らかになった場
合に、それまでの訴訟活動の効力をすべて無効とすることは、相手方への信頼
保護に欠け、訴訟経済に反することも考慮しなければならない。このような場
合の扱いについて判示したのが、以下の大審院判例である。

【判例⑥】死者名義訴訟
　──死者を当事者とする訴訟は、どのように扱われるか？
　大判昭和 11（1936）年 3 月 11 日・民集 15 巻 977 頁

〈事案〉　X は訴
状に A を被告
と表示して、昭
和 9（1934）年
3 月 13 日に本
訴（短期清算取
引損失立替金支

```
X ─────→ A （訴え提起時には既に死亡）
　原審でYに受継申立て
　Y（家督相続人）
　　　　第1審：請求認容
　　　　第2審：訴え却下
　　　　大審院：原判決破棄・第1審へ差戻し
```

払請求の訴え）を提起したが、A は昭和 7（1932）年 4 月 12 日に既に死亡しており、
Y がその家督相続をしていた。
　第 1 審ではこの事情が判明することなく Y 不出頭のまま X 勝訴の判決が言渡さ
れたが、その後、以上の事情が判明したため、X が Y に対して訴訟手続の受継を
求めるとともに、控訴を提起して、第 1 審判決を取消し、本件を第 1 審に差し戻す

24

旨の判決を求めた。これに対して控訴審は、本来であれば第1審で訴状をYと改めるよう補正を命じるべきにもかかわらずこれを怠ったものであるが、もはや補正することができないとして、訴え却下の判決を言い渡した。Xが上告。

〈判旨〉　原判決破棄・第1審へ差戻し。「本訴は、Xが訴状にAを被告として表示し、昭和9（1934）年3月13日広島区裁判所に提起したるものなる処、Aは是より先昭和7（1932）年4月12日死亡して、Y其の家督相続を為したるものなるを以て、本訴に於ける実質上の被告は、即Yにして、只其の表示を誤りたるに過ぎざるものと解するを相当とす。故に、同裁判所は、……訴状に於ける被告の表示をYと訂正せしめ、尚、同人は、未成年者なるを以て、其の法定代理人を記載せしめたる上訴訟手続を、進行せしむべきものなるに拘らず、事茲に出でず被告をAとして審理判決を為したるは違法たるを免れずと雖、右の如く被告の表示を誤りたるが為、本訴は実質上訴訟関係の不成立を来したるものと謂ふべからず。若し之を反対に解し、実質上訴訟関係の不成立を来したるものとせんか、Aの家督相続を為したるYに於て、其の訴訟手続の受継を為すに由なく、随て又Xは、Yを相手方として、上訴を為すに由なく、斯る上訴は、不適法にして、当然却下せらるべきの理なり。されば、原審が、本訴は実質上訴訟関係の成立せざるものと為しながら、Yを相手方とせる本件控訴を却下することなく、其の控訴に依り、第1審判決を取消したるは、理論上の矛盾たるのみならず、本訴を実質上訴訟関係の成立せざるものと為し、之が却下の判決を為したるは、違法にして論旨理由あり。」（漢字仮名を修正し、句読点を付加）

　大審院は、以上のように、本件の被告は実質的には家督相続人のYであり、訴え却下とはせずに第1審に差し戻した上で、表示を誤ったものとして補正させるべきであると判示した。

4　民事訴訟における法人格否認の法理
　法人に対する訴えで、法人格を誤って訴えを提起した場合はどうなるだろうか。別人格を訴えた場合には当事者適格を欠くというべきであるが、法人の場合は、形式的要件を満たせば自由に設立することができるため、害意をもって法人格が利用される可能性を否定できない。このような行為をする相手方に対しては、**信義則**（2条）違反等が主張できる。この点について判示したのが、

次の判例である。

【判例⑦】法人格否認の法理と当事者の確定
——当事者の確定に法人格否認の法理は用いられるか？
最二小判昭和 48（1973）年 10 月 26 日・民集 27 巻 9 号 1240 頁

〈事案〉　X から
部屋を賃借して
いた A（旧会社）
は「N 開発株
式会社」と称し
ていたが、昭和
42（1967）　年

```
X ─→ 「N 開発」（A・旧会社。「I 地所」に改称）
        部屋の賃貸借契約
  ─→ 「N 開発」（Y・新会社。代表取締役 B
  本件明け渡し請求        A の代表取締役兼任
                         第 2 審：X の請求認容
                         最高裁：上告棄却
```

10 月 13 日限りで、賃貸人 X より家賃滞納を理由として契約解除され、同年 10 月
25 日占有移転禁止の仮処分を受け翌日執行された。A は、同年 11 月 15 日、称号
を「I 地所株式会社」と変更登記し、その直後 11 月 17 日に登記を行ったが、同日
A の前商号と同一の商号「N 開発株式会社」を称し、その代表取締役、監査役、本
店所在地、営業所、什器備品、従業員が A のそれと同一であり、営業目的も A の
それとほとんど同一である Y（新会社）を設立した。しかし、A は、右商号変更、
新会社設立の事実を賃貸人である X に通知しなかった。X はこの経緯に気付かず、
A と酷似した Y に対して居室明渡請求訴訟を提起した。
　Y および A・Y の代表取締役 B は、控訴審口頭弁論終結までこの経緯について
何らの陳述もせず、口頭弁論終結後、その再開を申し立て、この経緯と自らが居室
を賃借していた A とは異なる新会社であることを明らかにするとともに、このこ
とを理由として既に居室の賃貸を受けていたことと賃料、契約解除通知を受けてい
たことを認めた自白を撤回すると陳述した。原審は自白の撤回を許さず、X の請求
を認容したため、Y が上告した。

〈判旨〉　上告棄却。「おもうに、株式会社が商法の規定に準拠して比較的容易に設
立されうることに乗じ、取引の相手方からの債務履行請求手続を誤まらせ時間と費
用とを浪費させる手段として、旧会社の営業財産をそのまま流用し、商号、代表取
締役、営業目的、従業員などが旧会社のそれと同一の新会社を設立したような場合
には、形式的には新会社の設立登記がなされていても、新旧両会社の実質は前後同

一であり、新会社の設立は旧会社の債務の免脱を目的としてなされた会社制度の濫用であって、このような場合、会社は右取引の相手方に対し、信義則上、新旧両会社が別人格であることを主張できず、相手方は新旧両会社のいずれに対しても右債務についてその責任を追求することができるものと解するのが相当である（最一小判昭和44（1969）年2月27日・民集23巻2号511頁参照）。

本件における前記認定事実を右の説示に照らして考えると、Yは、昭和42（1967）年11月17日前記のような目的、経緯のもとに設立され、形式上は旧会社と別異の株式会社の形態をとってはいるけれども、新旧両会社は商号のみならずその実質が前後同一であり、新会社の設立は、Xに対する旧会社の債務の免脱を目的としてなされた会社制度の濫用であるというべきであるから、Yは、取引の相手方であるXに対し、信義則上、Yが旧会社と別異の法人格であることを主張しえない筋合にあり、したがって、Yは前記自白が事実に反するものとして、これを撤回することができず、かつ、旧会社のXに対する本件居室明渡、延滞賃料支払等の債務につき旧会社とならんで責任を負わなければならないことが明らかである。」

本件で最高裁は、法人格否認の法理を用いて、YがXに対する債務を弁済する責任を負うと判示した。ただし、訴訟法においては実体法上の法人格否認の法理とは異なる問題点も指摘されており、強制執行をする際には改めて法人格否認の法理の適用を争う必要が出てくる可能性があることや、法人格否認の審理に際して手続保障が不十分であることから当事者の確定でこれを用いることに反対する見解もある。

Ⅲ　当事者能力

1　当事者能力の意義

当事者能力は、民事訴訟の当事者となるのに必要な一般的資格である。したがって、個別の事件の内容とは無関係にその有無が判断される。当事者能力が認められる基準は、民訴法28条の規定により民法その他の法令に従うとされている。したがって、自然人（民3条）および法人（民34条）は、法令の範囲で**権利能力**を有することとなるため、当事者能力も一律に認められることになる。

2　法人でない社団または財団の当事者能力

　民事訴訟の当事者能力に関して、民法の原則をそのまま適用するならば、当事者能力を有するのは自然人と法人に限られることになるはずである。しかしながら、現実には法人格を有しない団体の存在を認めることなくして紛争の解決を図ることができない場合が少なくない。そこで、民訴法は、法人格のない団体について一定の要件を満たせば当事者能力を認めることとしており、民訴法29条は、「**法人でない社団又は財団で代表者又は管理人**の定めがあるものは、その名において訴え、又は訴えられることができる。」と規定している。民法における「権利能力なき社団」の議論が参考になる。

> **【判例⑧】「権利能力なき社団」の要件**
> ──「権利能力なき社団」とは、どのような要件を備えた社団をいうか？
> 最一小判昭和39（1964）年10月15日・民集18巻8号1671頁〔杉並支部事件〕

　〈事案〉　Aは「B社団法人杉並支部」であるが、「支部」を名乗ってはいるものの、Bとは別個に独自

```
B社団法人　　　　　土地賃貸借契約
　A（杉並支部）──────
　　↓　一切の権利義務承継　　　　　Yら（賃借人）
　X株式会社　　　　────────
　　　　本件、建物収去・土地明渡請求
　　　　　　　　　　　　　　第1審：請求棄却
　　　　　　　　　　　　　　第2審：請求認容
　　　　　　　　　　　　　　最高裁：上告棄却
```

の活動をしていた。X会社は、Aから一切の権利義務を引き継いだとして、Aのバラックの賃借人Yらに対して、再開発に関する総会決議を根拠として、建物収去・土地明渡請求の訴えを提起した。これに対して、Yらは、Aが「代表者の定めある法人に非ざる社団」であり民訴法上の当事者能力があることは認めるものの、権利主体とはなりえない等と主張した。

　第1審判決は、Aには独自の定款その他これに類する規約が存しないことが認められるので、その存立の基礎たるべき根本組織を欠く以上権利帰属の主体たり得ないものといわなければならないから、仮にXがAから右賃借権の譲渡を受けるべ

き契約をなしたとしても、これによって賃借権を取得するいわれはないなどとして、Xの請求を棄却した。X控訴。

　原審では、Aの定款については社団法人（本体）の定款を準用したとみることができ、法人格こそ有しないが、社会生活上独立せる組織体として、その名で法律行為をし、かつ権利を取得し、義務を負担することができたものであると認めるのが相当であるとした上で、X勝訴の判決を言い渡した。Yが上告。

〈判旨〉　上告棄却。「法人格を有しない社団すなわち権利能力のない社団については、民訴46条〔現、29条〕がこれについて規定するほか実定法上何ら明文がないけれども、権利能力のない社団といいうるためには、団体としての組織をそなえ、そこには多数決の原則が行なわれ、構成員の変更にもかかわらず団体そのものが存続し、しかしてその組織によって代表の方法、総会の運営、財産の管理その他団体としての主要な点が確定しているものでなければならないのである。しかして、このような権利能力のない社団の資産は構成員に総有的に帰属する。そして権利能力のない社団は「権利能力のない」社団でありながら、その代表者によってその社団の名において構成員全体のため権利を取得し、義務を負担するのであるが、社団の名において行なわれるのは、一々すべての構成員の氏名を列挙することの煩を避けるために外ならない（したがって登記の場合、権利者自体の名を登記することを要し、権利能力なき社団においては、その実質的権利者たる構成員全部の名を登記できない結果として、その代表者名義をもって不動産登記簿に登記するよりほかに方法がないのである。）」

　「原審が適法に確定した叙上の事実関係によれば、いわゆる杉並支部は、支部という名称を有し、その規約は前記本部の定款と全く同旨のものであつたが、しかし、それ自体の組織を有し、そこには多数決の原則が行なわれ構成員の変更に拘らず存続をつづけ、前記の本部とは異なる独立の存在を有する権利能力のない社団としての実体をそなえていたものと認められるのである。」

　本判決で、最高裁は、実体法上の権利能力なき社団と認められるための**4要件**（①対外的独立性、②多数決原則、③対内的独立性、④内部組織性）を示した。訴訟法（手続法）においては、実体法における議論がそのまま適用できるわけではないが、その後の判例は、この要件を基礎として、民訴法上の法人でない社団の該当性についての判断をしている。

【判例⑨】法人格のない社団の当事者能力
――「三田市 11 番区」は、法人格のない社団として当事者能力をもつか？
最一小判昭和 42 (1967) 年 10 月 19 日・民集 21 巻 8 号 2078 頁〔三田市 11 番区事件〕

〈事案〉 Ｘは三田市 11 番区通称新地の住民を構成員とした団体であり、Ｘの主張によれば、

X「三田市 11 番区」(賃貸人) ⟶ Y (賃借人)
建物明渡等請求
第 1 審：請求認容
第 2 審：請求認容
最高裁：上告棄却

代表（区長）を定め、構成員の福祉増進のために、諸種の事業（道路、下水、架橋の整備、神社及び地蔵堂の祭祀、葬祭、夜警、消防、防犯、子供会、映画会、講等の福祉事業）、公会堂、消防ポンプ等の所有管理等をなす一箇の社団である。Ｘがその構成員の共有名義で登記されている建物の一部をＹに賃借していたが、その条件をめぐって対立し、契約の解除を伝えた上で、Ｙに対して建物明渡等を請求する訴えを提起した。これに対してＹは、本案前の抗弁として、Ｘは地方公共団体の末端組織にすぎず、独自の組織活動をなすものではないため、権利能力なき社団に該当しないとして、その当事者能力を争い、訴え却下を求めた。

　第 1 審は、Ｘの当事者能力を認め請求を認容したため、Ｙが控訴。原審でもＸが勝訴したためＹが上告した。

〈判旨〉 上告棄却。「原判決の確定するところによれば、Ｘは、古くより三田市三田（市制施行前は三田町）11 番区通称新地と称する地域に居住する住民により、その福祉のため各般の事業を営むことを目的として結成された任意団体であって、同市三田に属する最下部の行政区画でも、また財産区でもなく、区長、区長代理者（副区長）、評議員、組長等の役員の選出、役員会および区民総会の運営（その議決は多数決による）、財産の管理、事業の内容等につき規約を有し、これに基づいて存続・活動しているというのであるから、原審が以上の事実関係のもとにおいて、Ｘをもって権利能力のない社団としての実体を有するものと認め、これにつき民訴法 46 条〔現、29 条〕の適用を肯定した判断は、上記判例〔【判例⑧】〕に照らして、正当として是認しうる。」

最高裁は、区と称する本件地域団体を【判例⑧】に照らして、地方公共団体の一部でもなく、構成員である住民の単なる集合体でもなく、権利能力のない社団としての実態を認めて、民訴法 29 条の法人でない社団に該当するものとした。

財産的側面に関する要件が争われたのが、次の判例である。

【判例⑩】預託金会員制ゴルフクラブの当事者能力
　——法人格のない社団における財政的基盤をどのように考えるか？

最二小判平成 14（2002）年 6 月 7 日・民集 56 巻 5 号 899 頁〔船橋カントリークラブ事件〕

〈事案〉　ゴルフ場である株式会社船橋カントリー倶楽部の会員によって組織されるゴルフクラブ X（船橋カントリークラブ）が、同ゴルフ場を

```
X（船橋カントリークラブ）　→　Y（株式会社船橋
                                  カントリー倶楽部）
任意団体　　　株式会社の計算書類等の閲覧等請求
                    第 1 審：訴え却下
                    第 2 審：訴え却下
                    最高裁：原判決破棄、
                         第 1 審へ差戻し
```

経営する運営会社 Y（株式会社船橋カントリー倶楽部）の経理内容に不正があるとして、Y に対し、主位的には両者間で締結された協約書に定められた経理内容の調査権に基づき、予備的には商法 282 条 2 項〔現、会社法 442 条 3 項〕（株式会社の計算書類等の閲覧及び謄本交付請求権）の適用ないし類推適用により、関係書類及び帳簿の謄本の交付を求めた事案である。Y は本案前の主張として、X の当事者能力を争った。

第 1 審判決は、X は、団体としての形式・外観を備えており、代表の方法、総会の運営等についてみる限り権利能力のない社団といいうるための要件を一応充たしているようにもみえるとしながらも、X には固有の事務所や固定資産はなく、原告規則等においても、財産の管理等について定めた規定はなく、X の運営は Y の計算に基づき、その財政的基盤の上に成り立っているというべきであり、Y の財産から独立した X の固有の資産が存在するともいい難いとして、X は「それ自体独立して権利義務の主体たるべき社団としての財政的基盤を欠くというべきであり、た

とえ、前記のように会則等において代表者の定めその他社団としての要件を一部充足する面があるとしても、そのことをもって原告を権利能力なき社団ということはできない。」として、Xの訴えを却下した。Xが控訴したが、原審も第1審判決を支持したため、Xが上告した。

〈判旨〉　原判決破棄・第1審差戻し。「（民訴法29条の適用要件に関する）財産的側面についていえば、必ずしも固定資産ないし基本的財産を有することは不可欠の要件ではなく、そのような資産を有していなくても、団体として、内部的に運営され、対外的に活動するのに必要な収入を得る仕組みが確保され、かつ、その収支を管理する体制が備わっているなど、他の諸事情と併せ、総合的に観察して、同条にいう「法人でない社団」として当事者能力が認められる場合がある」

「Xは、預託金会員制の本件ゴルフ場の会員によって組織された団体であり、多数決の原則が行われ、構成員の変更にかかわらず団体そのものが存続し、規約により代表の方法、総会の運営等が定められているものと認められる。財産的側面についても、本件協約書……の定め〔年会費、使用料その他の収入はすべてYの収入とし、Yはこの収入をもってゴルフ場施設の整備運営に充てるほか、Xの運営に要する通常経費を負担すること、〕等によって、団体として内部的に運営され対外的にも活動するのに必要な収入の仕組みが確保され、かつ、規約に基づいて収支を管理する体制も備わっているということができる。さらに、XとYとの間で本件協約書が調印され、それに伴って規則も改正されているところ、その内容にも照らせば、Xは、Yや会員個人とは別個の独立した存在としての社会的実体を有しているというべきである。以上を総合すれば、Xは、民訴法29条にいう「法人でない社団」に当たると認めるべきものであり、論旨は理由がある。」

最高裁は、固有財産の維持や財産的独立性の重要性は否定しないものの、必須の要件ではなく判断要素の1つとして位置づけたものと言える。

3　民法上の組合

以上のように、民訴法29条が想定する団体として、まず権利能力なき社団が想定されるが、現実として紛争主体となっている団体の類型は権利能力なき社団に限定されず、構成員間の結合が弱いものである場合もありうる。これに該当するのが民法上の組合であるが、伝統的には、民法上の組合は社団と峻別されていたことから、文言上は民訴法29条のいう社団に該当しないという解

釈もあり、本条適用の是非が論ぜられることとなる。なお、特別法上の組合（例、労働組合）は、法により法人格が認められているので、民訴法29条の問題とはならない。

【判例⑪】民法上の組合の当事者能力
　——民法上の組合は、当事者能力を有するか？
　最三小判昭和37（1962）年12月18日・民集16巻12号2422頁〔三銀行団債権管理委員会事件〕

〈事案〉　Xは、「三銀行団債権管理委員会」を名乗るD株式会社に債権を有する3銀行の支店を構成員とする民法上の組合であり、D株式会社の債権管理と再建整備を目的とした組織である。XはD株式会社より債権譲渡を受けたとして債務者であるYに対して、売掛代金および法定利息の支払を請求した。
　第1審はXの当事者能力を

```
X（三銀行団債権管理委員会  ──→  Y（債務者）
　：民法上の組合）
　A銀行大阪支店　　　　　売掛代金請求
　B銀行新町支店
　C銀行道頓堀支店
　（債権譲渡〔売掛代金債権〕）
D株式会社
　　　　　　　　第1審：訴え却下
　　　　　　　　第2審：破棄差戻し
　　　　　　　　最高裁：上告棄却
```

認めず訴えを却下したため、Xが控訴。原審では、Xは社団的実態を有すると解しうるとして、第1審判決破棄差戻しの判決が言い渡された。
　これに対して、Yは、Xは債権者である銀行の連絡機関にすぎず、新規加入や脱退も想定していない組織であり、民訴法が想定している社団に該当しないと主張して上告した。

〈判旨〉　上告棄却。「原判決を通読すれば、原審は、X三銀行団債権管理委員会を以って、訴外D株式会社に対して債権を有するA銀行大阪支店、B銀行新町支店及びC銀行道頓堀支店の三者が、それぞれの有する右債権を出資し同会社の経営を管理してその営業の再建整備を図ると共に、協力して三者それぞれの有する右債権を保全回収するため、民法上の任意組合として結成しEを代表者とした三者の協同組織である旨認定判断して居るものと解すべきである。
　かかる組合は、民訴法46条〔現、29条〕所定の「権利能力なき社団にして代表

者の定あるもの」として訴訟上の当事者能力のあることは、累次の大審院判例の趣
旨とする所であって、現在維持せられて居る（大判昭和10（1935）年5月28日・
民集14巻1191頁、大判昭和15（1940）年7月20日・民集19巻1210頁参照）。」

　最高裁は、大審院時代の判例を踏襲するかたちで、民法上の組合に当事者能
力を認める旨を判示した。Yの主張するように、本組合は構成員が事実上固定
されており、後年の【判例⑧】が定義する実体法上の権利能力なき社団に該当
するかについては疑問の余地があるが、民訴法29条の適用については実体法
上の権利能力なき社団の範囲よりも緩やかに解することを確認したものと言え
よう。

4　法人でない団体と登記

　権利能力なき社団を典型例とする法人でない団体について問題となることの
1つが、その名において不動産の登記をすることができないことである。これ
については、構成員を共有者として全員の名で登記をする方法や、代表者の名
で登記する方法があるが、いずれの場合も相続や代表者の交替の際に改めて登
記をする必要があり煩雑である。

　そこで、何らかの機会に、実質的には権利能力なき社団が所有者であるが、
登記上は構成員の共同所有となっている不動産の登記をその代表者名義に変更
する手続を行うことがある。その際に問題となるのが、誰を原告とするかであ
る。登記名義人となる代表者が原告適格を有することについては、すでに最二
小判昭和47（1972）年6月2日・民集26巻5号957頁が認めているが、権利
能力なき社団が当事者となることができるかが問題となった。

【判例⑫】法人格のない社団による登記請求
　——法人格のない社団は、登記請求の訴えを提起できるか？
　最一小判平成26（2014）年2月27日・民集68巻2号192頁

〈事案〉　原告Xは、江戸時代に「よ組」として発足した民間の消防団体であり、
改組を経て昭和22年に「盛岡市消防団第5分団」となった。Xは権利関係を整理

するため、共
同所有名義と
なっていたX
が使用してい
る土地建物を
代表者A名
義に移転登記

X（消防団分団：代表者A）――――→ Y（形式的には共同所有者）
法人でない社団
「X代表者A」名義への移転登記請求
　　　　　　　　　　　　　　　　第1審：請求認容
　　　　　　　　　　　　　　　　第2審：請求認容
　　　　　　　　　　　　　　　　最高裁：上告棄却

をすることとしたが、登記名義人の承継人の1人であるYがこれに応じないため主位的に委任の終了を原因として、予備的に時効取得を原因として、持分移転登記請求訴訟を提起した。Yは、本件不動産はYの曽祖父以来代々Xに使用貸借契約により使用させていたにすぎず、Xの所有ではないなどとして争った。

　第1審は、本件家屋についてのみXの主位的請求を認容した。Xが控訴。原審では、YがXは行政組織上盛岡市の一部にすぎないとして、その当事者能力を争ったが、原審裁判所は、Xは権利能力なき社団に該当するとしてその当事者能力を認めた上で、土地についてもXの主位的請求を認容した。Yが上告。権利能力なき社団は権利主体になりえず、登記請求権を有しないと主張した。

〈判旨〉　上告棄却。「訴訟における当事者適格は、特定の訴訟物について、誰が当事者として訴訟を追行し、また、誰に対して本案判決をするのが紛争の解決のために必要で有意義であるかという観点から決せられるべき事柄である。そして、実体的には権利能力のない社団の構成員全員に総有的に帰属する不動産については、実質的には当該社団が有しているとみるのが事の実態に即していることに鑑みると、当該社団が当事者として当該不動産の登記に関する訴訟を追行し、本案判決を受けることを認めるのが、簡明であり、かつ、関係者の意識にも合致していると考えられる。また、権利能力のない社団の構成員全員に総有的に帰属する不動産については、当該社団の代表者が自己の個人名義に所有権移転登記手続をすることを求める訴訟を提起することが認められているが（最二小判昭和47（1972）年6月2日・民集26巻5号957頁参照）、このような訴訟が許容されるからといって、当該社団自身が原告となって訴訟を追行することを認める実益がないとはいえない。

　そうすると、権利能力のない社団は、構成員全員に総有的に帰属する不動産について、その所有権の登記名義人に対し、当該社団の代表者の個人名義に所有権移転登記手続をすることを求める訴訟の原告適格を有すると解するのが相当である。そして、その訴訟の判決の効力は、構成員全員に及ぶものと解されるから、当該判決の確定後、上記代表者Aが、当該判決により自己の個人名義への所有権移転登記

の申請をすることができることは明らかである。なお、この申請に当たって上記代表者が執行文の付与を受ける必要はないというべきである。」

「また、原判決の主文においては、「X代表者A」への持分移転登記手続が命じられているが、権利能力のない社団の代表者である旨の肩書を付した代表者個人名義の登記をすることは許されないから（前掲・最二小判昭和47（1972）年6月2日参照）、上記の主文は、Aの個人名義に持分移転登記手続をすることを命ずる趣旨のものと解すべきであって、「X代表者」という記載をもって原判決に違法があるということはできない。」

本判決では、法人格のない社団（権利能力なき社団）がその代表者の名義とするための訴訟の原告適格（→38頁）を認めた。なお、本件は、登記に名義人の肩書が記されていなかったことが、個人財産との区別をあいまいにし、紛争を拡大させた経緯があるが、判例実務がこのような場合に代表者の氏名のみを登記し、団体の肩書等を含めないことについて、本判決は従来の立場を変えなかった。この問題は、民法・不動産登記法における問題であるが、今後の登記実務を改善する上では、引き続き考慮すべきものと言える。

第3講
当事者Ⅱ：当事者適格

〈本講のポイント〉
　前講では、当事者について、その意義、当事者の確定および当事者能力等について説明した。引き続き本講では、当事者について、重要な判例を紹介しつつ、当事者適格（→Ⅰ）の全体的な説明をする。民訴法上、裁判を得ることができる「当事者」は、「当事者の確定→当事者能力→当事者適格」という順にふるいにかけられる。本講では、この最終段階である当事者適格の規律について説明する。具体的には、自己の権利法律関係について訴えを提起する当事者適格（→Ⅱ）について説明した後、他人間の権利法律関係について第三者が当事者適格をもちうる場合として、第三者の訴訟担当による当事者適格（→Ⅲ）、法人の内部紛争における当事者適格（→Ⅳ）、当事者適格の基礎としての紛争管理権の理論（→Ⅴ）について説明する。

Ⅰ　当事者適格とは

　形式的当事者概念（→19頁）を採用する民事訴訟制度のもとでは、訴えを提起する者は誰でも原告となり、原告により相手方とされた者が被告となる。しかしながら、個別具体的な紛争解決に資さない訴えの提起は認められるべきではなく、したがって、本案判決による有効かつ適切な紛争解決をもたらし得る事件を選別する必要がある。この選別を行う訴訟要件が訴えの利益（→74頁）と当事者適格である。

　当事者適格とは、民事訴訟において当事者として訴訟を追行し、本案判決を得ることのできる資格のことである。当事者適格は訴訟要件の１つであり、誰が当事者として訴訟を追行し本案判決を得れば、当事者のために有効かつ適切

な紛争解決が可能になるかという視点から設けられたものである。訴えの利益が訴訟上の請求の面から設定された要件であるのに対して、当事者適格は当事者に着目して設けられた要件である。当事者適格のうち、原告となる資格を**原告適格**、被告となる資格を**被告適格**と呼ぶ。当事者適格を有する者は当該事件について**訴訟追行権**を有し、このような当事者のことを**正当な当事者**と呼ぶ。

当事者適格を有する者を示せば、〈**表4**〉のとおりとなる。

〈表4〉 当事者適格

Ⅱ　一般的な当事者適格

一般的に誰に当事者適格が認められるのかは、訴えの利益の場合と同様に、訴えの類型ごとに基本的な考え方が異なる。

①**給付の訴え**（→ 72頁）では、給付請求権を有すると主張する者に原告適格が、原告によって給付義務者と主張される者に被告適格が認められる。給付の訴えにおいては、原告が誰と誰の間の給付請求権を主張しているかによって当事者適格が決まり、実際に原告と被告の間にそのような給付請求権が存在するかどうかとは無関係である。

②**確認の訴え**（→ 72頁）の当事者適格は、確認の訴えの利益（→ 79頁）の問題に吸収される。これは、確認の訴えの利益が、当該原告・被告間での紛争を確認判決によって解決することが有効かつ適切である場合に認められるからである。したがって、確認の訴えの利益が認められる以上は、当該原告と被告に当事者適格が認められる。

③**形成の訴え**（→ 72頁）では、通常は当事者となり得る者が法定されているので（例、民744条・774条・775条・787条、人訴12条・41条・42条、会社828条2項・831条1項・832〜834条、854条・855条等）、これら法文により定められた者に当事者適格が認められる。

Ⅲ　第三者の訴訟担当による当事者適格

　第三者の訴訟担当とは、法律の規定または授権により、訴訟上の請求たる権利義務関係の主体ではない第三者に当事者適格が認められ、その第三者が受けた判決の効力が当該権利義務の主体に対しても及ぶ場合（115条1項2号）をいう。単に、**訴訟担当**ということもある。この場合に、訴訟の当事者となる第三者のことを**担当者**、判決効の拡張を受ける権利義務の主体のことを**被担当者**と呼ぶ。

1　法定訴訟担当
　法定訴訟担当とは、法律により第三者に訴訟追行権が認められている場合のことをいう。まず、第三者自身の権利の実現や保全のために他人が有する権利の行使が認められている場合として、債権者代位訴訟における代位債権者（民423条）、代表訴訟を提起する株主（会社847条）等がある。次に、職務上の当事者として人事訴訟における検察官（人訴12条3項）や成年後見人または成年後見監督人（人訴14条）等がある。さらに、第三者が他人の財産につき包括的な**管理処分権**が付与されている場合として、破産管財人（破80条）、遺言執行者（民1012条1項）等がある。

> **【判例⑬】法定訴訟担当としての遺言執行者**
> ──遺言執行者は、民事訴訟上どのような地位に立つか？
> 最二小判昭和51（1976）年7月19日・民集30巻7号706頁

〈**事案**〉　相続人Ｘ（原告・被控訴人・上告人）が、被相続人Ａの遺言執行者Ｙ（被告・控訴人・被上告人）に対して提起した、Ａ名義の遺言無効確認およびＢ名義の所有権移転仮登記の抹消登記を求める訴えである。（なお本件については、ＹがＸに対して所有権移転登記抹消登記請求の反訴を提起しているが、この点については省略する）
　当事者間に争いのない事実によれば、本件土地はＸの養父であるＡが所有して

いたところ、Aの死亡
後に、Aを遺言者とす
る公正証書遺言に基づ
き、遺言執行者Yに
より本件土地について
Bを権利者とし遺贈を
原因とする所有権仮登
記がなされ、その後、

```
X（相続人）──────→ Y（遺言執行者）
　　遺言無効確認請求
　　B名義の所有権転仮登記の抹消登記請求
　　　第1審：両請求を認容
　　　第2審　Xの遺言無効確認請求を棄却
　　　　　　　抹消登記請求の訴えを却下
　　最高裁：上告棄却
```

相続を原因としXを権利者とする所有権移転登記がなされた。Xは、本件遺言は
無効であり、したがって、Xが本件土地の所有者であるとして、本訴えを提起した。
　第1審は、Xの主張を認めて請求を認容した。これに対して、原審は、本件遺言
は適正に作成されたものとして遺言無効請求を棄却し、抹消登記請求については「仮
登記を抹消するためには、登記薄上権利者とされているBに対し抹消登記手続を
求めなければならないのであって、遺言執行者であるYは右仮登記手続において
は登記義務者となったのであるが、右仮登記の抹消登記手続については登記義務者
ではなく全く関係のないものであって、Yに対し右仮登記の抹消登記手続を求める
ことはできない」としてXの訴えを退けた。Xが上告。

〈判旨〉　上告棄却。「遺言執行者は、遺言の執行に必要な一切の行為をする権利義
務を有し（民法1012条）、遺贈の目的不動産につき相続人により相続登記が経由さ
れている場合には、右相続人に対し右登記の抹消登記手続を求める訴を提起するこ
とができるのであり、また遺言執行者がある場合に、相続人は相続財産についての
処分権を失い、右処分権は遺言執行者に帰属するので（民法1013条、1012条）、
受遺者が遺贈義務の履行を求めて訴を提起するときは遺言執行者を相続人の訴訟担
当者として被告とすべきである（最二小判昭和43（1968）年5月31日・民集22
巻5号1137頁）。更に、相続人は遺言執行者を被告として、遺言の無効を主張し、
相続財産について自己が持分権を有することの確認を求める訴を提起することがで
きるのである（最三小判昭和31（1956）年9月18日・民集10巻9号1160頁）。
右のように、遺言執行者は、遺言に関し、受遺者あるいは相続人のため、自己の名
において、原告あるいは被告となるのであるが、以上の各場合と異なり、遺贈の目
的不動産につき遺言の執行としてすでに受遺者宛に遺贈による所有権移転登記ある
いは所有権移転仮登記がされているときに相続人が右登記の抹消登記手続を求める
場合においては、相続人は、遺言執行者ではなく、受遺者を被告として訴を提起す
べきであると解するのが相当である。けだし、かかる場合、遺言執行者において、

受遺者のため相続人の抹消登記手続請求を争い、その登記の保持につとめることは、遺言の執行に関係ないことではないが、それ自体遺言の執行ではないし、一旦遺言の執行として受遺者宛に登記が経由された後は、右登記についての権利義務はひとり受遺者に帰属し、遺言執行者が右登記について権利義務を有すると解することはできないからである。」

....

　この判例によれば、遺贈の目的不動産について、遺言の執行として既に受遺者名義の所有権移転登記または所有権移転仮登記がされていれば、これにより当該遺言の執行は終了しているので、遺言執行者は当該目的不動産の登記について権利義務を有せず、登記抹消手続の被告適格も否定されることになる。したがって、抹消登記を求める相続人は、当該不動産の登記名義人を被告として訴えを提起しなければならない。

【判例⑭】入会団体の当事者適格
—— 入会団体は、総有権確認訴訟の当事者適格をもつか？
最三小判平成6（1994）年5月31日・民集48巻4号1065頁

〈事案〉　入会団体であるX組合（原告・被控訴人・上告人）が、Y₁・Y₂（被告・控訴人・被

```
X組合 ──────→ Y₁・Y₂
     X組合構成員全員の総有権確認訴訟

                        第1審：請求認容
                        第2審：訴え却下
                        最高裁：破棄差戻し
```

上告人）に対して提起した、本件土地がX組合の構成員全員の総有に属することの確認を求める訴えである。（なお、本件に併せて、X組合の構成員Bが共有持分移転登記手続等を請求しているが、この点については省略する）
　X組合は、A村落の住民により構成される入会団体で、江戸時代からA村落の住民により入会地として管理収益されてきた不動産を管理する組織である。本件土地はこの入会地の一部であり、大正4（1915）年に当時のA村落の戸主全員を共有者とする所有権移転登記がなされたが、そのうち共有持分の1つについて登記簿上相続を原因とする数次の移転登記がされ、最後の登記名義人の相続人であるY₁・Y₂が、本件土地につき共有持分権を有していると主張している。

　第1審は、「X組合は、民訴法46条〔現、29条〕の法人にあらざる社団であり、その名において、その構成員全員の総有確認を求める訴えを提起できるものと解するのが相当であり、右のような入会団体が代表者の定めのある社団で、しかも構成員全員が入会団体の名で訴え提起することを同意している場合についてまで、その総有確認の訴えを提起するのに、その構成員全員が原告となることが必要であると解することはできない」として、X組合の原告適格を肯定し、請求を認容した。

　原審は、総有権確認訴訟はX組合の構成員「全員が共同してのみ提起し得る固有必要的共同訴訟であると解さざるを得ない（最二小判昭和41（1966）年11月25日・民集20巻9号1921頁参照）。けだし、右の訴えで請求されている入会権は、権利者であるA町の一定の部落民即ち組合員に総有的に帰属するものであるから、その権利の確認を、対外的に非権利者であるY₁・Y₂に対して請求するには、権利者全員が共同して行うことが当然であり、かつ必要であること、一部の権利者によって提起された確認訴訟の確定判決の効力が、団体的権利である入会権の性質上当事者とならなかった他の権利者にも及ぶこととなり、特に敗訴判決の場合には甘受（かんじゅ）し難い不利益を蒙（こうむ）る結果となるからである。

　この理は、X組合に組合規約があり、意思決定機関である総会、代表者たる組合長が置かれ、かつ総会において本件総有確認の訴えの提起につき組合員全員の一致による議決があった場合でもなお同様で、X組合には当事者適格はないものと解される」として、原判決を取り消し、訴えを却下した。X組合が上告。

〈判旨〉　破棄差戻し。「入会権は権利者である一定の村落住民の総有に属するものであるが（最二小判昭和41（1966）年11月25日・民集20巻9号1921頁）、村落住民が入会団体を形成し、それが権利能力のない社団に当たる場合には、当該入会団体は、構成員全員の総有に属する不動産につき、これを争う者を被告とする総有権確認請求訴訟を追行する原告適格を有するものと解するのが相当である。けだし、訴訟における当事者適格は、特定の訴訟物について、誰が当事者として訴訟を追行し、また、誰に対して本案判決をするのが紛争の解決のために必要で有意義であるかという観点から決せられるべき事柄であるところ、入会権は、村落住民各自が共有におけるような持分権（もちぶん）を有するものではなく、村落において形成されてきた慣習等の規律に服する団体的色彩の濃い共同所有の権利形態であることに鑑（かんが）み、入会権の帰属する村落住民が権利能力のない社団である入会団体を形成している場合には、当該入会団体が当事者として入会権の帰属に関する訴訟を追行し、本案判決を受けることを認めるのが、このような紛争を複雑化、長期化させることなく解決するために適切であるからである。」「そして、権利能力のない社団である入会団体の代表

者が構成員全員の総有に属する不動産について総有権確認請求訴訟を原告の代表者として追行するには、当該入会団体の規約等において当該不動産を処分するのに必要とされる総会の議決等の手続による授権を要するものと解するのが相当である。けだし、右の総有権確認請求訴訟についてされた確定判決の効力は構成員全員に対して及ぶものであり、入会団体が敗訴した場合には構成員全員の総有権を失わせる処分をしたのと事実上同じ結果をもたらすことになる上、入会団体の代表者の有する代表権の範囲は、団体ごとに異なり、当然に一切の裁判上又は裁判外の行為に及ぶものとは考えられないからである。」

この判例によれば、入会団体が権利能力なき社団（29条）に該当するときには、紛争を複雑化、長期化させることなく必要かつ適切に解決するという観点から、当該入会団体に入会権の帰属に関する訴訟の原告適格を認められることになる。判例では、入会団体が受けた確定判決の効力は構成員全員に対して及ぶと示されており、また原告適格を認める際に授権の有無を問題としていないことから、入会団体の原告適格の基礎は法定訴訟担当であると考えられる。

2　任意的訴訟担当

任意的訴訟担当とは、権利義務の帰属主体からの授権に基づいて、第三者に訴訟担当者としての当事者適格が認められる場合をいう。明文で認められているものとして選定当事者（30条）のほか、建物区分所有法に定められる管理者制度（建物区分26条4項等）、債権管理回収業に関する特別措置法（サービサー法）におけるサービサーが行う債権管理・回収の訴え（債権回収11条1項）等がある。

これに対して、明文規定のない場合にどこまで任意的訴訟担当が認められるかについては、次の判例に見られるように議論がある。

【判例⑮】業務執行組合員による任意的訴訟担当
　　──任意的訴訟担当は、どのような要件で認められるか？
　　最大判昭和45（1970）年11月11日・民集24巻12号1854頁

〈事案〉　X（原告・控訴人・上告人）が、Y（被告・被控訴人・被上告人）に対して提起した損害賠償請求訴訟である。Xの主張によれば、Xが代表者を務めるA

44

企業体（民法上の組合）はＹとの間で請負工事契約を締結したところ、Ｙが一方的に契約を打ち切ったので、これによりＡ企業体が

```
Ａ企業体代表者Ｘ ──────→ Ｙ
（民法上の組合）      損害賠償請求
                    第1審：請求棄却
                    第2審：訴え却下
                    最高裁：破棄差戻し
```

被った損害の賠償を求めて、Ｘは自己の名でＹに対し本訴えを提起したという。

　第1審は、Ｘの主張は認められないとして請求を棄却した。原審は「本訴は、Ｙが企業体との間に締結した請負契約をＹの都合で解散したことによって、企業体の被った損害の賠償を求めるものであるところ、右企業体は民法上の組合であるから、訴訟の目的たる右損害賠償請求権は本来組合員である企業体の各構成員に帰属するものであるが、Ｘは組合規約によって、組合代表者として、自己の名で前記の請負代金の請求、受領、組合財産の管理等の対外的業務を執行する権限を与えられているのであるから、Ｘは、自己の名で右損害賠償請求権を行使し、必要とあれば、自己の名で訴訟上これを行使する権限、すなわち訴訟追行権をも与えられたものというべきであり、従って本件は、組合員たる企業体の各構成員がＸに任意に訴訟追行権を与えいわゆる任意的訴訟信託の関係にある。」「しかしながら、訴訟追行権は訴訟法上の権能であり、実体上の権利主体が任意にこれを他に与えることを是認することは種々の弊害を伴うおそれがあるから、民訴法は第47条〔現、30条〕によって訴訟の当事者となるべきものを選定する選定当事者の制度を設け、一定の要件と形式のもとに任意的訴訟信託を許容しているのであって、このような法的規制によらない本件のような任意の訴訟信託は許されないものと解するのが相当である」として、原判決を取り消した上、Ｘの訴えを却下した。Ｘが上告。

〈判旨〉　破棄差戻し。「いわゆる任意的訴訟信託〔任意的訴訟担当〕については、民訴法上は、同法47条〔現、30条〕が一定の要件と形式のもとに選定当事者の制度を設けこれを許容しているのであるから、通常はこの手続によるべきものではあるが、同条は、任意的な訴訟信託〔訴訟担当〕が許容される原則的な場合を示すにとどまり、同条の手続による以外には、任意的訴訟信託は許されないと解すべきではない。すなわち、任意的訴訟信託は、民訴法が訴訟代理人を原則として弁護士に限り、また、信託法11条〔現、10条〕が訴訟行為を為さしめることを主たる目的とする信託を禁止している趣旨に照らし、一般に無制限にこれを許容することはできないが、当該訴訟信託がこのような制限を回避、潜脱するおそれがなく、かつ、これを認める合理的必要がある場合には許容するに妨げないと解すべきである。

　そして、民法上の組合において、組合規約に基づいて、業務執行組合員に自己の
名で組合財産を管理し、組合財産に関する訴訟を追行する権限が授与されている場
合には、単に訴訟追行権のみが授与されたものではなく、実体上の管理権、対外的
業務執行権とともに訴訟追行権が授与されているのであるから、業務執行組合員に
対する組合員のこのような任意的訴訟信託は、弁護士代理の原則を回避し、または
信託法11条〔現、10条〕の制限を潜脱（せんだつ）するものとはいえず、特段の事情のない限り、
合理的必要を欠くものとはいえないのであつて、民訴法47条〔現、30条〕による
選定手続によらなくても、これを許容して妨げないと解すべきである。したがって、
当裁判所の判例（最二小判昭和37（1962）年7月13日・民集16巻8号1516頁）は、
右と見解を異にする限度においてこれを変更すべきものである。」

　この判例によれば、実体上の財産管理権限とともに訴訟追行権が付与されて
いる場合には、弁護士代理の原則や訴訟信託禁止を回避、潜脱（せんだつ）するおそれがな
く、任意的訴訟担当を認める合理的必要があると認められることになる。その
例として本件では、民法上の組合における業務執行組合員に、個別の授権では
なく規約による授権に基づき、任意的訴訟担当として原告適格を認めた。
　その後、最高裁は、外国国家の発行による円（えんだ）建て債券の償還等請求訴訟につ
いて、債券管理会社に任意的訴訟担当による原告適格を認めている（最一小判
平成28（2016）年6月2日・民集70巻5号1157頁）。

Ⅳ　法人の内部紛争における当事者適格

　法人の内部紛争とは、法人の内部で行われた決議の効力が問題になる紛争の
ことである。法人の代表者たる地位は法人との間の委任関係によって生じるが、
法人内部にその代表者たる地位を争う者がいる場合に、その原告適格、被告適
格が誰に認められるかという問題が生じる。

【判例⑯】　法人の内部紛争における原告適格
　　──法人の内部紛争において、誰が原告適格を有するか？
　最三小判平成7（1995）年2月21日・民集49巻2号231頁

〈**事案**〉 X（原告・被控訴人・被上告人）らが、宗教法人Y神社（被告・控訴人・上告人）に対して、Z（上告補助参加人）がYの代表役員でないことの確

認を求めて訴えを提起したものである。Xらは、ZはY神社の包括宗教団体によりY神社の宮司(ぐうじ)に任命されたが、ZをY神社の代表役員とする手続に瑕疵(かし)があったので、ZのY神社代表役員就任は無効であると主張している。（なお、本件に併(あわ)せて、XらはZの代表役員就任登記の抹消登記を請求しているが、この点については省略する）

　第1審は、Xらの当事者適格を認めてXの請求を認容した。原審も、Y神社の規則によると「氏子(うじこ)又は崇敬者(すうけいしゃ)とは、Y神社を崇敬し、Y神社の維持について義務を負う者と定められている。結局神社を崇敬し、財政・運営に協力する者即ちみずから信者であることを表明した者で一定地域に居住する者を氏子、地域居住者以外の者を崇敬者というと解される。すると、氏子は宗教法人法12条3項、23条、44条2、3項にいう信者に相当し、当該宗教法人の存立・運営に利害関係を有する法律上の地位であると解される」として、Xらの原告適格を認め、Xらの請求を認容した。Yが上告。

〈**判旨**〉 一部破棄自判・一部上告棄却。「本件訴えは、Xらが、自らの地位ないし権利関係についての確認等を請求するものではなく、ZがYの代表役員の地位にないことの確認及びこれを前提に前記登記の抹消をそれぞれ請求するものであるから、その訴えの利益、また、したがって原告適格を肯定するには、組織上、XらがYの代表役員の任免に関与するなど代表役員の地位に影響を及ぼすべき立場にあるか、又は自らが代表役員によって任免される立場にあるなど代表役員の地位について法律上の利害関係を有していることを要するものというべきである。」「右のとおり、宗教法人法及び本件神社規則によれば、Yの責任役員は、代表役員の任免に直接関与する立場にあり、また、氏子総代も、総代会の構成員として責任役員を選考し、ひいては代表役員の地位に影響を及ぼすべき立場にあるということができるから、Yの責任役員及び氏子総代は、いずれもYの代表役員の地位の存否の確認等を求める訴えの原告適格を有するというべきである。しかしながら、氏子は、Yの機関ではなく、代表役員の任免に関与する立場にないのみならず、自らが代表役員

によって任免される立場にもないなど代表役員の地位について法律上の利害関係を有しているとはいえないから、右確認等を求める訴えの原告適格を有しないというべきである。」「そして、原審の確定した事実関係及び記録によると、X らのうち、別紙一覧表記載の X らを除くその余の X らは Y の責任役員ないし氏子総代の地位にあり、本件訴えの原告適格を有すると認められる」。

....

宗教法人の代表役員たる地位確認の訴えは、当該宗教法人と代表役員の間の法律関係を対象とするものであるが、この判例によれば、第三者が代表役員の任免に関わる立場にあれば、代表役員の地位について当該第三者の法律上の利害関係が認められ、代表役員たる地位の不存在確認訴訟の原告適格が認められることになる。

【判例⑰】法人の内部紛争における被告適格

——法人の内部紛争において、誰が被告適格を有するか？

最一小判昭和 44（1969）年 7 月 10 日・民集 23 巻 8 号 1423 頁（銀閣寺事件）

〈**事案**〉　宗教法人 A 寺（銀閣寺）の住職であった X（原告・控訴人・被上告人）が、包括宗教法人 Y₁ と A 寺の新住職 Y₂（いずれも被告・被控訴人・

X（宗教法人 A 寺の旧住職）　───→　Y₁（包括宗教法人）
　　　　　　　　　　　　　　　　　　　　　Y₂（A 寺の新住職）
　　　X が A 寺の住職・責任役員・代表役員
　　　たる地位確認請求
　　　　　第 1 審：請求棄却
　　　　　第 2 審：住職の地位確認につき訴え却下
　　　　　　　　　　責任役員・代表役員の地位確認に
　　　　　　　　　　つき請求認容
　　　　　最高裁：一部破棄自判・一部上告棄却

上告人）に対して、X が A 寺の住職・責任役員・代表役員の地位にあることの確認を求める訴えである。X の主張によれば、X が退職願を Y₁ に提出したことを受けて、Y₂ が A 寺の住職に任命され A 寺の責任役員・代表役員に就任したが、X の辞任の意思表示には瑕疵があって無効であるとして、X が A 寺の住職・責任役員・代表役員であることの確認を求めて本訴えを提起した。

　第1審は、Xの請求を棄却した。原審は、宗教法人法の下における寺院の住職は、寺院の管理機関としての組織法的な地位を有しないとした上で、本件においてXは「A寺規則（7条）上法人たる同寺の代表役員たる責任役員は同寺の住職とされているため、責任役員、代表役員たる地位を保持するための前提要件たる住職の地位を、法人たる同寺の組織法的な機関として、その地位一般の確認を求めているのであって、……そうであればXとしてはA寺たる法人の機関である代表役員、責任役員の地位にあることの確認を求めるだけで事足りるものというべく、そのほかに宗教法人法上の管理機関として法的地位をもたない住職につき、その地位一般の確認を求める必要もなければ、利益もない」として、第1審判決を取り消し、住職たる地位確認を求める部分は却下し、責任役員・代表役員たる地位確認については請求を認容した。Y$_1$・Y$_2$が上告。

〈判旨〉　破棄自判。「Xは、本訴において、宗教法人A寺を相手方とすることなく、Yらに対し、Xが同宗教法人の代表役員および責任役員の地位にあることの確認を求めている。しかし、このように、法人を当事者とすることなく、当該法人の理事者たる地位の確認を求める訴を提起することは、たとえ請求を認容する判決が得られても、その効力が当該法人に及ばず、同法人との間では何人も右判決に反する法律関係を主張することを妨げられないから、右理事者の地位をめぐる関係当事者間の紛争を根本的に解決する手段として有効適切な方法とは認められず、したがって、このような訴は、即時確定の利益を欠き、不適法な訴として却下を免れないことは、当裁判所の判例の趣旨とするところである（最二小判昭和42（1967）年2月10日・民集21巻1号112頁、最三小判昭和43（1968）年12月24日・集民93号859頁参照）。法人の理事者が、当該法人を相手方として、理事者たる地位の確認を訴求する場合にあっては、その請求を認容する確定判決により、その者が当該法人との間においてその執行機関としての組織法上の地位にあることが確定されるのであるから、事柄の性質上、何人も右権利関係の存在を認めるべきものであり、したがって、右判決は、対世的効力を有するものといわなければならない。それ故に、法人の理事者がこの種の訴を提起する場合には、当該法人を相手方とすることにより、はじめて右理事者の地位をめぐる関係当事者間の紛争を根本的に解決することができることとなる。」

　この判例によれば、法人の役員たる地位にあると主張する者が提起する地位確認訴訟において被告適格が認められるのは**法人のみ**であり、法人以外の者に

は被告適格が認められないことになる。そして、法人を被告とする訴訟で請求を認容する判決の効力は対世効を有し、当該法人の構成員をはじめ第三者もこの認容判決に拘束されることになる。

V　当事者適格の基礎としての紛争管理権

環境保護や消費者一般に関する利益など不特定多数の者により共同で享受される利益に関する訴訟において、たとえば個々の地域住民や消費者のみにしか当事者適格が認められないとすると、個々人の訴訟追行の負担が大きくなるだけでなく、事件に関係するすべての当事者適格者を選び出すことにも困難が生じる。また個々の地域住民や消費者による多数の訴訟が実際に提起されると、被告や裁判所の負担も大きくなる。

このような問題に対して、訴え提起以前から紛争解決のための活動に従事していてきた環境団体や消費者団体に、実体法上の利益帰属主体（地域住民や消費者）とは別に、当事者適格を認めようという動きがある。このような団体は、紛争処理過程での行動や役割によって、実体法上の利益とは別に**紛争管理権**を取得し、これに基づき当該紛争に関する訴訟の当事者適格を有するという学説上の考え方である。

【判例⑱】豊前環境権訴訟事件
──紛争管理権に基づいて原告適格は認められるか？
最二小判昭和60（1985）年12月20日・判時1181号77頁

〈事案〉Ｘら7名（原告・控訴人・上告人）が、Ｙ電力会社（九州電力。被告・被控訴人・被上告人）に対して、Ｙ社の火力発電所の操業

Ｘら地域住民 ──→ Ｙ電力会社（九州電力）
　　火力発電所の操業差止請求
　　埋立水面の原状回復請求
　　　　　　　　　第1審：訴え却下
　　　　　　　　　第2審：訴え却下
　　　　　　　　　最高裁：上告棄却

停止と埋立水面の原状回復を求めた訴訟である。Ｘらの主張によると、Ｙ社は豊前

市の一部海域を埋め立て、その上に火力発電所を建設して操業していたところ、地域住民であるＸらは、埋立ておよび火力発電所の操業により各種の公害が生じているとして、Ｙ社に対してその差止等を求めて本訴えを提起した。Ｘらは漁業者や農業者でもなく、またＸらのうち４名は豊前市の住民ではなかったが、Ｘらは、環境権（憲法13条・25条）に基づき、豊前地域の代表としての資格において、地域の環境保持を目的として訴訟追行していると主張した。

　第１審は、「民事訴訟は、客観的な法規を前提として当事者間の法律上の私的紛争を具体的、個別的に解決する制度であるから、審判の対象となる請求は、現行の実定法上是認しうる特定の具体的な権利又は法律関係の存否の主張でなければならない。これを給付訴訟についていえば、審判の対象となる請求は、実定法上認められた一定の給付請求権の存在の主張であることを要する。したがって現行の実定法上認められない給付請求権を主張する請求は、審判の対象たる資格を欠き、不適法なものといわなければならない」とした上で、Ｘらの請求は具体的な私法上の権利義務に基づくものではないので、民事訴訟の審判の対象としての資格を欠く不適法なものだとして、Ｘの訴えを却下した。原審も、第１審判決を支持してＸの訴えを却下した。

〈**判旨**〉　上告棄却。「Ｘらの本件訴訟追行は、法律の規定により第三者が当然に訴訟追行権を有する法定訴訟担当の場合に該当しないのみならず、記録上右地域の住民本人らからの授権があったことが認められない以上、かかる授権によって訴訟追行権を取得する任意的訴訟担当の場合にも該当しないのであるから、自己の固有の請求権によらずに所論のような地域住民の代表として、本件差止等請求訴訟を追行しうる資格に欠けるものというべきである。なお、講学上、訴訟提起前の紛争の過程で相手方と交渉を行い、紛争原因の除去につき持続的に重要な役割を果たしている第三者は、訴訟物たる権利関係についての法的利益や管理処分権を有しない場合にも、いわゆる紛争管理権を取得し、当事者適格を有するに至るとの見解がみられるが、そもそも法律上の規定ないし当事者からの授権なくして右第三者が訴訟追行権を取得するとする根拠に乏しく、かかる見解は、採用の限りでない。また、Ｘらの主張、裁判所の釈明命令に対するＸらの応答その他本件訴訟の経過に照らし、Ｘらが他になんらかの自己固有の差止請求権に基づいて本件訴訟を追行し、当該権利主張に基づき当事者適格を有するものと解すべき余地もなく、結局、Ｘらは、本件差止等請求訴訟につき当事者適格を欠くというに帰着し、Ｘらの本件訴えは、不適法として却下すべきものとするほかない。」

　この判例によれば、環境権の帰属主体ではない第三者が訴訟追行する資格を取得するためには、法律の規定または帰属主体からの授権が不可欠であり、紛争管理権に基づく固有の当事者適格は認められないことになる。

　なお、消費者の利益に関しては、平成18（2006）年に成立した**消費者団体訴訟制度**（消費契約12条）により、内閣総理大臣の認定を受けた適格消費者団体に、事業者に対する違法行為差止請求訴訟の原告適格が認められるようになり、また、平成25（2013）年に成立した**消費者裁判手続特例法**（消費者の財産的被害の集団的な回復のための民事の裁判手続の特例に関する法律）では、事業者に対する**共通義務確認訴訟**の原告適格が、適格消費者団体に認められるようになった。

第4講
訴訟上の代理

> 〈本講のポイント〉
> 　民訴法上の代理人は、本人である当事者等の能力を補ったり、また拡張したり
> するために重要な役割を演じている。本講では、まず、訴訟上の代理の意義と必
> 要性（→Ⅰ）を述べ、次に、法定代理人の役割を理解する前提として、訴訟能力
> （→Ⅱ）について説明し、さらに、訴訟上の代理人自体の説明を、法定代理人（→
> Ⅲ）、任意代理人（→Ⅳ）の順に、重要な判例を紹介しつつ行う。

Ⅰ　訴訟上の代理とは

1　訴訟上の代理人の意義

　訴訟上の代理人は、当事者本人に法律効果を帰属させるために、当事者本人
の名前で、当事者本人に代わり、自らの意思決定により、相手方や裁判所に対
する訴訟行為を行ったり、相手方や裁判所から自己に向けられた、当事者本人
のための訴訟行為を受領したりする者である。代理人の行為の効果は、本人に
帰属する（→〈表5〉）。

　訴訟上の代理人は、訴訟物たる権利義務関係・法律関係の帰属主体以外の第
三者が訴訟追行を行う点では**第三者の訴訟担当**の場合（→第3講Ⅲ）と似た側
面を有するものの、訴訟上の代理人は、当事者本人の名前で訴訟を追行するの
に対し、第三者の訴訟担当の場合における訴訟担当者は、自己の名前で当事者
として訴訟を追行するという違いがある。

2　訴訟上の代理の必要性

　訴訟上の代理が必要とされる理由は2つある。第1の理由は、当事者本人の

能力の補充である。自ら単独で訴訟行為ができない当事者本人（**訴訟能力を欠く者**）には、その者に代わり訴訟活動をする者が不可欠である。ここに、当事者本人の意思によらない訴訟上の代理である**法定代理の必要性**がある。第2の理由は、当事者本人の能力の拡充である。自ら単独で訴訟行為ができる当事者本人であっても、

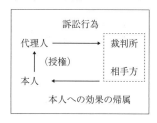

〈表5〉代理関係

法専門家に訴訟活動を任せることができるのであれば、訴訟活動はより充実したものとなる。ここに、当事者本人の意思による訴訟上の代理である**任意代理（訴訟代理）の必要性**がある。

訴訟上の代理人は、法定代理人（→Ⅲ）と任意代理人（→Ⅳ）に分けられる。

〈表6〉訴訟上の代理人

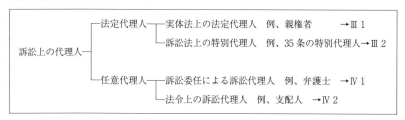

Ⅱ　訴訟能力

1　訴訟能力の意義

訴訟能力とは、自ら単独で有効に訴訟行為をなし、または自らに対する相手方・裁判所の訴訟行為を受けるために必要とされる能力である。ある主体が民事訴訟の当事者の地位につくこと自体は、その者が当事者能力を有していれば可能である。しかし、訴訟行為は実体私法上の取引行為以上に複雑なものであり、稚拙な訴訟追行を行った場合に被り得る不利益の程度も大きいので、訴訟追行のための十分な能力を有しない者を保護する必要性は大きい。そこで、実体私法が取引上の能力を十分に有しない者を制限行為能力者として保護するのと同様に、訴訟法上も、自己の利益を十分に防御できない当事者を保護するた

め、訴訟能力という形で一定の基準を設け、この基準に達しない者については単独で訴訟行為ができないこととしている。したがって、訴訟能力は民法上の行為能力に対応する。

2　訴訟能力を欠く者

　訴訟能力については、別段の定めのない限り、民法その他の法令により決定される（28条）。したがって、まず、実体法上の行為能力を有する者は訴訟能力をもつ。しかし、訴訟無能力の範囲・効果は、必ずしも実体法上の制限行為能力の範囲・効果とは一致しない。

　(1)　**未成年者・成年被後見人**　未成年者と成年被後見人は原則として**訴訟能力を全部欠く者**であり、訴訟行為は必ず法定代理人によることが必要である（31条本文）。なお、民法では、未成年者でもあらかじめ法定代理人の同意や許可があれば、自ら有効に法律行為ができる（民5条1項）。

　(2)　**被保佐人・被補助人**　被保佐人は保佐人の同意がある場合に訴訟行為をすることができ（民13条1項4号）、被補助人の訴訟行為にも補助人の同意を必要とすることができる（民17条1項）。このように、被保佐人等には完全な訴訟能力が認められず、**訴訟能力を一部欠く者**と呼ばれる。ただし、これらの者が相手方の提起した訴えや上訴について訴訟行為をするには、保佐人等の同意を要しない（32条1項）。

　以上をまとめれば、〈表7〉のとおりである。

〈表7〉　訴訟能力を欠く者

3　訴訟能力が欠ける場合の効果

　訴訟能力は個々の訴訟行為の有効要件であり、訴訟能力を欠く者（訴訟能力が欠缺する者）による訴訟行為または訴訟能力を欠く者に対する訴訟行為は当然に**無効**である。この点は、民法上の制限行為能力者による法律行為が取り消

されるまでは有効であるのとは異なる。ただし、訴訟能力を欠く者の訴訟行為
も、法定代理人または能力を回復・取得した本人が**追認**すれば、行為時に遡っ
て有効となる（34条2項）。

4　意思能力を欠く者（意思無能力者）の訴訟行為の効力

　訴訟行為をした者が訴訟能力を欠く者ではなくても意思能力を欠く場合に、
訴訟行為は当然に無効となる。このことは、意思能力を欠く者が行った法律行
為を無効とする旨の現行民法3条の2の規定の制定以前から、判例により認め
られていた。

【判例⑲】訴訟行為と意思能力
　――意思無能力を欠く者がした訴訟行為は、どのように評価されるか？
最二小判昭和29（1954）年6月11日・民集8巻6号1055頁

〈事案〉　Xら（原
告・被控訴人・上
告人）はY（被告・
控訴人・被上告
人）を相手取り、
動産の引渡し・電
話加入権の名義変

```
X ─────→ Y
   動産の引渡等の請求
           第1審：請求認容
           第2審：中間判決（控訴取下げの無効）
                   終局判決（請求の一部認容）
           最高裁：上告棄却
```

更・貸金返還・建物の所有権移転登記と引渡し等を請求する訴えを提起した。第1
審はXらの請求をほぼ認容した。
　Yは控訴を提起したものの、その翌月にYの署名のある控訴取下書が提出された。
しかし、このYの控訴取下げにつき、次のような事情があった。Yはすでに成年
に達していたものの、精神疾患のためその精神能力は12、3歳の児童と同程度であ
った。そのため、Yは控訴取下げ後に準禁治産宣告（当時）を受け、姉の夫が保
佐人に選任されている。Yは本件での控訴取下げにつき、事実上の保護者である姉
夫婦にも自らの訴訟代理人にも相談することなく、また、控訴取下げの法律上の意
味やそれによりもたらされる結果を十分理解しないまま、Xの訴訟代理人の指示に
従い同人が用意した控訴取下書に署名捺印し、これがXの訴訟代理人により控訴
裁判所に提出された。

　Ｙの訴訟代理人は、Ｙの控訴取下げが無効であるとして争ったところ、控訴裁判所は、中間判決によりＹの控訴取下げを無効とした上で、終局判決で第1審判決を変更し、Ｘの請求の一部のみを認容しその余の請求を棄却した。

　Ｘは上告し、成年者であるＹの控訴取下げがその精神能力の故に無効であるとすれば、それ以前になされた控訴およびその訴訟委任も同様に無効とされるべきである旨を主張した。

〈判旨〉　上告棄却。「…Ｙは、相手方…の訴求した、家屋の所有権移転登記とその引渡、電話加入名義の変更申請手続、動産の引渡(ひきわたし)等をなすべき旨の第1審判決を受け、右判決に対し控訴したものであって、右控訴を取下げれば前記敗訴判決が確定し、その執行を受ける関係にあったことが明らかである。そして、…もし右判決が執行せられるときは、Ｙが姉…夫婦によって経営していた…旅館の経営に支障を来し、Ｙの生活の根拠が脅かされる結果となることは明らかであるに拘らず、Ｙは本件控訴取下の当時、すでに成年を過ぎ、且未だ準禁治産宣告を受けてもいなかったけれども、生来、医学上いわゆる精神薄弱者に属する軽症痴愚者(ちぐ)であって、その家政、資産の内容を知らず、治産に関する社会的知識を欠き、思慮分別判断の能力が不良で、その精神能力は12、3才の児童に比せられる程度にすぎず、しかも、その控訴取下は姉…夫婦や訴訟代理人に相談せずなされたこと、そのためＹは、控訴取下によって前記の如き重大な訴訟上並に事実上の結果を招来する事実を十分理解することができず、控訴取下の書面を以て、漠然相手方に対する紛争の詫状の程度に考え、本件控訴取下をなしたものであること、以上の如き事実が認められるから、Ｙのなした本件控訴取下は、ひっきょう意思無能力者のなした訴訟行為にあたり、その効力を生じないものと解すべきである。これに反して、控訴の提起自体は、単に1審判決に対する不服の申立たるに過ぎず、かつ敗訴判決による不利益を除去するための、自己に利益な行為である関係上、Ｙにおいても、その趣旨を容易に理解し得たものと認められるから、本件控訴の提起はこれを有効な行為と解するを妨げないのであり、従って原審が、Ｙの控訴取下を無効と判断するとともに、Ｙの控訴に基き、本案の審理判決をしたのは正当であ」る。

Ⅲ　法定代理人

　法定代理人は、本人の意思によらずに選任される訴訟上の代理人である。訴

訟上の法定代理人には、実体法上の法定代理人と訴訟法上の特別代理人とがある。また、法人等の代表者も法定代理人に準じて取り扱われる。

1　実体法上の法定代理人

　訴訟能力を欠く者（訴訟無能力者）の法定代理については、原則として民法その他の法令に従うので、実体法上の法定代理人は当然に訴訟法上も法定代理人となる（28条）。したがって、未成年者については親権者（民824条）・未成年後見人（民838条1号・839～841条）、成年被後見人については成年後見人（民838条2号・843条）が、訴訟でも法定代理人となる（民859条）。なお、保佐人および補助人についても、家庭裁判所の審判に基づき、法定代理権が付与されることがある（民876条の4・876条の9）。

2　訴訟法上の特別代理人

　訴訟法上の特別代理人は、民訴法の規定に基づいて、特定の訴訟のために裁判所が選任する法定代理人である。代表的なものは、訴訟能力を欠く者のための特別代理人である（35条）。ただし、**身分訴訟**のように、人の一生に重大な影響を与える場合には、成年後見開始審判による法定代理人の選任によるべきであり、訴訟上の特別代理人によることは許されないと解される。

【判例⑳】離婚訴訟と特別代理人
　――離婚訴訟に訴訟上の特別代理人を用いることはできるか？
　最二小判昭和33（1958）年7月25日・民集12巻12号1823頁

〈事案〉　夫X（原告・被控訴人・被上告人）と妻Y（被告・控訴人・上告人）は昭和13（1938）年に婚姻し、両者の間

X ――――→ Y、補助参加人Z（Yの実兄）
　離婚請求
　　　　第1審：請求認容
　　　　第2審：Zの控訴棄却
　　　　最高裁：原判決破棄、1審へ差戻し

に3人の子が生まれた。Yは婚姻の翌年頃から精神異常の兆候を示し、昭和23（1948）

年には病状が亢進し、子の養育やＸの仕事等にも支障が生じるようになった。それ以降、Ｙは入院療養するも、昏睡状態ではとんど治癒の見込みがない状況に至った。

　昭和 24（1949）年、Ｘは離婚を決意し、Ｙを相手方、Ｙの実兄Ｚを利害関係人として離婚等の調停を申し立てたが、Ｙの不出頭により調停は不調に終わった。

　そのため、ＸはＹを相手取り、離婚の訴えを提起し、併せて、3 人の子の親権者をＸとするよう求めた。口頭弁論期日呼出状はＹが入院する精神病院に送達されたものの、Ｙは出頭しなかった。Ｙは禁治産者（当時。現行法では成年被後見人）となっていなかったので、Ｘより民訴法（旧）56 条（現、35 条）に基づく特別代理人の選任の申立てがなされ、特別代理人の選任がなされた。また、Ｚは第 1 審でＹに補助参加した。

　Ｙの特別代理人は請求棄却の判決を求め、Ｚは、Ｙが心神喪失の常況にあるならばＸはＹの禁治産宣告（当時。現行法では成年後見開始決定）を経て後見監督人を相手方として離婚の訴えを提起すべきであり、特別代理人によることはできない旨を主張し、訴えの却下を求めた。第 1 審は特別代理人による訴訟追行を認め、Ｘの請求を認容した。

　Ｚより控訴が提起されたが、控訴審も控訴を棄却し第 1 審判決を維持した。

　Ｚは、特別代理人によっては精神病者たるＹの権利の擁護として不十分であること等を理由として上告を提起した。

〈判旨〉　最高裁は次のように判示し、原判決および第 1 審判決を破棄し、Ｙが現に心神喪失の常況にあるかどうかを審理するため、本件を第 1 審に差し戻した。「およそ心神喪失の常況に在るものは、離婚に関する訴訟能力を有しない、また、離婚のごとき本人の自由なる意思にもとづくことを必須の要件とする一身に専属する身分行為は代理に親しまないものであって、法定代理人によって、離婚訴訟を遂行することは人事訴訟法（ママ。当時の人事訴訟手続法〔現、人事訴訟法〕）のみとめないところである。同法 4 条は、夫婦の一方が禁治産者であるときは、後見監督人又は後見人が禁治産者のために離婚につき訴え又は訴えられることができることを規定しているけれども、これは後見監督人又は後見人が禁治産者の法定代理人として訴訟を遂行することを認めたものではなく、その職務上の地位にもとづき禁治産者のため当事者として訴訟を遂行することをみとめた規定と解すべきである。離婚訴訟は代理に親しまない訴訟であること前述のとおりであるからである。

　翻って、民訴 56 条…の『特別代理人』は、その訴訟かぎりの臨時の法定代理人たる性質を有するものであって、もともと代理に親しまない離婚訴訟のごとき訴訟

については同条は、その適用を見ざる規定である。そしてこの理は心神喪失の常況に在って未だ禁治産の宣告を受けないものについても同様であって、かかる者の離婚訴訟について民訴法 56 条を適用する余地はないのである。

　従って、心神喪失の状況に在って、未だ禁治産の宣告を受けないものに対し離婚訴訟を提起せんとする夫婦の一方は、先づ他方に対する禁治産の宣告を申請し、その宣告を得て人訴法 4 条により禁治産者の後見監督人又は後見人を被告として訴を起すべきである。

　離婚訴訟のごとき、人の一生に、生涯を通じて重大な影響を及ぼすべき身分訴訟においては、夫婦の一方のため訴訟の遂行をする者は、その訴訟の結果により夫婦の一方に及ぼすべき重大なる利害関係を十分に考慮して慎重に訴訟遂行の任務を行うべきであって、その訴訟遂行の途上において、或は反訴を提起し、又は財産の分与、子の監護に関する人訴法 15 条の申立をする等の必要ある場合もあるのであって、この点からいっても、民訴法 56 条のごときその訴訟かぎりの代理人—しかも、主として訴を提起せんとする原告の利益のために選任せられる特別代理人—をしてこれに当らしめることは適当でなく、夫婦の一方のため後見監督人又は後見人のごとき精神病者のための常置機関として、精神病者の病気療養その他、財産上一身上万般の監護をその任務とするものをして、その訴訟遂行の任に当らしめることを適当とすることは論を待たないところである。」

．．．

3　法定代理権

　実体法上の法定代理人の代理権は、原則として民法その他の規定による（28条）。ただ、後見人は、相手方の訴えまたは上訴に対して訴訟行為をするには、後見監督人の同意は要しないが（32 条 1 項）、和解や訴え・上訴の取下げ等により訴訟を終了させるには、後見監督人の特別の授権が必要である（同条 2 項）。法定代理権の消滅も実体法の規定によるが、手続の安定のため、消滅の効果は、本人または代理人が相手方に通知するまでは生じない（36 条 1 項）。

4　法人または法人格のない団体の代表者

　法人または法人格のない団体（29 条により当事者能力が認められるもの）を当事者とする訴訟は、法人等自体が訴訟行為を行うことはできないため、その代表者により追行される。このような法人等とその代表者との関係は、法定代理

の場合の当事者本人と代理人との関係に準じるので、民訴法上も法定代理に関する規定が準用される（37 条、規 18 条）。

　法人が当事者となる訴訟はその代表者が追行するので、法人を被告として訴えを提起する場合には、原告は被告法人の代表者が誰であるかを調べて特定する必要がある（37 条・133 条 2 項 1 号）。一般には、登記によって代表者が誰であるかを調べる。しかし、真実の代表者が登記簿の記載と異なっている場合（登記簿上は代表者となっている者とは別の者が真実の代表者である場合）やそもそも真実の代表者が存在しない場合には、問題が生じる。このような場合に、実体法上の表見法理（民 109 条、会社 354 条等）が訴訟法上も適用できるかが問題となる。

【判例㉑】 法人の代表権と表見法理

　　――民事訴訟で表見法理を用いることができるか？

最三小判昭和 45（1970）年 12 月 15 日・民集 24 巻 13 号 2072 頁

〈事案〉　X 株式会社（原告・被控訴人・上告人）は、Y 有限会社（被告・控訴人・被上告人）を相手取り売買代金請求の訴えを提起する際、Y の代表者を登記

```
X ──→ Y（会社）　法人登記簿上、代表者 A の登記
　　　　売買代金請求
　　　　　　第 1 審：請求認容
　　　　　　第 2 審：第 1 審判決取消し・訴え却下
　　　　　　最高裁：原判決破棄・1 審へ差戻し
```

簿上の代表取締役である A と表示した訴状を提出した。訴状は最初 Y の本店宛に送達されたものの、送達不能となったため、A 個人の住所宛に送達された。

　第 1 審の口頭弁論期日には、A の委任を受けた訴訟代理人が出席し、A は Y の代表取締役に就任したことはなく、就任を承諾したこともないから、本件訴えは不適法である旨を主張した。第 1 審は、会社が登記で代表者を明らかにすることは法定されており、会社に対し訴えを提起するには登記簿上の代表者を表示すれば足りる旨を判示し、本件訴えを適法とし、X の請求を全部認容した。

　A は Y 代表取締役 A 名義で控訴を提起した。原審は、A が Y の臨時社員総会で取締役に選任され、かつ代表取締役にも選任されたことが議事録上認められるが、A はその社員総会に出席したこともなければ、Y の取締役・代表取締役への就任を承諾したこともない旨を認定し、代表権限のない A を Y の代表者として提起され

62

た本件訴えを不適法とし、第 1 審判決を取り消して訴えを却下した。

　 X は上告し、民法 109 条、商法 262 条（現、会社 354 条）により、 Y につき A に代表権限を認めるべき旨、および、 A に Y の代表権限がないとすれば原審はその補正を命じるべき責務がある旨を主張した。

〈**判旨**〉　原判決破棄・第 1 審判決取消し・第 1 審裁判所に差戻し。「…民法 109 条および商法 262 条の規定は、いずれも取引の相手方を保護し、取引の安全を図るために設けられた規定であるから、取引行為と異なる訴訟手続において会社を代表する権限を有する者を定めるにあたっては適用されないものと解するを相当とする。この理は、同様に取引の相手方保護を図った規定である商法 42 条 1 項〔現、商 24 条、会社 13 条〕が、その本文において表見支配人のした取引行為について一定の効果を認めながらも、その但書において表見支配人のした訴訟上の行為について右本文の規定の適用を除外していることから考えても明らかである。したがって、本訴において、 A には Y の代表者としての資格はなく、同人を被告たる Y の代表者として提起された本件訴は不適法である…。」

　「…そうして、右のような場合、訴状は… Y の真正な代表者に宛てて送達されなければならないところ、…本件訴状は、 Y の代表者として表示された A に宛てて送達されたものであることが認められ、 A に訴訟上 Y を代表すべき権限のないことは前記説示のとおりであるから、代表権のない者に宛てた送達をもってしては、適式な訴状送達の効果を生じないものというべきである。したがって、このような場合には、裁判所としては、民訴法 229 条 2 項〔現、138 条 2 項〕、228 条 1 項〔現、137 条 1 項〕により、 X に対し訴状の補正を命じ、また、 Y に真正な代表者のない場合には、 X よりの申立に応じて特別代理人を選任するなどして、正当な権限を有する者に対しあらためて訴状の送達をすることを要するのであって、 X において右のような補正手続をとらない場合にはじめて裁判所は X の訴を却下すべきものである。

　そして、右補正命令の手続は、事柄の性質上第 1 審裁判所においてこれをなすべきものと解すべきであるから、このような場合、原審としては、第 1 審判決を取り消し、第 1 審裁判所をして X に対する前記補正命令をさせるべく、本件を第 1 審裁判所に差し戻すべきものと解するを相当とする。」

　判例は、表見法理が取引安全の保護のための制度であること等を論拠として、訴訟法上での表見法理の適用を否定した。これに対し、学説では、訴訟は取引

行為と無縁ではないこと、真実を反映しない登記を放置した責任は法人の側にあり、それを信頼した原告が訴訟のやり直しという不利益を被ることは公平に反すること、および、登記を基準に法人の代表権を判断するから、手続の安定に役立つこと等を理由として、相手方の善意・無過失を要件に表見法理の適用を肯定する見解も有力である。

Ⅳ　訴訟代理人

　訴訟代理人は、任意代理人のうち訴訟追行のための包括的代理権を有する代理人であり、当事者本人の意思により選任される。訴訟代理人には、特定の訴訟のために訴訟追行の委任を受けて代理権を授与される、**訴訟委任による訴訟代理人**と、当事者本人の意思によって一定の法的地位についた者に法令が訴訟上の代理権をも付与していることによって代理権を取得する、**法令上の訴訟代理人**がある。

1　訴訟委任による訴訟代理人
　(1)　**弁護士代理の原則**　訴訟委任による訴訟代理人は、原則として**弁護士**でなければならず（54条1項本文）、このことを**弁護士代理の原則**という。日本では、当事者本人が自ら訴訟を追行することも認められているものの（これを一般に**本人訴訟**という）、他人に訴訟代理を依頼する場合には、原則として法専門家である弁護士を代理人としなければならない。これは、当事者の保護と手続の円滑化を目的とする。

　(2)　**訴訟代理権**　訴訟委任による訴訟代理には、当事者の訴訟行為としての授権行為が必要である。これを訴訟委任といい、訴訟能力が必要とされる。代理人は、訴訟行為をする際には、その代理権の存在・範囲を**書面**で証明しなければならない（規23条1項）。

　訴訟委任による訴訟代理権は、手続安定の要請と代理人である弁護士への信頼から、その範囲は包括的なものとして法定され、これを個別的に制限することは禁じられている（55条3項）。法定された訴訟代理権の範囲には、受任事件につき訴訟追行をする権限のほか、反訴や参加に対する応訴、強制執行、民

事保全等事件に付随する手続の追行、あるいは、弁済受領・形成権行使等の事件に関する実体法上の行為も含まれる（55条1項）。これに対し、反訴・上訴の提起や訴訟を終了させる行為（訴えの取下げ、和解、上訴の取下げ等）等は、特に重大な結果を生じさせるものであるから、本人の特別の授権を必要とする（55条2項）。ここで、訴訟上の和解締結に関して、民訴法55条2項の定める**和解権限の法定範囲**がいかなるものかが問題となる。

【判例㉒】弁護士の和解権限の範囲
　　——弁護士の和解権限の範囲をどう考えるか？
　　最一小判昭和38（1963）年2月21日・民集17巻1号182頁

〈**事案**〉　本件の前訴は、Y（本訴被告・被控訴人・被上告人）の父Y′（前訴原告、本訴被告〔本訴の第1審係属中に死亡〕）がX（前訴被告、本訴原告・控

```
前訴　Y′ ――→ X・A、訴訟代理人B
　　　　　　　貸金返還請求　X立会いなく訴訟上の和解成立
後訴　X ――→ Y
　　　　　　　和解無効確認請求
　　　　　　　　　　　　　第1審：請求棄却
　　　　　　　　　　　　　第2審：控訴棄却
　　　　　　　　　　　　　最高裁：上告棄却
```

訴人・上告人）およびその内縁の夫Aを相手取り提起した貸金返還請求訴訟である。XとAは弁護士Bを訴訟代理人とし、和解権限を含む訴訟代理権を授権した上で応訴した。前訴事件（地裁支部に係属）と同一の裁判官・同一の訴訟代理人が担当する関連事件（Y′のXに対する損害賠償請求訴訟）が係属する簡裁の司法委員から、前訴事件も含めての和解勧試がなされたものの、Xは、同司法委員の発言等から推察される和解内容には不満である旨、および、その日は和解には応じられない旨をBに言明し、Y′らとの協議の部屋に入ることなく帰宅した。しかし、Bは、同司法委員の提案する線に沿って和解を成立させることがXのためにも妥当な解決であると考えており、かつ、Aがこれに応じる意向であったことから、Aとともに協議に臨んだ。そして、Xの立ち合いのないまま、BはXに対する請求に関して、①Y′のXに対する債権の弁済期を延期し、分割払いとする代わりに、②その担保として、Y′のためにX所有の不動産に抵当権を設定する旨の訴訟上の和解（本件和解）を締結し、前訴は終了した。

　Xは、本訴でY′に対し、本件和解の無効確認、および、本件和解調書に基づく強制執行の不許を求め、Y′の死亡後はYが訴訟を承継した。本訴でXは、①その日は和解には応じられない旨の意思表示により、Bの和解権限は制限されており、Bは同期日に和解をする権限を有せず、和解は無効である、②上記制限が認められないとしても、訴訟代理人の和解権限は訴訟物の範囲に限定されるから、抵当権設定行為のような訴訟物以外の事項には及ばず、抵当権設定につき新たな授権がない以上、それは無権代理行為として無効であり、ひいてはこれを要素とする本件和解全体も無効である、と主張した。

　第1審はXの請求をいずれも棄却し、Xは控訴したものの、原審はXの控訴を棄却した。Xより上告。

〈**判旨**〉　上告棄却。「原審が当事者間に争いのない事実として確定したところによれば、本件においていわゆる前事件…においてXが訴訟代理人弁護士Bに対し民訴81条2項〔現、55条2項〕所定の和解の権限を授与し、かつ、右委任状（書面）が前事件の裁判所に提出されているというのである。また原審が適法に認定したところによれば、右前事件は、前事件原告（Y先代）Y′から前事件被告（X）に対する金銭債権に関する事件であり、この弁済期日を延期し、かつ分割払いとするかわりに、その担保としてX所有の不動産について、Y′のために抵当権の設定がなされたものであって、このような抵当権の設定は、訴訟物に関する互譲の一方法としてなされたものであることがうかがえるのである。しからば、右のような事実関係の下においては、前記B弁護士が授権された和解の代理権限のうちに右抵当権設定契約をなす権限も包含されていたものと解するのが相当であ」る。

　「更に、原判決は、前事件においてXが前記B弁護士に対する和解の授権を撤回したとの事実、またこれを裁判所や相手方に明示の方法で通知したとの事実は認められない旨を認定しており、右認定は、挙示の証拠関係に照らしこれを肯認し得る。」

　判例は、代理権が訴訟物を超えて一定範囲に及ぶとする（【判例㉒】以後のものとして、例、最二小判平成12（2000）年3月24日・民集54巻3号1126頁等）。学説上もこのような見解が多数説となっている。

　⑶　**訴訟代理権の規律等**　同一当事者につき複数の訴訟代理人がいる場合でも、代理人は各自単独で当事者を代理する権限を有し、本人がこれと異なる定めをしても、裁判所や相手方に対抗できない（56条）。これを**個別代理の原則**という。

代理権の消滅については、民法の原則によるものの、手続の安定、および、弁護士への信頼という観点から、当事者の死亡や合併による消滅、訴訟能力や訴訟担当資格の喪失等によっては、訴訟代理権は消滅せず（58条）、訴訟代理人がいる限り手続は中断しない（124条2項）。

(4) **弁護士法違反の訴訟行為の効力**　弁護士による訴訟代理に関しては、弁護士法違反の代理行為の効力をどう考えるかという問題がある。弁護士法25条は、弁護士の職務執行の公正を維持するため、一定の事由が存在する場合（例、双方代理に類する場合等）に職務の執行を禁じている。これに違反した場合の訴訟行為の効果が問題となり、代表的な例として、弁護士法25条1号の「相手方の協議を受けて賛助し、又はその依頼を承諾した事件」について弁護士が訴訟行為を行った場合が挙げられる。この場合は、現在の依頼者である当事者本人の利益だけではなく、むしろ相手方の利益が問題となる点に特色がある。

【判例㉓】弁護士による代理と弁護士法違反
　　——弁護士法25条1号違反の訴訟行為の効力をどう考えるか？
最大判昭和38（1963）年10月30日・民集17巻9号1266頁

〈**事案**〉　X（原告・被控訴人・被上告人）がY（被告・控訴人・上告人）を相手取って提起した貸金返還請求訴訟で、第1審はXの請求を認容し、原審もYの控訴を棄却した。

> X、代理人弁護士A ⟶ Y
> 　　貸金返還請求
> 　　　第1審：請求認容
> 　　　第2審：控訴棄却
> 　　　最高裁：上告棄却

　Yは上告し、上告理由として、Xの訴訟代理人弁護士AはYより本件訴訟事件につき依頼を受けこれを承諾しておきながら、その後第1審の第1回口頭弁論期日までの間にXより本件訴訟事件を受任し本訴を追行しており、Aの行為は弁護士法25条1号に違反するから、Aのなした訴訟行為はすべて無効であり、これを有効と扱った原判決には、判決に影響を及ぼすことが明らかな法令違背がある旨を主張した。

〈**判旨**〉　上告棄却。弁護士が弁護士法25条1号「に違反して職務を行ったときは、同法所定の懲戒に服すべきはもちろんであるが（同法56条参照）、かかる事件につ

き当該弁護士のした訴訟行為の効力については、同法又は訴訟法上直接の規定がないので、同条の立法目的に照して解釈により、これを決定しなければならない。

　思うに、前記法条は弁護士の品位の保持と当事者の保護とを目的とするものである…から、弁護士の遵守すべき職務規定に違背した弁護士をして懲戒に服せしめることは、固より当然であるが、単にこれを懲戒の原因とするに止め、その訴訟行為の効力には何らの影響を及ぼさず、完全に有効なものとすることは、同条立法の目的の一である相手方たる一方の当事者の保護に欠くるものと言わなければならない。従って、同条違反の訴訟行為については、相手方たる当事者は、これに異議を述べ、裁判所に対しその行為の排除を求めることができるものと解するのが相当である。

　しかし、他面相手方たる当事者において、これに同意し又はその違背を知り若しくは知り得べかりしにかかわらず、何ら異議を述べない場合には、最早かかる当事者を保護する必要はなく、却って当該訴訟行為を無効とすることは訴訟手続の安定と訴訟経済を著しく害することになるのみならず、当該弁護士を信頼して、これに訴訟行為を委任した他の一方の当事者をして不測の損害を蒙らしめる結果となる。従って、相手方たる当事者が弁護士に前記禁止規定違反のあることを知り又は知り得べかりしにかかわらず何ら異議を述べることなく訴訟手続を進行せしめ、第 2 審の口頭弁論を終結せしめたときは、当該訴訟行為は完全にその効力を生じ、弁護士法の禁止規定に違反することを理由として、その無効を主張することは許されないものと解するのが相当である。

　本件において、X の第 1、2 審の訴訟代理人である弁護士 A の訴訟行為が弁護士法 25 条 1 号に違反するものとしても、記録によれば、A 弁護士の X の訴訟代理人としての訴訟行為について、Y から異議を述べた形跡は全然なく、しかも、Y 本人は A 弁護士の右弁護士法の禁止規定に違背する事実の存在について、これを熟知しているものと認められるから、弁護士 A の訴訟行為が弁護士法 25 条 1 号に違反し無効であるとの論旨は到底採るを得ない。」

　このような判例の考え方は、異議説と呼ばれる。また、この場合の異議の手続につき、最一小決平成 29（2017）年 10 月 5 日・民集 71 巻 8 号 1441 頁は、相手方当事者に弁護士法 25 条 1 号違反の訴訟行為を排除する裁判を求める申立権が認められ、裁判所はこの申立てにつき決定の形式で裁判する旨、および、訴訟行為を排除する決定に対して、自らの訴訟代理人の訴訟行為を排除された当事者は即時抗告を提起して争うことができる旨を判示した。

2　法令上の訴訟代理人

　法令上の訴訟代理人とは、本人の意思に基づき一定の法的地位につく者に法令が訴訟代理権を認めているため、一定範囲の業務につき当然に訴訟代理権が授与されたことになる者をいう。代理権の発生は法令の定めによるが、その基礎となる地位の得喪自体は本人の意思に基づくので、訴訟代理人（任意代理人）として分類される。支配人（商21条1項、会社11条1項）、船長（商708条1項）等がこの例として挙げられる。権限の範囲は関係法令の規定によるが、民訴法55条1項から3項の規定は適用がなく（55条4項）、裁判上の一切の行為ができるとされていることが多い。

　なお、非弁護士を形式だけ支配人にすること（支配人として法人登記をしておくこと）によって、弁護士代理の原則を潜脱しようとする事案も見られる。しかし、このような僭称支配人（「名ばかり支配人」）は、支配人（商20条以下、会社10条以下）ではないから、その者に訴訟代理権は生じない（この点につき、仙台高判昭和59（1984）年1月20日・下民集35巻1＝4号7頁）。

第5講
訴え

〈本講のポイント〉
　これまで、訴訟の舞台となる裁判所（→第1講）、その舞台で躍動する当事者（→第2講・第3講）および当事者等をサポートする訴訟上の代理人（→第4講）の説明をしてきた。そこで、本講では、その当事者が裁判所に対して自己の訴訟上の請求（訴訟物）を提示し、その当否についての審判を求める申立てとしての「訴え」について、重要な判例を紹介しつつ概説したい。
　まず、訴えの提起（→Ⅰ）について説明し、訴えの種類（→Ⅱ）、その種類ごとの訴えの利益（→Ⅲ）、および、訴え提起の効果（→Ⅳ）について述べる。さらに、実体法における私的自治の原則が訴訟法において顕在化した「処分権主義」（→Ⅳ）について概説する。

Ⅰ　訴えの提起

1　訴えの意義

　訴えとは、原告が裁判所に対して自己の請求を提示し、その当否についての審判を求める申立てである。訴えによって特定され、審判の対象となる権利または法律関係を**訴訟物**という。訴訟物の把握の仕方としては、個々の実体法上の権利ごとに訴訟物を把握する**旧訴訟物理論**と、競合する実体法上の請求権を包括する、もう一段上の1回の給付を是認される地位（受給権）等を訴訟物と把握する**新訴訟物理論**がある。

2　訴え提起の方式

　訴えは、訴状を裁判所に提出して行う（133条1項）。簡易裁判所においては、

例外的に口頭による訴え提起も認められる（271条）。訴状には、「当事者及び法定代理人」と「請求の趣旨及び原因」を記載しなければならない（133条2項）。これらは必要的記載事項であり、これを欠く訴状は不適法なものとなる。

3　訴え提起後の手続

　訴状の配付を受けた合議体の裁判長（単独体の場合は裁判官）は、訴状に必要的記載事項が記載されているか、収入印紙が貼付されているかを審査する。訴状審査を通過した訴状は、被告に送達される。また、第1回口頭弁論期日が指定され（139条）、呼出状も原告・被告に送達される（94条1項）。

4　請求の特定

　⑴　**意義**　訴訟を開始するにあたり、請求は特定されていなければならない。請求の特定がなされていないと、裁判所は何について審理・判断する必要があるか分からないし、被告も何について防御すればよいのか分からなくなるからである。請求の特定性は訴訟要件（→197頁）であり、これを欠く場合は訴えが不適法となり却下される。

　⑵　**抽象的不作為請求（抽象的差止請求）**　工場の騒音の差止請求訴訟において、原告が、「被告は、原告の居住敷地内に、工場の操業による騒音を、○○ホン以上侵入させてはならない」という請求を立てたとする。このような場合には、騒音を侵入させない手段として様々な方法が考えられ（たとえば、操業を一部停止する、被告の工場に防音設備を設置する、原告の住居に防音設備を設置する等々）、被告が履行すべき作為義務の内容が特定されていないため、このような抽象的不作為請求が請求の特定性を満たすのかが問題となる。

【判例㉔】名古屋新幹線訴訟事件
　——抽象的差止請求は請求の特定性を満たすか？
　名古屋高判昭和60（1985）年4月12日・下民集34巻1＝4号461頁

〈**事案**〉　新幹線の沿線に住むＸら（原告・控訴人兼被控訴人）は、鉄道会社Ｙ（国鉄〔現、ＪＲ東海〕。被告・被控訴人兼控訴人）に対して、「Ｙは、Ｘらの居住敷地

内に、新幹線の走行によって発
生する騒音および震動を、午前
7時から午後9時までの間にお
いては騒音65ホン、震動毎秒0.5
mm、午前6時から同7時および
午後9時から同12時までの間
においては騒音55ホン、震動

```
X ら ─────→ Y （国鉄）
  騒音の差止請求
  損害賠償請求
      第1審：差止請求棄却
           損害賠償請求一部認容
      控訴審：原判決一部変更
```

毎秒0.3mmを超えて侵入させてはならない」という内容の差止めおよび損害賠償を
求める訴訟を提起した。第1審は、差止請求を棄却し、損害賠償請求を一部認容し
た。XとYが控訴（Yは差止請求の不適法却下を求めた）。

〈**判旨**〉　原判決一部変更。「…実体法上は、一般に債権契約に基づいて、（手段方法
は問わず）結果の実現のみを目的とする請求権を発生せしめ、これを訴求し得るこ
とは疑いないところであるから、Yのいうようにある結果の到達を目的とする請求
が常にその手段たる具体的な作為・不作為によって特定されなければならないもの
ではない。そして、まさに、作為または不作為義務の強制執行につき代替執行によ
り得ない場合に備えて間接強制がみとめられているのであるから、代替執行が許さ
れないからといって直ちに執行が不可能であるというのは正当ではない。要するに、
代替執行が可能であるように請求を構成しなければ訴訟上の請求として特定しない
というべき根拠はないのである。…
　　…本件のごときいわゆる抽象的不作為判決は間接強制の方法によることができる
から、かかる判決を求める申立も不適法ということはできず、（原告らの申立は不
作為義務の内容の特定については欠けるところはない。）…。」

本判決によれば、原告らの抽象的不作為請求は、請求が特定されており適法
であるとされる。判旨においては、代替執行（民執171条）の方法で強制執行
が可能な具体的な作為・不作為義務が判決によって特定されていなくても、**間
接強制**（民執172条）の方法による実現が可能であることが、請求の特定性を
満たすことの理由とされている。なお、最高裁判例においても、最一小判平成
5（1993）年2月25日・判時1456号53頁〔横田基地騒音公害訴訟事件〕によって、
「抽象的不作為命令を求める訴えも、請求の特定に欠けるものということはで
きない」との判断が示されている。

Ⅱ　訴えの種類

1　訴えの3類型

（1）**意義**　訴えは、判決効の観点からの「給付の訴え」、「確認の訴え」、「形成の訴え」という、以下に述べる3類型に区別することができる。

（2）**給付の訴え**　金銭の支払、物の引渡し、建物収去土地明渡し、差止め、登記申請の意思表示など、原告の被告に対する給付請求権について審判を求める訴えを、給付の訴えという。請求認容判決には執行力と既判力が生じ、請求棄却判決には給付請求権が不存在であることにつき既判力が生じる。

（3）**確認の訴え**　土地の所有権確認、債務不存在確認等、原告の被告に対する特定の権利または法律関係の存在・不存在の確認請求について審判を求める訴えを、確認の訴えという。請求認容判決、請求棄却判決には確認対象の存在・不存在につき既判力が生じる。

（4）**形成の訴え**　裁判上の離婚（民770条）、認知（民787条）、株主総会決議取消し（会社831条）など、一定の権利・法律関係を発生・変更・消滅させるために、法律上裁判所の判決が必要とされている場合に、法定の要件（形成要件）の充足を主張して、権利等の形成の宣言を求める訴えを、形成の訴えという。請求認容判決には形成力と既判力が生じ、請求棄却判決には形成要件が不存在であることにつき既判力が生じる。

2　形式的形成訴訟

　形成の訴えであっても、形成要件が具体的に規定されておらず、形成の基準および方法を裁判所の自由な裁量に委ねている訴えを、形式的形成訴訟という。共有物分割訴訟（民258条1項）、父を定める訴え（民773条）などがこれに当たる。土地の境界の確定を求める訴え（**境界確定の訴え**）が、形式的形成訴訟に当たるか否かについて議論がある。

【判例㉕】境界確定訴訟事件
　　――境界確定訴訟はどのような訴訟か？

> 最一小判昭和 43 (1968) 年 2 月 22 日・民集 22 巻 2 号 270 頁

〈**事案**〉　Ｘ（原告・被控訴人・被上
告人）所有地（3 番地の 42）とＹ（被
告・控訴人・上告人）所有地（3 番
地の 41）とは相隣地である。Ｘは、
両土地の境界線はアーイであると主
張し、ＹはＸ所有地を侵犯してい
るとして、両地間の境界線を確定す
ることを求めた。第 1 審裁判所は、
境界線がアーイであることを確定す
る旨の判決をした。Ｙが控訴し、境
界線はウーエであることを主張する

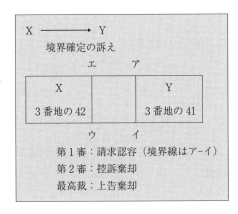

とともに、仮に境界線はアーイであったとしても、時効によってアーイーウーエー
アで囲まれた部分の所有権を取得したので、境界線はウーエになると主張した。控
訴審は、Ｙの主張を認めず、境界線はアーイであるとして、控訴を棄却した。Ｙが
上告。

〈**判旨**〉　上告棄却。「境界確定の訴は、隣接する土地の境界が事実上不明なため争
いがある場合に、裁判によって新たにその境界を確定することを求める訴であって、
土地所有権の範囲の確認を目的とするものではない。したがって、Ｙ主張の取得時
効の抗弁の当否は、境界確定には無関係であるといわなければならない。けだし、
かりにＹが本件 3 番地の 42 の土地の一部を時効によって取得したとしても、これ
により 3 番地の 41 と 3 番地の 42 の各土地の境界が移動するわけのものではないか
らである。Ｙが、時効取得に基づき、右の境界を越えて 3 番地の 42 の土地の一部
につき所有権を主張しようとするならば、別に当該の土地につき所有権の確認を求
めるべきである。それゆえ、取得時効の成否の問題は所有権の帰属に関する問題で、
相隣接する土地の境界の確定とはかかわりのない問題であるとした原審の判断は、
正当である。」

本判決によれば、境界確定の訴えの対象となる境界とは、公簿上の地番と地
番の境界、すなわち公法上の境界であって、所有権界とは明確に区別される。
そして、訴訟において公法上の境界を定めるにあたっては、裁判所が裁量で境

界を形成することから、境界確定の訴えは、形式的形成訴訟であると解されている。

Ⅲ　訴えの利益

1　訴えの利益とは

原告が申し立てた特定の請求について、本案判決をすることの必要性および実効性を判断するための基準を、訴えの利益という。訴えの利益は訴訟要件の1つであり、これを欠く訴えは却下される。原告に訴えの利益を要求することによって、被告は無益な訴訟に応訴する負担から解放され、また、裁判所は他の事件にリソース（司法資源）を割くことができ、ひいては他の利用者の利益ともなる。

2　各訴えに共通の要件

(1)　**請求が具体的な権利または法律関係に関するものであること**　これは、請求が法律上の争訟（裁3条）に当たるかという、民事裁判権の限界の問題として議論される（→1頁）。

(2)　**訴えの提起が禁止されていないこと**　訴えが、重複訴訟の禁止（142条）（→88頁）、再訴禁止（262条2項）等に触れないことが必要である。

(3)　**当事者間に訴訟をしないという合意がないこと**　当事者間に、不提訴（不起訴）の合意、仲裁合意（仲裁14条1項）等がないことが必要である。

(4)　**同一請求について原告勝訴の確定判決がないこと**　原告がすでに同一請求について請求認容の確定判決を得ている場合は、時効の完成猶予のためであるとか、判決原本が滅失している等の特別の事情がない限り、訴えの利益を欠く。

(5)　**訴権の濫用に当たらないこと**　訴えの提起が訴権の濫用に当たる場合は、その訴えは訴えの利益を欠くと説明することも可能である。

【判例㉖】訴権の濫用
──訴権の濫用は認められるか？

最一小判昭和 53 (1978) 年 7 月 10 日・民集 32 巻 5 号 888 頁

〈**事案**〉　有限会社 Y（被告・控訴人・上告人）は、同族会社であり、取締役 X（原告・被控訴人・被上告人）と代表取締役 A（X の娘）らが経営の実

X ──────→ Y
社員総会決議不存在確認請求
第 1 審：請求認容
第 2 審：控訴棄却
最高裁：破棄自判（訴え却下）

権を握っていた。Y の経営が行き詰ったため、X および A らは持分を B・C 夫婦に有償で譲渡して、経営から手を引いた。持分譲渡から約 3 年を経過した後、X は、Y に対し、Y が開催したと主張する X の持分移転等を決議した社員総会は存在しなかったとして、社員総会決議の不存在の確認を求める訴えを提起した。第 1 審は X の請求を認容した。Y が控訴し、持分譲渡を承諾した X が本訴請求することは権利の濫用として許されないと主張したが、控訴審は、これを認めず、控訴を棄却した。Y が上告。

〈**判旨**〉　破棄自判・訴え却下。「X は、相当の代償を受けて自らその社員持分を譲渡する旨の意思表示をし、Y 会社の社員たる地位を失うことを承諾した者であり、右譲渡に対する社員総会の承認を受けるよう努めることは、X として当然果たすべき義務というべきところ、当時 A と共に一族の中心となって Y 会社を支配していた X にとって、社員総会を開いて前記 X らの持分譲渡について承認を受けることはきわめて容易であつたと考えられる。このような事情のもとで、X が、社員総会の持分譲渡承認決議の不存在を主張し、Y 会社の経営が事実上 B・C 夫婦の手に委ねられてから相当長年月を経たのちに右決議及びこれを前提とする一連の社員総会の決議の不存在確認を求める本訴を提起したことは、特段の事情のない限り、X において何ら正当の事由なく Y 会社に対する支配の回復を図る意図に出たものというべく、X のこのような行為は B・C 夫婦に対し甚しく信義を欠き、道義上是認しえないものというべきである。ところで、株式会社における株主総会決議不存在確認の訴は、商法 252 条所定の株主総会決議無効確認の訴の一態様として適法であり、これを認容する判決は対世効を有するものと解されるところ（最一小判昭和 38 (1963) 年 8 月 8 日・民集 17 巻 6 号 823 頁、最一小判昭和 45 (1970) 年 7 月 9 日・民集 24 巻 7 号 755 頁参照）、右商法 252 条の規定は有限会社法 41 条により有限会社の社員総会に準用されているので、右社員総会の決議の不存在確認を求める X の本訴請求を認容する判決も対世効を有するものというべきである。そうすると、前記のよ

うに X の本訴の提起が B・C 夫婦に対する著しい信義違反の行為であること及び請求認容の判決が第三者である B・C 夫婦に対してもその効力を有することに鑑み、X の本件訴提起は訴権の濫用にあたるものというべく、右訴は不適法たるを免れない。」

本判決は、旧経営者である X が会社の支配の回復を図ろうとして提起した総会決議不存在確認の訴えにつき、**対世効**（たいせいこう）が生じることも考慮のうえ、**訴権の濫用**（らんよう）に当たると判断した。

3　給付の訴えの利益（給付の利益）

(1)　**現在給付の訴えの利益**　事実審の口頭弁論終結時までに履行期の到来する給付請求権を主張し、給付判決を求める訴え（現在給付の訴え）の場合は、原告が給付を請求できる地位にあるのに現に給付を受けていないと主張することで、通常、訴えの利益が認められることになる。

(2)　**将来給付の訴えの利益**　これに対し、事実審の口頭弁論終結時までに履行期の到来しない給付請求権を主張し、将来の給付判決を求める訴え（将来給付の訴え）の場合は、「あらかじめその請求をする必要がある場合に限り」（135条）、訴えの利益が認められる。将来給付の訴えの利益が問題となった判例として、大阪国際空港事件がある。

【判例㉗】大阪国際空港事件
——大規模不法行為訴訟における将来給付の訴えの利益は、どのように判断されるか？

最大判昭和 56（1981）年 12 月 16 日・民集 35 巻 10 号 1369 頁

〈事案〉　空港の周辺に住む X ら（原告・控訴人兼被控訴人・被上告人）が、離着陸する航空機の振動、排ガス、騒音等によって生活環境が破壊されたことを理由に、空港の設置及び管理者である国 Y（被告・被控訴人兼控訴人・上告人）に対して、人格権あるいは環境権に基づき、午後 9 時から午前 7 時までの航空機の離着陸の差止めと国家賠償法等に基づく損害賠償請求訴訟を提起した。第 1 審は、差止めと過去の損害賠償請求を一部認容したが、将来の損害賠償請求を棄却した。X らと Y

```
Xら ――――→ Y
    夜間の航空機の差止請求
    過去の損害賠償請求
    将来の損害賠償請求
第1審：差止請求と過去の損害賠償請求一部認容、将来の損害賠償請求棄却
第2審：差止請求認容、過去と将来の損害賠償請求一部認容
最高裁：一部破棄自判（差止請求・将来の損害賠償請求ともに訴え却下）
```

が控訴。控訴審は、差止請求を認容し、過去と将来の損害賠償請求を一部認容した。
Y が控訴。

〈**判旨**〉　一部破棄自判・訴え却下。「民訴法 226 条〔現、135 条〕はあらかじめ請求する必要があることを条件として将来の給付の訴えを許容しているが、同条は、およそ将来に生ずる可能性のある給付請求権のすべてについて前記の要件のもとに将来の給付の訴えを認めたものではなく、主として、いわゆる期限付請求権や条件付請求権のように、既に権利発生の基礎をなす事実上及び法律上の関係が存在し、ただ、これに基づく具体的な給付義務の成立が将来における一定の時期の到来や債権者において立証を必要としないか又は容易に立証しうる別の一定の事実の発生にかかっているにすぎず、将来具体的な給付義務が成立したときに改めて訴訟により右請求権成立のすべての要件の存在を立証することを必要としないと考えられるようなものについて、例外として将来の給付の訴えによる請求を可能ならしめたにすぎないものと解される。このような規定の趣旨に照らすと、継続的不法行為に基づき将来発生すべき損害賠償請求権についても、例えば不動産の不法占有者に対して明渡義務の履行完了までの賃料相当額の損害金の支払を訴求する場合のように、右請求権の基礎となるべき事実関係及び法律関係が既に存在し、その継続が予測されるとともに、右請求権の成否及びその内容につき債務者に有利な影響を生ずるような将来における事情の変動としては、債務者による占有の廃止、新たな占有権原の取得等のあらかじめ明確に予測しうる事由に限られ、しかもこれについては請求異議の訴えによりその発生を証明してのみ執行を阻止しうるという負担を債務者に課しても格別不当とはいえない点において前記の期限付債権等と同視しうるような場合には、これにつき将来の給付の訴えを許しても格別支障があるとはいえない。しかし、たとえ同一態様の行為が将来も継続されることが予測される場合であっても、それが現在と同様に不法行為を構成するか否か及び賠償すべき損害の範囲いかん等が流動性をもつ今後の複雑な事実関係の展開とそれらに対する法的評価に左右され

るなど、損害賠償請求権の成否及びその額をあらかじめ一義的に明確に認定することができず、具体的に請求権が成立したとされる時点においてはじめてこれを認定することができるとともに、その場合における権利の成立要件の具備については当然に債権者においてこれを立証すべく、事情の変動を専ら債務者の立証すべき新たな権利成立阻却事由の発生としてとらえてその負担を債務者に課するのは不当であると考えられるようなものについては、前記の不動産の継続的不法占有の場合とはとうてい同一に論ずることはできず、かかる将来の損害賠償請求権については、冒頭に説示したとおり、本来例外的にのみ認められる将来の給付の訴えにおける請求権としての適格を有するものとすることはできないと解するのが相当である。

　本件についてこれをみるのに、将来の侵害行為が違法性を帯びるか否か及びこれによってXらの受けるべき損害の有無、程度は、Xら空港周辺住民につき発生する被害を防止、軽減するため今後Yにより実施される諸方策の内容、実施状況、Xらのそれぞれにつき生ずべき種々の生活事情の変動等の複雑多様な因子によって左右されるべき性質のものであり、しかも、これらの損害は、利益衡量上被害者において受忍すべきものとされる限度を超える場合にのみ賠償の対象となるものと解されるのであるから、明確な具体的基準によって賠償されるべき損害の変動状況を把握することは困難といわなければならないのであって、このような損害賠償請求権は、それが具体的に成立したとされる時点の事実関係に基づきその成立の有無及び内容を判断すべく、かつまた、その成立要件の具備については請求者においてその立証の責任を負うべき性質のものといわざるをえないのである。したがって、…（中略）…Xら…の損害賠償請求のうち原審口頭弁論終結後に生ずべき損害（この損害の賠償の請求に関する弁護士費用を含む。）の賠償を求める部分は、権利保護の要件を欠くものというべきであ〔る〕…。」

　本判例は、継続的不法行為に基づく将来の損害賠償請求の請求適格につき、①請求権の基礎となる事実関係および法律関係が存在し、その継続が予測されること、②請求権の成否・内容につき、債務者に有利な将来の事情の変動があらかじめ明確に予測し得ること、③事情の変動を請求異議の訴え（民執35条）により立証する負担を債務者に課しても不当でないこと、という3要件を挙げ、①を満たすとしても、②③を満たさないとして、請求適格を否定し、将来の損害賠償請求にかかる訴えを却下した。

4　確認の訴えの利益（確認の利益）

(1)　**意義**　確認の訴えの対象となる事項は無限に存在するため、本案判決をするのに適切な訴えを、訴えの利益によって選別する必要がある。確認の利益の有無は、①確認対象として当該訴訟物を選択したことの適切性（対象選択の適切性）、②解決手段として確認の訴えを選ぶことの適切性（方法選択の適切性）、③解決すべき紛争の成熟性ないし確認判決をすべき必要性（即時確定の利益）の３つの観点から判断されるというのが、一般的な枠組みである。

(2)　**対象選択の適否**　これは、確認対象として選択された訴訟物が、原告・被告間の紛争の解決にとって有効適切かという観点である。これが問題となった判例として、以下のものがある。

【判例㉘】遺言(いごん)無効確認の訴え
──遺言無効確認の訴えは、確認の利益を満たすか？
最三小判昭和47（1972）年2月15日・民集26巻1号30頁

〈事案〉　亡Ａを共同相続したＸら（原告・控訴人・上告人）が、全財産を共同相続人の一人にのみ与える旨の亡Ａの遺言は無効であると主張し、亡Ａの共同相続人であるＹら（被告・被控訴人・被上告人）を相手に、遺言無効確認を求める訴訟を提起した。第1

```
Ｘら　　→　　Ｙら
    遺言無効確認請求
  第1審：訴え却下
  第2審：控訴棄却
  最高裁：破棄差戻し
```

審は、遺言は過去の法律行為であるから確認の利益を欠くとして訴えを却下した。Ｘらが控訴したが、控訴審も確認の利益を欠くとして控訴を棄却した。Ｘらが上告。

〈判旨〉　破棄差戻し。「…いわゆる遺言無効確認の訴(うったえ)は、遺言が無効であることを確認するとの請求の趣旨のもとに提起されるから、形式上過去の法律行為の確認を求めることとなるが、請求の趣旨がかかる形式をとっていても、遺言が有効であるとすれば、それから生ずべき現在の特定の法律関係が存在しないことの確認を求めるものと解される場合で、原告がかかる確認を求めるにつき法律上の利益を有するときは、適法として許容されうるものと解するのが相当である。けだし、右の如き場合には、請求の趣旨を、あえて遺言から生ずべき現在の個別的法律関係に還元して表現するまでもなく、いかなる権利関係につき審理判断するかについて明確さを

欠くことはなく、また、判決において、端的に、当事者間の紛争の直接的な対象である基本的法律行為たる遺言の無効の当否を判示することによって、確認訴訟のもつ紛争解決機能が果たされることが明らかだからである。」

本判決によれば、形式的には過去の法律行為の確認である遺言無効確認の訴えは、対象選択の適切性を満たすとされる。その説明としては、2通りのものがあり得る。1つは、確認対象を読み替えて現在の法律関係に引き直すことによるものであり、本判決も「遺言が有効であるとすれば、それから生ずべき現在の特定の法律関係が存在しないことの確認を求めるものと解される」と述べている。もう1つは、過去の法律関係の確認であっても、それが現在の紛争を抜本的に解決するのであれば対象選択の適切性を満たすと説明するものである（学校法人の理事会決議無効確認の訴えの利益を認めた、最一小判昭和47（1972）年11月9日・民集26巻9号1513頁参照）。

【判例㉙】遺言者の生存中における遺言無効確認の訴え
——遺言者生存中の遺言無効確認の訴えは、確認の利益を満たすか？
最二小判平成11（1999）年6月11日・判時1685号36頁

〈事案〉 Y₁（被告・被控訴人・上告人）は、Y₁の所有する土地建物の持分を甥Y₂（被告・被控訴人・上告人）に遺贈する旨の遺言をした。Y₁は、アルツハイマー型老人性痴呆に罹患し、心神喪失の常況にある。Y₁の生存中に、推定相続人であるX（原告・控訴人・被上告人）がY₁および後見人Y₂に対して遺言の無効確認を求める訴訟を提起した。第1審は、遺言者生存中は遺贈に基づく法律関係が発生せず、またいつでも遺言者による遺言の取消しが可能であるとして、確認の利益が認められないとして訴えを却下した。Xが控訴したところ、控訴審は、遺言者による遺言の取消しまたは変更の可能性がないことが明白な場合には、その生存中であっても、例外的に遺言の無効確認を求めることができるとし、第1審判決を取り消して、差し戻した。Yらが

X ——→ Y₁・Y₂
遺言無効確認請求
第1審：訴え却下
第2審：第1審判決取消し、差戻し
最高裁：破棄自判（控訴棄却）

上告。

〈**判旨**〉　破棄自判、控訴棄却。「本件において、X が遺言者である Y₁ の生存中に本件遺言が無効であることを確認する旨の判決を求める趣旨は、Y₂ が遺言者である Y₁ の死亡により遺贈を受けることとなる地位にないことの確認を求めることによって、推定相続人である X の相続する財産が減少する可能性をあらかじめ除去しようとするにあるものと認められる。

　ところで、遺言は遺言者の死亡により初めてその効力が生ずるものであり（民 985 条 1 項）、遺言者はいつでも既にした遺言を取り消すことができ（民 1022 条）、遺言者の死亡以前に受遺者が死亡したときには遺贈の効力は生じない（民 994 条 1 項）のであるから、遺言者の生存中は遺贈を定めた遺言によって何らの法律関係も発生しないのであって、受遺者とされた者は、何らかの権利を取得するものではなく、単に将来遺言が効力を生じたときは遺贈の目的物である権利を取得することができる事実上の期待を有する地位にあるにすぎない（最一小判昭和 31（1956）年 10 月 4 日・民集 10 巻 10 号 1229 頁参照）。したがって、このような受遺者とされる者の地位は、確認の訴えの対象となる権利又は法律関係には該当しないというべきである。遺言者が心神喪失の常況にあって、回復する見込みがなく、遺言者による当該遺言の取消し又は変更の可能性が事実上ない状態にあるとしても、受遺者とされた者の地位の右のような性質が変わるものではない。

　したがって、X が遺言者である Y₁ の生存中に本件遺言の無効確認を求める本件訴えは、不適法なものというべきである。」

　本判決は、遺言者生存中に提起された遺言無効確認の訴えにつき、確認の利益を否定したものである。判旨は、まず、確認の対象を、「Y₂ が遺言者である Y₁ の死亡により遺贈を受けることとなる地位にないこと」とした上で、この地位は、「単に将来遺言が効力を生じたときは遺贈の目的物である権利を取得することができる事実上の期待」にすぎないとする。

> **【判例㉚】遺産確認の訴え（遺産範囲確認の訴え）**
> ――遺産確認の訴えは、確認の利益を満たすか？
> 最一小判昭和 61（1986）年 3 月 13 日・民集 40 巻 2 号 389 頁

82

〈事　案〉亡A
の共同相続人で
あるXら（原
告・被控訴人・
被上告人）が、
同じく共同相続

```
Xら ──────→ Y₁・Y₂
  遺産確認請求
  第1審：一部認容
  第2審：控訴棄却
  最高裁：上告棄却（職権で訴えの適法性を判断）
```

人であるY₁・Y₂（被告・控訴人・上告人）に対し、Y₂名義の所有権登記がなされ
ている不動産が遺産であることの確認を求める訴訟を提起した。第1審は、請求を
一部認容した。Yらが控訴したが、控訴審は控訴を棄却した。Yらが上告。

〈判旨〉（職権で訴えの適法性を判断した上で）上告棄却。「本件のように、共同相
続人間において、共同相続人の範囲及び各法定相続分の割合については実質的な争
いがなく、ある財産が被相続人の遺産に属するか否かについて争いのある場合、当
該財産が被相続人の遺産に属することの確定を求めて当該財産につき自己の法定相
続分に応じた共有持分を有することの確認を求める訴えを提起することは、もとよ
り許されるものであり、通常はこれによって原告の目的は達しうるところであるが、
右訴えにおける原告勝訴の確定判決は、原告が当該財産につき右共有持分を有する
ことを既判力をもって確定するにとどまり、その取得原因が被相続人からの相続で
あることまで確定するものでないことはいうまでもなく、右確定判決に従って当該
財産を遺産分割の対象としてされた遺産分割の審判が確定しても、審判における遺
産帰属性の判断は既判力を有しない結果（最大決昭和41（1966）年3月2日・民
集20巻3号360頁参照）、のちの民事訴訟における裁判により当該財産の遺産帰属
性が否定され、ひいては右審判も効力を失うこととなる余地があり、それでは、遺
産分割の前提問題として遺産に属するか否かの争いに決着をつけようとした原告の
意図に必ずしもそぐわないこととなる一方、争いのある財産の遺産帰属性さえ確定
されれば、遺産分割の手続が進められ、当該財産についても改めてその帰属が決め
られることになるのであるから、当該財産について各共同相続人が有する共有持分
の割合を確定することは、さほど意味があるものとは考えられないところである。
これに対し、遺産確認の訴えは、右のような共有持分の割合は問題にせず、端的に、
当該財産が現に被相続人の遺産に属すること、換言すれば、当該財産が現に共同相
続人による遺産分割前の共有関係にあることの確認を求める訴えであって、その原
告勝訴の確定判決は、当該財産が遺産分割の対象たる財産であることを既判力をも
って確定し、したがって、これに続く遺産分割審判の手続において及びその審判の
確定後に当該財産の遺産帰属性を争うことを許さず、もって、原告の前記意思によ

りかなった紛争の解決を図ることができるところであるから、かかる訴えは適法というべきである。もとより、共同相続人が分割前の遺産を共同所有する法律関係は、基本的には民法249条以下に規定する共有と性質を異にするものではないが（最三小判昭和30（1955）年5月31日・民集9巻6号793頁参照）、共同所有の関係を解消するためにとるべき裁判手続は、前者では遺産分割審判であり、後者では共有物分割訴訟であつて（最二小判昭和50（1975）年11月7日・民集29巻10号1525頁参照）、それによる所有権取得の効力も相違するというように制度上の差異があることは否定しえず、その差異から生じる必要性のために遺産確認の訴えを認めることは、分割前の遺産の共有が民法249条以下に規定する共有と基本的に共同所有の性質を同じくすることと矛盾するものではない。」

本判決は、遺産確認の訴えにつき確認の利益を認めるものである。まず、仮に原告が「当該財産につき自己の法定相続分に応じた共有持分を有することの確認を求める訴え」（現在の法律関係の確認）を提起しても、当該財産の遺産帰属性につき既判力のある判断が得られず、後に覆される恐れがあるため、原告が望む解決を図るためには、遺産確認の訴えが必要であるとする。そして、遺産確認の訴えの確認対象が何であるかが問題となるところ、本判決は、これを「当該財産が現に共同相続人による遺産分割前の共有関係にあること」という現在の法律関係に引き直すことによって、対象選択が適切であると判断している。

【判例㉛】具体的相続分の確認の訴え
――具体的相続分の確認の訴えは、確認の利益を満たすか？
最一小判平成12（2000）年2月24日・民集54巻2号523頁

〈事案〉　X（原告・控訴人・上告人）がY（被告・被控訴人・被上告人）に対し、X・Yの母を被相続人、X・Yを共同相続人とする遺産の分割におけるYの具体的相続分の価額及び相続分率が一定限度を超えないことの確認を求める訴訟を提起した。第1審は、具体

X ———→ Y
具体的相続分確認請求
第1審：訴え却下
第2審：控訴棄却
最高裁：上告棄却

的相続分は、遺産分割における分配基準としての割合にすぎず、遺産分割の過程に

おいてのみ機能する観念的性質のものであること等から、確認の利益が認められないとして、訴えを却下した。Ｘが控訴したが、控訴審も同様の判断に基づき控訴を棄却した。Ｘが上告。

〈判旨〉　上告棄却。「具体的相続分は、…遺産分割手続における分配の前提となるべき計算上の価額又はその価額の遺産の総額に対する割合を意味するものであって、それ自体を実体法上の権利関係であるということはできず、遺産分割審判事件における遺産の分割や遺留分減殺請求に関する訴訟事件における遺留分の確定等のための前提問題として審理判断される事項であり、右のような事件を離れて、これのみを別個独立に判決によって確認することが紛争の直接かつ抜本的解決のため適切かつ必要であるということはできない。

　　したがって、共同相続人間において具体的相続分についてその価額又は割合の確認を求める訴えは、確認の利益を欠くものとして不適法であると解すべきである。」

　この判例に先立ち、ある財産が特別受益財産に当たるかを確認することにつき、最三小判平成７（1995）年３月７日・民集49巻３号893頁〔特別受益財産確認請求事件〕は、「ある財産が特別受益財産に当たるかどうかは、遺産分割申立事件、遺留分減殺請求に関する訴訟など具体的な相続分又は遺留分の確定を必要とする審判事件又は訴訟事件における前提問題として審理判断されるのであり、右のような事件を離れて、その点のみを別個独立に判決によって確認する必要もない」などとして、確認の利益を否定していた。具体的相続分の確認の利益を否定する本判決も、確認対象が実体法上の権利関係でないことにも言及しているが、遺産分割等の前提問題であるこれらの事項のみを別個独立に判決によって確認しても、紛争の直接かつ抜本的解決にならないという同様の考え方に立つ。

【判例㉜】条件付権利の確認の訴え
　　――賃貸借契約継続中における敷金返還請求権の確認の訴えは、確認の利益を
　　満たすか？
　最一小判平成11（1999）年１月21日・民集53巻１号１頁

〈**事 案**〉 Ｘ（原告・控訴
人・被上告人）は、建物の
前主であるＡとの間で、
建物賃貸借契約を締結して
いたところ、その後、Ｙ（被
告・被控訴人・上告人）が

```
Ｘ ─────→ Ｙ
   敷金返還請求権確認請求
     第1審：訴え却下
     第2審：第1審判決取消し、差戻し
     最高裁：上告棄却
```

建物の所有者・賃貸人となった。賃料増額の調停において、Ｙは建物賃貸借契約締
結の際の保証金と称する敷金差入れの事実を争い、返還義務はないと主張するなど、
保証金（敷金）の授受の有無及び賃貸借契約終了後のその返還の要否をめぐってＸ
とＹとの間に争いが生じた。Ｘは、賃貸借契約継続中に、Ｙに対して、保証金（敷
金）の返還請求権の確認を求める訴訟を提起した。第1審は、即時確定の利益を欠
くとして、訴えを却下した。Ｘが控訴したところ、控訴審は訴えの利益を肯定し、
第1審判決を取り消して差し戻した。Ｙが上告。

〈**判旨**〉 上告棄却。「建物賃貸借における敷金返還請求権は、賃貸借終了後、建物
明渡しがされた時において、それまでに生じた敷金の被担保債権一切を控除しなお
残額があることを条件として、その残額につき発生するものであって（最二小判昭
和48（1973）年2月2日・民集27巻1号80頁）、賃貸借契約終了前においても、
このような条件付きの権利として存在するものということができるところ、本件の
確認の対象は、このような条件付きの権利であると解されるから、現在の権利又は
法律関係であるということができ、確認の対象としての適格に欠けるところはない
というべきである。また、本件では、Ｙは、Ｘの主張する敷金交付の事実を争って、
敷金の返還義務を負わないと主張しているのであるから、Ｘ・Ｙ間で右のような条
件付きの権利の存否を確定すれば、Ｘの法律上の地位に現に生じている不安ないし
危険は除去されるといえるのであって、本件訴えには即時確定の利益があるという
ことができる。したがって、本件訴えは、確認の利益があって、適法であ〔る〕。…」

賃貸借契約継続中の敷金返還請求権の確認は、将来の法律関係の確認とも見
ることができるが、この判例によれば、敷金返還請求権は、「賃貸借終了後、
建物明渡しがされた時において、それまでに生じた敷金の被担保債権一切を控
除しなお残額があることを条件として、その残額につき発生するもの」とされ、
これは、賃貸借契約終了前においても、条件付きの権利として存在するため、
現在の法律関係の確認として、対象選択の適切性を満たすとされる。

(3) **方法選択の適切性**　これは、確認訴訟という訴訟形式が紛争解決方法として有効適切かという観点である。典型的には、給付の訴えが可能な給付請求権の存在の確認を求める訴えは、方法選択の適切性を欠く。なぜなら、給付請求権を確認する判決は執行力を伴わないため、執行力を伴う給付の訴えによる方が、紛争解決手段としてより適切だからである。

【判例㉝】債務不存在確認の訴えの利益
　　——給付請求の反訴が提起された場合に、債務不存在確認の訴えの利益はどうなるか？

最一小判平成 16（2004）年 3 月 25 日・民集 58 巻 3 号 753 頁

〈**事案**〉　会社 X₁（原告兼被告・控訴人兼被控訴人・上告人）の代表取締役 A が会社の業績不振を理由に、生命保険契約締結後 1 年を経過して自殺したことから、X₁ および A の妻 X₂（原告兼被告・控訴人兼被控訴

```
第1事件　X₁・X₂ ─────────→ Yら
　　　　　　　　保険金支払請求
第2事件　X₁・X₂ ←───────── Yら
　　　　　　　保険金支払義務不存在確認請求
第3事件　　　　　反訴
　　　　　　　　保険金支払請求
　　第1審：第1事件一部認容・第2事件請求認容
　　　　　　第3事件請求棄却
　　第2審：第1事件請求棄却・第2・第3事件控訴棄却
　　最高裁：第1事件破棄差戻し・第2事件破棄自判
　　　　　　（訴え却下）・第3事件上告棄却
```

人・上告人）が保険会社である Y ら（被告兼原告・被控訴人兼控訴人・被上告人）に対して、平成 6（1994）年に締結された保険契約に基づき、保険金の支払を求める訴訟を提起した（第 1 事件）。その後、Y らは、X らに対し、平成 7（1995）年に締結された別の契約に基づく保険金支払義務が存在しないことの確認を求める訴訟を提起した（第 2 事件）。これに対し、X らは、平成 7（1995）年に締結された契約に基づく保険金の支払を求める反訴を提起した（第 3 事件）。第 1 審は、第 1 事件一部認容、第 2 事件請求認容、第 3 事件請求棄却であり、双方が控訴したところ、控訴審は、第 1 事件請求棄却、第 2・第 3 事件控訴棄却となり、Y らが勝訴した。X らが上告。

〈**判旨**〉　第 1 事件破棄差戻し・第 2 事件破棄自判（訴え却下）・第 3 事件上告棄却。「職権により判断するに、第 2 事件の平成 7 年契約関係 Y5 社の上記保険金支払債務の不存在確認請求に係る訴えについては、第 3 事件の X らの平成 7 年契約に基づく保険金等の支払を求める反訴が提起されている以上、もはや確認の利益を認めることはできないから、平成 7 年契約関係 Y5 社の上記訴えは、不適法として却下を免れないというべきである。」

この判例によれば、債務不存在確認訴訟の係属中に反訴として給付の訴えが提起された場合、債務不存在確認の訴えの利益が消滅する。債務不存在確認訴訟の判決効は給付訴訟の判決のそれに包摂されており（既判力により債権の存否が確定される点では同じであるが、前者と異なり後者には執行力があり）、被告の応訴・反訴という債務不存在確認訴訟の目的も達成されているからである。

(4)　**即時確定の利益**　これは、原告の地位が危険・不安にさらされており、即時にその危険・不安を除去するために訴訟が必要であるかという観点である。原則として、原告が保護を求める法的地位が現実的なもので、かつ、相手方がこれを争っている場合は、即時確定の利益が認められる（→即時確定の利益の判断例としては、【判例㉜】を参照）。

5　形成の訴えの利益（形成の利益）

(1)　**意義**　形成の訴えは、個別に形成要件が定められているため、原告が形成要件の存在を主張し、形成判決を求めて訴えを提起している以上、訴えの利益が認められる。

(2)　**訴訟中の事情の変化**　例外として、事情の変化により、訴えの目的である法律関係の変動をもたらすことが無意味になる場合は、訴えの利益が否定される。たとえば、最大判昭和 28（1953）年 12 月 23 日・民集 7 巻 13 号 1561 頁〔メーデー事件〕は、メーデーのための皇居外苑の使用不許可処分に対する不許可処分取消しの訴えの係属中に、5 月 1 日が経過した場合、訴えの利益が消滅するとする。

Ⅳ　訴え提起の効果

1　訴え提起の訴訟法上・実体法上の効果

　訴えの提起により、事件が特定の原告・被告間で特定の請求につき裁判所において判決手続により審判される状態（訴訟係属）が生じる。訴訟係属が生じる時期は、通常、訴状が被告に送達された時である。訴訟係属に伴い、重複訴訟が禁止されること（142条）（→2）等の訴訟法上の効果が生じる。また、訴えの提起により、時効の完成猶予（民147条1項1号）等の実体法上の効果も生じる（これは、訴状の提出時に生じる。147条）。

2　重複訴訟の禁止

(1)　**意義**　民訴法142条は、「裁判所に係属する事件については、当事者は、更に訴えを提起することができない」と規定する。その趣旨は、①被告の応訴の負担、②裁判所の審理の重複による訴訟不経済、および、③既判力の矛盾抵触のおそれを回避することである。

(2)　**要件**　上記の趣旨から、民訴法142条は、裁判所に係属する事件と同一の事件について訴えを提起することを禁止しており、同一の事件といえるためには、当事者の同一性と審判対象の同一性の両方を満たすことが必要であると解されている。

(3)　**効果**　裁判所に係属している事件と、当事者も訴訟物も同一である訴えが提起された場合、この訴えは重複訴訟に該当し、不適法として却下されることに争いはない。このような意味での重複訴訟に該当しないことは、訴訟要件の1つである。

(4)　**相殺の抗弁と重複訴訟の禁止**　民訴法142条は重複する「訴え」を禁止するものであるが、相殺の抗弁には既判力が生じるため（114条2項）、訴えと相殺の抗弁が重複する場合にも既判力の矛盾抵触のおそれが生じることとなる。このことから、相殺の抗弁にも民訴法142条が類推適用され得るかが問題となる。

【判例㉞】 相殺の抗弁と重複訴訟の禁止1：別訴での訴求債権と相殺の抗
　　　　弁
　　——別訴での訴求債権を相殺の抗弁とした場合に、重複訴訟の禁止に触れるか？
最三小判平成3 (1991) 年12月17日・民集45巻9号1435頁

〈**事案**〉 X（原告・被控訴
人・被上告人）とY（被告・
控訴人・上告人）は、継続
的取引関係にある。YがX
に対し、継続的取引関係に
基づき、売買代金等の支払
を求める別訴を提起した。
その後、Xは、Yに対し、
売買代金等の支払を求める

```
X  ◄─────────  Y  別訴
   売買代金支払請求
X  ─────────►  Y  本訴
   売買代金支払請求
   ◄───────  相殺の抗弁（別訴で訴求している債権）
                第1審：一部認容
                第2審：控訴棄却
                最高裁：上告棄却
```

本訴を提起した。別訴の第1審は請求認容、本訴の第1審は一部認容判決を下した
のに対し、それぞれ控訴がなされた。控訴審において、本訴と別訴の弁論が併合さ
れた後、Yは、本訴につき、別訴においてXに訴求している売買代金債権を自働
債権とする相殺の抗弁を提出した。その後、弁論が分離され、それぞれに控訴棄却
判決がなされた。本訴における相殺の抗弁が142条の類推適用により許されないと
した本訴の控訴棄却判決に対して、Yが上告。

〈**判旨**〉 上告棄却。「係属中の別訴において訴訟物となっている債権を自働債権と
して他の訴訟において相殺の抗弁を主張することは許されないと解するのが相当で
ある（最三小判昭和63 (1988) 年3月15日・民集42巻3号170頁参照）。すなわち、
民訴法231条〔現、142条〕が重複起訴を禁止する理由は、審理の重複による無駄
を避けるためと複数の判決において互いに矛盾した既判力ある判断がされるのを防
止するためであるが、相殺の抗弁が提出された自働債権の存在又は不存在の判断が
相殺をもって対抗した額について既判力を有するとされていること（同法199条2
項〔現、114条2項〕）、相殺の抗弁の場合にも自働債権の存否について矛盾する判
決が生じ法的安定性を害しないようにする必要があるけれども理論上も実際上もこ
れを防止することが困難であること、等の点を考えると、同法231条〔現、142条〕
の趣旨は、同一債権について重複して訴えが係属した場合のみならず、既に係属中
の別訴において訴訟物となっている債権を他の訴訟において自働債権として相殺の

抗弁を提出する場合にも同様に妥当するものであり、このことは右抗弁が控訴審の段階で初めて主張され、両事件が併合審理された場合についても同様である。」

この判例は、いわゆる訴え先行型の相殺の抗弁につき、既判力の矛盾抵触のおそれを理由に、重複訴訟禁止に触れ不適法とするものである。そして、この結論は、「両事件が併合審理された場合についても同様である」ともされている。併合審理されている場合は、審理の重複や矛盾した判断がなされるおそれはないのであるが、本件事例のように弁論が分離される可能性があるため、このような判示がなされている。

【判例㉟】相殺の抗弁と重複訴訟の禁止2：相殺の抗弁と一部請求
　　──一部請求の別訴の残部を相殺の抗弁とした場合に、重複訴訟の禁止に触れるか？
最三小判平成10（1998）年6月30日・民集52巻4号1225頁

〈事案〉Y（被告・被控訴人・上告人）は、X（原告・控訴人・被上告人）の申請した違法な仮処分により土地および建物の持分各2分の1を通常の取引価格よ

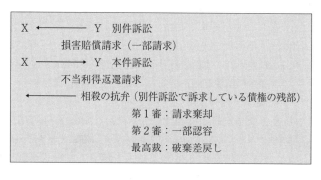

り低い価格で売却することを余儀なくされ、その差額2億5260万円相当の損害を被ったと主張して、Xに対し、不法行為を理由として、内金4000万円の支払を求める別件訴訟を提起した。一方、Xは、Yが支払うべき相続税、固定資産税、水道料金等を立て替えて支払ったとして、Yに対し、1296万円余の不当利得返還を求める本件訴訟を提起した。本件訴訟の第1審において、Yは、相続税立替分についての不当利得返還義務の存在を争うとともに、予備的に、前記違法仮処分による損害賠償請求権のうち4000万円を超える部分を自働債権とする相殺を主張した。第1審は、一部不当利得の成立を認める一方で、相殺の抗弁を認め、請求を棄却した。

Ｘが控訴。控訴審において、Ｙは、上記相殺の主張に加えて、預金および現金の支
払請求権を自働債権とする相殺を主張し、また、前記違法仮処分に対する異議申立
手続の弁護士報酬として支払った 2000 万円及びこれに対する遅延損害金の合計
2478 万円余の損害賠償請求権を自働債権とする相殺を主張した。控訴審は、【判例㉞】
（最三小判平成 3（1991）年 12 月 17 日）の趣旨に照らし、Ｙの相殺の主張は許さ
れないとして、請求を一部認容した。Ｙが上告。

〈**判旨**〉　破棄差戻し。「民訴法 142 条（旧民訴法 231 条）が係属中の事件について
重複して訴えを提起することを禁じているのは、審理の重複による無駄を避けると
ともに、同一の請求について異なる判決がされ、既判力の矛盾抵触が生ずることを
防止する点にある。そうすると、自働債権の成立又は不成立の判断が相殺をもって
対抗した額について既判力を有する相殺の抗弁についても、その趣旨を及ぼすべき
ことは当然であって、既に係属中の別訴において訴訟物となっている債権を自働債
権として他の訴訟において相殺の抗弁を主張することが許されないことは、原審の
判示するとおりである（前記最三小判平成 3（1991）年 12 月 17 日参照）。
　しかしながら、他面、一個の債権の一部であっても、そのことを明示して訴えが
提起された場合には、訴訟物となるのは右債権のうち当該一部のみに限られ、その
確定判決の既判力も右一部のみについて生じ、残部の債権に及ばないことは、当裁
判所の判例とするところである（最二小判昭和 37（1962）年 8 月 10 日・民集 16
巻 8 号 1720 頁参照）。この理は相殺の抗弁についても同様に当てはまるところであ
って、一個の債権の一部をもってする相殺の主張も、それ自体は当然に許容される
ところである。
　もっとも、一個の債権が訴訟上分割して行使された場合には、実質的な争点が共
通であるため、ある程度審理の重複が生ずることは避け難く、応訴を強いられる被
告や裁判所に少なからぬ負担をかける上、債権の一部と残部とで異なる判決がされ、
事実上の判断の抵触が生ずる可能性もないではない。そうすると、……一個の債権
の一部について訴えの提起ないし相殺の主張を許容した場合に、その残部について、
訴えを提起し、あるいは、これをもって他の債権との相殺を主張することができる
かについては、別途に検討を要するところであり、残部請求等が当然に許容される
ことになるものとはいえない。
　しかし、こと相殺の抗弁に関しては、訴えの提起と異なり、相手方の提訴を契機
として防御の手段として提出されるものであり、相手方の訴求する債権と簡易迅速
かつ確実な決済を図るという機能を有するものであるから、一個の債権の残部をも
って他の債権との相殺を主張することは、債権の発生事由、一部請求がされるに至

った経緯、その後の審理経過等にかんがみ、債権の分割行使による相殺の主張が訴
訟上の権利の濫用に当たるなど特段の事情の存する場合を除いて、正当な防御権の
行使として許容されるものと解すべきである。

　したがって、一個の債権の一部についてのみ判決を求める旨を明示して訴えが提
起された場合において、当該債権の残部を自働債権として他の訴訟において相殺の
抗弁を主張することは、債権の分割行使をすることが訴訟上の権利の濫用に当たる
など特段の事情の存しない限り、許されるものと解するのが相当である。」

　一部請求（→ 213 頁）について、判例が採る訴訟物の範囲の理解（明示の一
部請求においては訴訟物は一部に限定される）に従えば、本件事例においては既
判力の矛盾抵触のおそれはない。相殺の抗弁に民訴法 142 条が類推適用される
根拠を既判力の矛盾抵触のおそれのみに求めるのであれば、このことをもって、
本件事例における相殺の抗弁は適法といえるはずである。しかし、本判決は、
審理の重複と事実上の判断の抵触のおそれに言及しながら、最終的には、相殺
の抗弁の防御手段としての性格や簡易決済機能から相殺の主張が正当な防御権
の行使であることを理由に、相殺の抗弁が適法であるとする。

Ⅴ　処分権主義

1　処分権主義とは

　処分権主義とは、「訴えなければ裁判なし」の原則とも呼ばれ、当事者が、
①訴訟を開始するか否か、②いかなる範囲の請求を求めるか（246 条参照）、③
判決によらずに訴訟を終了させるか否か（261 条・266 条・267 条参照→第 10 講）、
について自由に決定できるという原則である。処分権主義は、訴訟物たる権利
ないし法律関係が私法の適用を受けることから、そこに私的自治の原則が妥当
することを根拠とする。

2　申立事項と判決事項

　民訴法 246 条は、「裁判所は、当事者が申し立てていない事項について、判
決をすることができない」と規定する。たとえば、土地の所有権の確認を求め
る訴えに対して、土地の明渡しを命じる判決をすることはできない。民訴法

246 条に違反するか否かを判断するには、申立事項が何であるかを明らかにする必要がある。申立事項は、原則として訴訟物が何であるかによって定まる。

【判例㊱】損害賠償請求訴訟の訴訟物
　　——損害賠償請求訴訟の訴訟物をどう考えるか？
最一小判昭和 48（1973）年 4 月 5 日・民集 27 巻 3 号 419 頁

〈事案〉　A が運転する自動車と X（原告・被控訴人兼附帯控訴人・被上告人）が乗車する自動車がセンターライン付近で正面衝突したという交通事故について、X が、A の使用者かつ自動車の所有者である B の実質的親会社である Y（被告・控訴人兼附帯被控訴人・

```
X ――――――→ Y
    損害賠償請求
      第 1 審：請求認容
      第 2 審：一部認容
      最高裁：上告棄却
```

上告人）に対し、自賠法 3 条に基づき、療養費 29 万円（1 万円未満は切捨て、以下同じ）、逸失利益 1128 万円の内金 150 万円および慰謝料 200 万円の合計 379 万円とこれに対する遅延損害金の支払を求める訴訟を提起した。

　第 1 審は、3 割を減じる過失相殺をして、Y の債務総額を 791 万円と認定し、請求を全部認容した。Y が控訴したところ、X は、第 1 審判決に従い、逸失利益を 916 万円、総額 1145 万円と主張して、附帯控訴により請求を拡張して、422 万円の請求を加えた。

　控訴審は、療養費、逸失利益を X の主張の通り認定した上で 7 割を減じる過失相殺をし（283 万円）、慰謝料 70 万円を認め、支払済みの保険金 10 万円を差し引いて、343 万円の支払を命じた。Y が上告。

〈判旨〉　上告棄却。「第 1 審判決がその認定した損害の各項目につき同一の割合で過失相殺をしたものだとすると、その認定額のうち慰藉料を除き財産上の損害（療養費および逸失利益。以下同じ。）の部分は、（保険金をいずれから差し引いたかはしばらく措くとして。）少なくとも 239 万 6266 円であって、X の当初の請求中財産上の損害として示された金額をこえるものであり、また、原判決が認容した金額のうち財産上の損害に関する部分は、少なくとも（保険金について右と同じ。）273 万 7064 円であって、右のいずれの額をもこえていることが明らかである。しかし、本件のような同一事故により生じた同一の身体傷害を理由とする財産上の損害と精神上の損害とは、原因事実および被侵害利益を共通にするものであるから、その賠

償の請求権は一個であり、その両者の賠償を訴訟上あわせて請求する場合にも、訴
訟物は一個であると解すべきである。したがって、第1審判決は、Xの一個の請求
のうちでその求める全額を認容したものであって、Xの申し立てない事項について
判決をしたものではなく、また、原判決も、右請求のうち、第1審判決の審判およ
びYの控訴の対象となった範囲内において、その一部を認容したものというべき
である。そして、原審における請求拡張部分に対して主張された消滅時効の抗弁に
ついては、判断を要しなかったことも、明らかである。」

本判決によれば、同一事故により生じた同一の身体傷害を理由とする財産上
の損害と精神上の損害とは、原因事実および被侵害利益を共通にするものであ
るから、その賠償の請求権は一個であり、訴訟物は一個であるとされる。した
がって、裁判所は、原告の申し立てた総額を超えない限り、費目を流用して判
決をしても、民訴法246条に違反しない。

　次に、債務不存在確認の訴えにおいて、ある債務の上限が示され、その債務
全体の不存在確認が求められている場合には、その債務全体が訴訟物であると
解することに問題はない。これに対し、債務の上限が示されず、一定の額（自
認部分）を超える債務の不存在の確認を求める場合の訴訟物の範囲が問題となる。

【判例㊲】消極的確認（債務不存在確認）の訴えにおける訴訟物
——消極的確認の訴えにおける訴訟物をどう考えるか？
最二小判昭和40（1965）年9月17日・民集19巻6号1533頁

〈事案〉　Y（被告・被控訴人・被上告
人）から金銭を借り受けたAを相続
したX1～X11（原告・控訴人・上告人）
が、Yに対し、X1がYに対する全債
務を単独で引受け、Yはこれを了承し
てX2～X11らの債務を免除したと主

$X_1 \sim X_{11} \longrightarrow Y$
債務不存在確認請求
第1審：請求棄却
第2審：控訴棄却
最高裁：破棄差戻し

張して、X1の債務が14万6465円を超えて存在しないことの確認、及び、X2～
X11のYに対する債務が存在しないことの確認を求めて訴訟を提起した。
　第1審は、X1ら主張の金額を超える残元本債権があるから、一定金額を超えて
債務が存在しないことを確認する請求も認容できないとし、また債務引受等の事実

も認められないとして請求を棄却した。X₁らは控訴したが、控訴審は控訴を棄却した。X₁らが上告。

〈**判旨**〉　破棄差戻し。「…本件請求の趣旨および請求の原因ならびに本件一件記録によると、Xらが本件訴訟において本件貸金債務について不存在の確認を求めている申立の範囲（訴訟物）は、Xについては、その元金として残存することを自認する金14万6465円を本件貸金債権金110万円から控除した残額金95万3535円の債務額の不存在の確認であ…ることが認められる。

　したがって、原審としては、右の各請求の当否をきめるためには、単に、前記㈠〔略〕の弁済の主張事実の存否のみならず、㈡〔略〕および㈢〔略〕の弁済の各主張事実について審理をして本件申立の範囲（訴訟物）である前記貸金残額の存否ないしその限度を明確に判断しなければならないのに、ただ単に、前記㈠の弁済の主張事実が全部認められない以上、本件貸金の残債務として金14万6465円以上存在することが明らかである旨説示したのみで、前記㈡および㈢の弁済の主張事実について判断を加えることなく、残存額の不存在の限度を明確にしなかったことは、Xらの本件訴訟の申立の範囲（訴訟物）についての解釈をあやまり、ひいては審理不尽の違法をおかしたものというべ〔きである〕…。」

　この判例によれば、訴訟物の範囲は、債権全体ではなく、原告が不存在の確認を求めた部分のみということになる。

第6講
審理Ⅰ：審理手続と審理原則

〈本講のポイント〉
　本講と次講では、民事訴訟の審理について、重要な判例を紹介しつつ説明する。まず、本講では、審理手続の基本的な考え方と裁判所等の訴訟指揮権（→Ⅰ）について述べ、当事者の手続保障のメカニズムとしての期日、期間および送達（→Ⅱ）を説明し、その後、民事訴訟の審理の中核をなす「口頭弁論」（→Ⅲ）について概説する。

Ⅰ　審理手続の基本的な考え方と訴訟指揮権

1　当事者主義と職権主義とは

　訴訟の審理は、原告の訴えに対して、訴訟要件の存否や請求の当否についての判断に至る手続をいう。審理は、当事者が事実の主張や証拠の提出等を行い、絞られた争点について裁判所が証拠調べを行うことにより進行する。審理手続については、当事者の裁判を受ける権利を保障するとともに、裁判所が適正・迅速な法的判断を行うために、いくつかの原則が定められている。基本的な原則として、当事者が主体的な役割を果たす**当事者主義**と裁判所が手続の主導権をもつ**職権主義**がある。当事者主義は、私的自治の原則が民事訴訟に反映されたものであり、訴訟の開始、審判対象の特定、訴訟の終了を当事者の権能とする**処分権主義**や、裁判所の法的判断の基礎となる事実や証拠の提出についてのルールである**弁論主義**（→120頁）となってあらわれる。訴訟手続の進行については、裁判所が権限と責任をもつという**職権進行主義**が採られている。

2 訴訟指揮権

(1) **訴訟指揮権の主体**　裁判所は、訴訟の審理を迅速・公平に、かつ充実したものとするために、様々な措置をとることができ、この権能を**訴訟指揮権**という。訴訟指揮権は、裁判所（151〜153条）または裁判長（93条1項・137条・148条等）に属する。

(2) **訴訟指揮権の内容**　訴訟指揮の主なものは、次の通りである。

①**手続の進行について**　期日の指定および変更（93条）、訴訟手続の中止（131条）、口頭弁論の開始・終結・再開（139条・153条）等、手続進行についての措置には、当事者に申立権はなく、裁判所は当事者間の合意にも拘束されない。また、原則として、当事者がその当否を争うことはできない。ただし、**口頭弁論の再開**（弁論の再開）についての判例によれば、手続の進行についての裁判所の裁量的判断は無制限なものではなく、手続的正義の観点から、弁論を再開して当事者に攻撃防御方法を提出する機会を与える必要がある場合には、弁論を再開しないことが違法となる。

【判例㊳】口頭弁論の再開
　——裁判所が弁論の再開を強制される場合はあるか？
　最一小判昭和56（1981）年9月24日・民集35巻6号1088頁

〈**事案**〉　X（原告・被控訴人）は、Y（被告・控訴人・上告人）に対して、Xが所有する本件不動産についてなされたYのための所有権移転登記、抵当権設定登記等

```
X ──────→ Y
    所有権移転登記等の抹消請求
↓
X'　控訴審の口頭弁論終結前にXが死亡したことにより、
　　Xを相続

　　　　第1審：請求認容
　　　　第2審：控訴棄却（弁論を再開せず）
　　　　最高裁：破棄差戻し
```

の抹消登記を求めた。この登記は、Xの養子であるX'が、Xに無断で、Aを復代理人として本件不動産の一部をBに売却した際に、Aがその売買の履行をせずに、Xの代理人としてYとの間で1000万円の消費貸借契約を結び、その担保として本

件不動産を提供したことによるものである。Yは、Aに代理権があると主張する一方で、XあるいはX′がAに代理権を与えた旨を表示したことを理由とする開示行為の表見代理と、X′がAに本件不動産の一部を売却する権限を与えていたことを理由とする権限踰越の表見代理等の主張をした。第1審は、Yの主張をすべて退けて、請求を認容した。ところが、控訴審において、その口頭弁論終結直前にXが死亡し、X′が相続人としてXの地位を承継したが、Xには訴訟代理人がいたため、受継手続がとられないまま弁論が終結された。その後、Xの死亡を知ったYは、判決言渡期日前に直ちに口頭弁論再開申立書等を提出したが、原審は、弁論を再開せずに、控訴を棄却した。Yは、相続によって法律関係に重要な変化が生じ、X′に責任が生ずることになる（無権代理人X′が本人Xを相続したことにより、本人が自ら法律行為をしたのと同様の法律上の地位を生じたと理解することができる（最二小判昭和40（1965）年6月18日・民集19巻4号986頁））から、原審は弁論を再開すべきであり、これをしないのは訴訟手続に違反するとして、上告した。

〈判旨〉　破棄差戻。「いったん終結した弁論を再開すると否とは当該裁判所の専権事項に属し、当事者は権利として裁判所に対して弁論の再開を請求することができないことは当裁判所の判例とするところである。しかしながら、裁判所の右裁量権も絶対無制限のものではなく、弁論を再開して当事者に更に攻撃防禦の方法を提出する機会を与えることが明らかに民事訴訟における手続的正義の要求するところであると認められるような特段の事由がある場合には、裁判所は弁論を再開すべきものであり、これをしないでそのまま判決をするのは違法であることを免れないというべきである。」本件においては、Yはその責めに帰すべき事由によらないで、原審の口頭弁論終結前にX′がXを相続したことを知らなかったため、これに基づく攻撃防御方法を提出することができなかったが、「判決の結果に影響を及ぼす可能性のある重要な攻撃防御方法を提出する機会を与えられないままY敗訴の判決がされ、それが確定して本件各登記が抹消された場合には、たとえ右主張どおりの事実が存したとしても、Yは、該判決の既判力により、後訴において右事実を主張してその判断を争い、本件各登記の回復をはかることができないことにもなる関係にあるのであるから、このような事実関係のもとにおいては、自己の責に帰することのできない事由により右主張をすることができなかったYに対して右主張提出の機会を与えないままY敗訴の判決をすることは、明らかに民事訴訟における手続的正義の要求に反するものというべきであり、したがって、原審としては、いったん弁論を終結した場合であっても、弁論を再開して上告人に対し右事実を主張する機会を与え、これについて審理を遂げる義務があるものと解するのが相当である。」

　②**期日における弁論および証拠調べの整理**　裁判所は、口頭弁論の指揮（148条）を行い、期日において、当事者や証人などの関係人に発言を命じたり、許可したり、あるいは禁止したりすることができる（60条1項2項・148条2項・154条・155条・158条）。

　③**弁論の制限・分離・併合**　裁判所は、1個の訴訟手続で審理されている事件について、請求または争点ごとに審理の範囲を**制限**したり、審理を**分離**したり、別の手続によって審理されている数個の事件を1個の手続で審理するために、**弁論の併合**を命じることができる（152条）。

　④**訴訟関係を明瞭にするための措置**（149条・151条）　裁判所は、訴訟関係を明瞭にするために、事実上および法律上の事項に関して当事者に問いを発し、または立証を促すことができる。これを、**釈明権**（149条→131頁）という。

Ⅱ　手続保障のメカニズム：期日、期間および送達

　裁判所が、職権進行主義によって、訴訟手続の進行を適切にコントロールする上で、期日と期間の概念は重要である。また、当事者にとっても、**手続保障**のメカニズムとしても重要である。

1　期日

　期日とは、当事者その他の訴訟関係人と裁判所が会合して、訴訟行為を行うための時間のことである。期日には、口頭弁論期日（149条・159条3項・139条）、弁論準備手続期日（170条）、進行協議期日（規95条）、判決言渡期日（規156条）、証拠調べの期日（240条）、和解期日（261条3項・275条2項3項）等がある。訴訟審理は、期日を中心として進められる。期日の指定は、職権進行主義の原則により、裁判所が命令という裁判の形式で行うが（93条1項・規35条）、当事者にも期日指定の申立権が認められている（93条1項）。この申立てを認める場合には裁判所が期日を指定し、申立てを却下する場合には裁判所が却下決定を行う。却下決定に対しては、抗告による不服申立てが許される場合がある。

2　期間

　期間とは、一定の時間の経過について訴訟上の効果が付与される場合の、その時間の経過のことである。たとえば、裁判に対する不服申立期間（285条・332条・342条等）等がある。期間の計算は、民法の規定に従う（95条1項）。したがって、原則として初日は算入しない（民140条）。

　当事者その他の訴訟関係人が、定められた期間を遵守しなかった場合（期間の懈怠）、当事者等はその行為をする機会を失うことになるので、その懈怠について当事者等に責任がない場合には、何らかの救済を図る必要がある。特に上記不服申立て期間等、伸縮が許されない**不変期間の懈怠**の場合には、当事者にとって重大な結果である裁判の確定等をもたらすことなどを考慮して、法は不変期間の懈怠に対する救済手段を規定している。

　すなわち、不変期間の懈怠が当事者の責めに帰すことができない事由によるときには、その事由が消滅してから1週間以内（当事者が外国にいる場合には2ヶ月以内）に限って、当該訴訟行為を行うことが許される（97条1項）。これを**訴訟行為の追完**という。追完は、障害が止んでから**1週間以内**に行わなければならず、この1週間は伸縮することができない（97条2項）。

3　送達

　(1)　**意義**　**送達**とは、当事者その他の訴訟関係人に対して、訴訟上の書類の内容を知る機会を与えるための、法定の方式による通知行為である。送達は、訴訟審理の中で、当事者に手続保障を与えるための基礎となるという点で重要な行為である。送達は、裁判権の行使として行われるので、日本の裁判権に服さない者に対しては送達を行うことができない。

　(2)　**送達機関**　送達行為の主体は裁判所であるが、送達事務は**裁判所書記官**が取り扱う（98条）。送達実務として、送達に用いる書類を作成し、その書類を**送達実施機関**に付し、送達が実施されたあとに報告書を受け取り、これを記録に添付して保管する。送達実施機関は、**執行官や郵便の業務に従事する者**（99条）である。例外的に、裁判所書記官も、その所属する裁判所に来庁した者に対して、自ら送達をすることができる（100条）。

　(3)　**送達の方法と効力**　送達をどのような方法で行うかは、様々な方法が規

定されている。

①**交付送達の原則**　送達は、その名宛人に対して訴訟関係書類の内容を了知させて（または了知する機会を与えて）、その者に手続保障を与えることを目的としているので、送達の方法としては、書類の謄本または副本を名宛人に現実に交付する方法を原則としている（**交付送達の原則**）。交付送達ができない場合には、**郵便に付する送達**（付郵便送達）や**公示送達**によって送達を行うことになる。

　交付送達の中でも**補充送達**（106条）は、送達場所において受送達者に出会わない場合に、書類の受領について相当のわきまえのある者に送達書類を交付すれば、受送達者に対する送達の効力が生じるので、その後に、交付を受けた者から受送達者に送達書類が現実に交付されたか否かや、交付を受けた者が交付を受けた事実を受送達者に告知したか否かは、送達の効力に影響を及ぼさない（最二小判昭和45（1970）年5月22日・判時594号66頁）。したがって、受送達者の代わりに送達を受けた者が、配偶者等の同居人であって、受送達者との間に事実上の利害関係の対立があり、受送達者に送達書類を交付することが期待できない場合であっても、送達の効力は生じることになる。ただし、このような場合でも補充送達の効力は認められるが、受送達者に対する手続保障がないために、再審事由（→282頁）を認めた判例がある。

【判例㊴】補充送達の効力と再審の訴え
　　──補充送達が有効な場合に、再審の訴えは認められるか？
最三小決平成19（2007）年3月20日・民集61巻2号586頁

〈事案〉　Y（前訴原告兼再審被告・相手方・相手方）は、債務者A（前訴被告）と連帯保証人X（前訴被告兼再審原告・抗告人・抗告人）に対して貸金返還請求訴訟を提起した。この訴訟において、Xへの訴状や第1回口頭弁論期日の呼出状等は、Xと同居していた義父であるAが受け取った。その後、XとAは第1回口頭弁論期日を欠席し、答弁書等も提出しなかったので、同期日に口頭弁論期日が終結されて、1週間後の第2回口頭弁論期日で擬制自白が成立してYの請求を認容する判決（以下「前訴判決」という）が言い渡された。XとAに対する前訴判決の判決書に

代わる調書は、その住所における送達が受
送達者不在のためにできなかったので、付
郵便送達が行われた。そして、XとAの
いずれからも控訴がなかったため、前訴判
決が確定した。

　Xは、前訴判決の確定から2年後に本件
再審の訴えを提起した。その再審事由とし
て主張されたのは、以下の通りである。

　Xは、自らの意思で連帯保証人になった

```
Y ――――→ X、A
　貸金返還請求訴訟
　（前訴：Y勝訴で確定）
X ――――→ Y
　再審の訴え
　　　　第1審：再審請求棄却
　　　　第2審：抗告棄却
　　　　最高裁：破棄差戻
```

ことはなく、Xの義父Aが自分の債務について、Xの氏名と印章を勝手に使って
Bとの間で連帯保証契約を締結した（その後YはBから債権譲渡を受けた）。した
がって、前訴については、XとAは利害が対立していたので、AがX宛の訴状等
の交付を受けたとしても、これが遅滞なくXに交付されることを期待できる状況
にはなく、現にAはXに交付しなかった。ゆえに、前訴においてXに対する訴状
等の送達は補充送達として効力を生じていないので、Xに訴訟に関与する機会が与
えられないまま前訴判決がなされたことになるから、前訴判決には再審事由がある
（338条1項3号）。

　これらの主張に対して、第1審と原審は、前訴においてXに対する訴状等の送
達は、補充送達として有効に行われているから、Xが主張する訴状等の有効な送達
がなかったことを前提とする再審事由は認められないとして、本件再審請求を棄却
した。Xは原決定を不服として許可抗告の申立てをし、原審は抗告を許可した。

〈決定要旨〉　破棄差戻。本決定は、原審の判断のうち、Xに対する前訴の訴状等の
送達は補充送達として有効であると判断した点については是認した。しかし、補充
送達が有効であるからといって直ちに民訴法338条1項3号の再審事由が存在しな
いということにはならないとし、同再審事由の存否は、「当事者に保障されるべき
手続関与の機会が与えられていたか否かの観点から改めて判断されなければならな
い。」と判示した。「すなわち、受送達者あての訴訟関係書類の交付を受けた同居者
等と受送達者との間に、その訴訟に関して事実上の利害関係の対立があるため、同
居者等から受送達者に対して訴訟関係書類が速やかに交付されることを期待するこ
とができない場合において、実際にもその交付がされなかったときは、受送達者は、
その訴訟手続に関与する機会を与えられたことにならないというべきである。そう
すると、上記の場合において、当該同居者等から受送達者に対して訴訟関係書類が
実際に交付されず、そのため、受送達者が訴訟が提起されていることを知らないま

ま判決がされたときには、当事者の代理人として訴訟行為をした者が代理権を欠いた場合と別異に扱う理由はないから、民訴法338条1項3号の再審事由があると解するのが相当である。」

②**付郵便送達（郵便に付する送達）**　**付郵便送達**とは、裁判所書記官が書類を本来の送達場所に宛てて、書留郵便等で発送する方法での送達である（107条）。この方法は、送達の効力が書留郵便等を発送した時点で生じるので、送達を受けるべき者にとっては不利益な扱いとなるため、交付送達ができない場合に限って行うことができる。

【判例㊵】郵便に付する送達
　　——付郵便送達からの救済方法は？
　　最一小判平成10（1998）年9月10日・判時1661号81頁〔①事件〕
　　最一小判平成10（1998）年9月10日・判時1661号81頁〔②事件〕

〈**事案**〉　信販会社Y₁（②事件の被告・被控訴人・被上告人兼上告人）は、昭和61（1986）年3月、釧路市に住むX（①②事件の原告・控訴人・上告人兼被上告人）に対して、Xの妻がY₁発行のX名義のクレジ

①・②事件の前訴	Y₁ ────→ X
	貸金返還請求・立替金の残金支払請求
	（いずれもX欠席によりY₁勝訴で確定）
②事件	X ────→ Y₁
	損害賠償・慰謝料請求（②事件）
	第1審：請求棄却
	第2審：請求一部認容
	最高裁：一部破棄自判・一部破棄差戻し
	一部上告棄却
①事件	X ────→ Y₂
	国家賠償法に基づく損害賠償請求（①事件）
	第1審：請求棄却
	第2審：控訴棄却
	最高裁：上告棄却

ットカードを利用したことによる貸金返還を求める訴えと立替金の残金等の支払（合

計 34 万円余）を求める訴えを、札幌簡易裁判所にそれぞれ提起した（前訴）。受訴裁判所の担当裁判所書記官はそれぞれ、X の住所地に訴状等の送達を行ったが、いずれも X 不在により不奏功となったため、Y₁ に対して、X の就業場所等についての照会を行った。この当時 X は、釧路市内の勤務先 A 社から長期出張中であり、訴え提起前の Y₁ の担当者との交渉で、X 宛の郵便物は自宅ではなく A 社に送って欲しいと要望しており、さらに A 社に送られた郵便物は出張先に転送されるようにしてあった。しかし、Y₁ の担当者は、上記の裁判所からの照会に対して、就業場所とは現実に労務に従事している場所であるという考えから、A 社に出張先や連絡方法などを問い合わせることなく、X の就業場所は不明であり、X は現在出張中で 4 月 20 日に帰ってくること、X の家族は訴状記載の住所にいることを記載して回答した。これを受けて、それぞれの裁判所書記官は、X の就業場所は不明であると判断して、X の住所宛に訴状等の付郵便送達を実施したが、X 不在のため、訴状等は裁判所に還付された（昭和 61（1986）年 5 月）。その結果、X 欠席のまま、いずれも Y₁ 勝訴の判決が言い渡され、X の住所宛に各判決正本が送達されたが、交付を受けた X の妻がこれらを X に手渡さなかったので、X は控訴することなく、各判決は確定した。その後、X は前訴判決に基づく債務の弁済として 28 万円を支払い、昭和 62（1987）年 11 月に再審の訴えを提起した。再審裁判所は、前訴における付郵便送達は無効であるが、上訴の追完が可能であったとして却下した。

　そこで、X は、Y₁ に対して、前訴の受訴裁判所からの照会に対して「X の就業場所不明」という誤った回答をしたことに故意または重過失があるとして、敗訴判決を受けたことによる損害賠償および前訴の訴訟手続に関与する機会を奪われたことによる慰謝料を求めるとともに、Y₂（国：①事件の被告・被控訴人・被上告人）に対して、裁判所書記官による付郵便送達の実施について過失があり、担当裁判官もこれを看過した過失があるとして、国家賠償法 1 条 1 項に基づく損害賠償を求めて訴えを提起した。

　第 1 審は、X の請求を全部棄却したが、原審は、Y₂（国）に対する請求については、担当書記官と担当裁判官の過失を否定して棄却し、Y₁（信販会社）に対する請求については、X が任意弁済した 28 万円の限度で一部認容した。これに対して、X と Y₁ がそれぞれ上告して、最高裁は X の Y₂ に対する請求（①事件）と、X の Y₁ に対する請求（②事件）とに分けて判決した。

〈判旨〉　①事件判決：上告棄却。「民事訴訟関係書類の送達事務は、受訴裁判所の裁判所書記官の固有の職務権限に属し、裁判所書記官は、原則として、その担当事件における送達事務を民訴法の規定に従い独立して行う権限を有するものである。

受送達者の就業場所の認定に必要な資料の収集については、担当裁判所書記官の裁量にゆだねられているのであって、担当裁判所書記官としては、相当と認められる方法により収集した認定資料に基づいて、就業場所の存否につき判断すれば足りる。担当裁判所書記官が、受送達者の就業場所が不明であると判断して付郵便送達を実施した場合には、受送達者の就業場所の存在が事後に判明したときであっても、その認定資料の収集につき裁量権の範囲を逸脱し、あるいはこれに基づく判断が合理性を欠くなどの事情がない限り、右付郵便送達は適法であると解するのが相当である。

　これを本件についてみるに、……受訴裁判所の担当各裁判所書記官は、……当時の札幌簡易裁判所における送達事務の一般的取扱いにのっとって、……本来の送達場所であるＸの住所あてに訴状等の付郵便送達を実施したものであり、Ｙ₁からの回答書の記載内容等にも格別疑念を抱かせるものは認められないから、認定資料の収集につき裁量権の範囲を逸脱し、あるいはこれに基づく判断が合理性を欠くものとはいえず、右付郵便送達は適法というべきである。」

　②事件判決：一部破棄自判、一部破棄差戻し、一部上告棄却。「当事者間に確定判決が存在する場合に、その判決の成立過程における相手方の不法行為を理由として、確定判決の既判力ある判断と実質的に矛盾する損害賠償請求をすることは、確定判決の既判力による法的安定を著しく害する結果となるから、原則として許されるべきではなく、当事者の一方……の行為が著しく正義に反し、確定判決の既判力による法的安定の要請を考慮してもなお容認し得ないような特別の事情がある場合に限って、許されるものと解するのが相当である（最三小判昭和44（1969）年7月8日・民集23巻8号1407頁参照）。」本件では、「Ｙ₁が受訴裁判所からの照会に対して必要な調査を尽くすことなく安易に誤って回答した点において、Ｙ₁に重大な過失があるとするにとどまり、それがＸの権利を害する意図の下にされたものとは認められないとする趣旨であることが明らかである。そうすると、本件においては、前示特別の事情があるということはできない。したがって、Ｘの前記請求を認容した原審の判断には、法令の解釈適用を誤った違法があり、右違法は原判決の結論に影響を及ぼすことが明らかである。論旨はこの点において理由があり、その余の上告理由につき判断するまでもなく、原判決中、Ｙ₁敗訴の部分は破棄を免れない。そして、前記説示に照らせば、Ｘの右請求は理由がなく、これを棄却した第1審判決は結論において正当であるから、Ｘの控訴を棄却すべきである。」

　前訴の訴訟手続に関与する機会を奪われたことによる慰謝料請求については、「確定した前訴判決の既判力ある判断と実質的に矛盾する損害賠償請求には当たら」ないとして、「原判決中、Ｘの右請求に関する部分は破棄を免れず、損害発生の有無

を含め、右請求の当否について更に審理を尽くさせる必要があるから、これを原審
に差し戻」した。

③公示送達　公示送達とは、裁判所書記官が送達書類を保管して、送達を受
けるべき者が出頭すればいつでもこれを交付することを裁判所の掲示板に掲示
する方法での送達である（111 条）。公示送達は、他の送達方法がすべて不可能
である場合の最終手段として認められている（110 条 1 項）。原則として、当事
者の申立てに基づいて、裁判所書記官によって行われる。公示送達は、掲示を
始めた日から **2 週間**（外国にいる者に対しては、**6 週間**）を経過することによっ
てその効力を生じる（112 条 1 項・2 項）。

(4)　**送達の瑕疵**　名宛人や法定の方式を誤った送達は無効であり、送達はな
かったことになる。ただし、名宛人を間違えた場合でも、名宛人自身による追
認があれば、その者に対する送達として有効となる（34 条 2 項・59 条）。また、
法定の方式に違反した場合であっても、当事者の**責問権**（90 条）の放棄・喪失
によって治癒されるし、訴訟行為の追完（97 条）も可能である。なお、有効な
訴状の送達がなく、被告が訴訟に関与する機会のないまま判決が確定した場合
には、再審の訴えを提起することができる（338 条 1 項 3 号。最一小判平成 4 (1992)
年 9 月 10 日・民集 46 巻 6 号 553 頁）。

Ⅲ　口頭弁論

1　意義

口頭弁論は、公開法廷で当事者双方が対席して、裁判所に対して口頭でそれ
ぞれの主張や事実を提出するという審理方式で、訴訟審理の中心となる手続で
ある。裁判所が、当事者による訴えまたは上訴について裁判をするためには、
原則として口頭弁論を開いて審理を行わなければならない。これを**必要的口頭
弁論の原則**といい、これは、当事者双方に裁判をするための資料を提出する機
会を平等に与えるという手続保障のための原則である。ただし、例外的に口頭
弁論を開かなくても判決をすることができる場合もある（87 条 3 項・78 条・
140 条・256 条 2 項・290 条・319 条・355 条 1 項・378 条 2 項・359 条等）。

　民事訴訟では、口頭弁論が複数回実施されるのが一般的であるが、このような場合でも全体を1つの口頭弁論として扱い、そこでの主張や証拠は等しく判決の基礎とされる。これを「**口頭弁論の一体性**」または「**口頭弁論の等価値性**」という。

2　審理方式についての原則

　(1)　**双方審尋主義**　**双方審尋主義**とは、当事者双方にその主張を述べる機会を平等に与える原則である（憲31条・32条）。**当事者対等の原則**、または**武器対等の原則**ともいう。これは、公平な裁判を実現するための原則であり、当事者権の保障の一環となる憲法上の要請である。判決のための必要的口頭弁論の手続は、つねに同一期日に当事者双方を呼び出して、両者の主張を述べ合うかたちで進行する。

　(2)　**口頭主義**　**口頭主義**とは、審理における当事者や裁判所の訴訟行為を口頭によって行わせる原則である（87条1項本文）。口頭主義に対する概念として、**書面主義**がある。

　口頭主義のメリットは、書面での陳述からよりも鮮明な印象を受けることができ、あいまいな陳述があった場合でもその場で当事者に確認することができるので無駄を省くことができるなど、臨機応変に対応することができる点がある。逆にデメリットは、複雑な事実関係については、口頭では正確に陳述することが難しく、相手方や裁判所も即座に把握できないなど、その場での対応が難しい点にある。また、重要な事実の脱落が起こる可能性や、正確な記録を残すことが難しい場合もある。そこで、これらのデメリットを補うために、特に重要な訴訟行為については書面が活用されている。

　(3)　**直接主義**　**直接主義**（直接審理主義）とは、事実認定のための弁論の聴取や証拠調べを、事件について判決をする受訴裁判所の裁判官が行う原則である（249条）。直接主義違反は、絶対的上告理由（312条2項1号）と再審事由（338条1項1号）になる。直接主義に対する概念は、他の者の審理の結果に基づいて裁判する**間接主義**（間接審理主義）である。直接主義では、口頭主義と相まって、裁判官自身が受けた鮮明な情報に基づいて自ら事実認定を行うことができる。直接主義の例外としては、①弁論の更新（249条2項・3項〔裁判官の交代〕、

296条2項〔控訴審〕)、②弁論の併合（152条1項）、③受命裁判官または受託裁判官の証拠調べ（185条・195条・268条等）、④受命裁判官による弁論準備手続（171条）がある。

　(4)　**公開主義**　**公開主義**とは、訴訟の審理および判決の言渡しを一般に公開された法廷で行うという原則である（憲82条）。公開主義は、当事者以外の第三者が審理を傍聴できることを保障し、当事者のみの在廷を認める当事者公開主義や審理を非公開とする密行主義と区別される。公開主義は、憲法上の要請であり、審理の適正さを一般国民の監視によって確保しようとする。口頭弁論を公開したかどうかや公開しなかった場合の理由は、口頭弁論調書に必ず記載しなければならない（規66条1項6号）。公開すべき場合であったにもかかわらず公開しなかった審理に基づく判決は、実際に傍聴人がいたか否かや判決に影響があるかを問わずに、常に上告によって取り消される（312条2項5号）。公開主義は、訴訟記録の公開原則（91条。この制限として92条）も含んでいる。

　公開主義にも例外があり、憲法82条2項本文のほか、**プライバシー保護**の観点から、平成15（2003）年の人事訴訟法の制定に際して、人事訴訟の審理において、公開を停止するための要件・手続が定められた（人訴22条）。その後、平成16（2004）年特許法等の改正によって、**営業秘密保護**の観点から、特許権等の侵害訴訟において、当事者尋問等を**公開停止**するための要件・手続が定められ、**秘密保持命令**についても詳しく規定された。

　秘密保持命令を発令できる場合について、次の判例は、特許法105条の4第1項の規定する「特許権または専用実施権の侵害に係る訴訟」に、これらの侵害の差止めを求める仮処分事件も含まれるとしている。

【判例㊶】秘密保持命令
──秘密保持命令は、どのような手続で用いることができるか？
最三小決平成21（2009）年1月27日・民集63巻1号271頁

〈事案〉　A（債権者）は、X（債務者）に対して、Xによる液晶テレビ等の輸入・販売等がAの特許権を侵害するとして、その差止めを求める仮処分申立てをした。この基本事件において、X（申立人・抗告人・許可抗告人）が、Aの代理人 Y_1 ら

5名（相手方・相手方・相手方）に対して、特許法105条の4第1項に基づいて、秘密保持命令の申立て（以下「本件申立て」という）を行った。この

```
A ──────→ X
    特許権仮処分命令申立て
    （基本事件：特許権の侵害差止めを求める仮処分）
X ──────→ Y₁ら5名
    秘密保持命令申立て
                第1審：申立却下
                第2審：抗告棄却
                最高裁：破棄自判
                    （原決定破棄・原々審に差戻し）
```

事案では、特許権の侵害差止め等を求める仮処分事件において、秘密保持命令の申立てが許されるのか、つまり、「仮処分事件」が特許法105条の4第1項の定める「特許権又は専用実施権の侵害に係る訴訟」に含まれるのかが争点となった。

原々審は、保全手続と訴訟手続の違いなどを理由に、本件申立てを却下した。これに対し、Xが抗告したが、原審も抗告を棄却して、原々決定を維持したため、Xが抗告許可の申立てを行い、原審が許可した。

〈決定要旨〉 破棄差戻。本判決は、秘密保持命令の制度趣旨について、以下のように示した。すなわち、「特許権又は専用実施権の侵害に係る訴訟において、提出を予定している準備書面や証拠の内容に営業秘密が含まれる場合には、当該営業秘密を保有する当事者が、相手方当事者によりこれを訴訟の追行の目的以外の目的で使用され、又は第三者に開示されることによって、これに基づく事業活動に支障を生ずるおそれがあることを危ぐして、当該営業秘密を訴訟に顕出することを差し控え、十分な主張立証を尽くすことができないという事態が生じ得る。特許法が、秘密保持命令の制度（同法105条の4ないし105条の6、200条の2、201条）を設け、刑罰による制裁を伴う秘密保持命令により、当該営業秘密を当該訴訟の追行の目的以外の目的で使用すること及び同命令を受けた者以外の者に開示することを禁ずることができるとしている趣旨は、上記のような事態を回避するためであると解される。」そして、最高裁は、特許権又は専用実施権の侵害差止めを求める仮処分事件においても、同様の事態は生じうるが、秘密保持命令の制度がこれを容認しているとは言えないこと、上記仮処分事件において秘密保持命令の申立てをすることができると解しても、迅速な処理が求められるなどの仮処分事件の性質に反するとは言えないこと、さらに、特許法においては、「訴訟」という文言が、本案訴訟のみならず、民事保全事件を含むものとして用いられる場合（同法54条2項・168条2項）も

あることを理由として、「上記のような秘密保持命令の制度の趣旨に照らせば特許
権又は専用実施権の侵害差止めを求める仮処分事件は、特許法105条の4第1項柱
書き本文に規定する「特許権又は専用実施権の侵害に係る訴訟」に該当し、上記仮
処分事件においても、秘密保持命令の申立てをすることが許されると解するのが相
当である。」と判断した。

(5)　**適時提出主義**　適時提出主義とは、当事者が、攻撃防御方法を、訴訟の
進行状況に応じて、適切な時期に提出しなければならないという原則である。
ただし、争点を中心とした集中審理を実現するために、攻撃防御方法の提出が
円滑な訴訟の進行を妨げる場合には、その提出が制限される場合がある。

①**時機に後れた攻撃防御方法の却下**　裁判所は、当事者の故意または重大な
過失によって、時機に後れて提出された攻撃防御方法が、訴訟の完結を遅延さ
せる場合には、これを却下して審理を打ち切ることができる（157条1項）。時
機に後れたかを判断するにあたっては、より早い時期に提出する機会があった
ことを前提とし、控訴審での提出については、第1審からの手続の経過を通じ
て判定されることになる（最三小判昭和30（1955）年4月5日・民集9巻4号439
頁等）。また、当事者の故意または重過失の有無の判断は、時機に後れたこと
について合理的な理由が認められなければ、重過失が推定される。

　訴訟の完結を遅延させるかどうかは、その攻撃防御方法を却下した場合と、
それについて審理を行った場合の予想される訴訟完結の時点とを比べて判断さ
れる。判例には、控訴審における建物買取請求権の行使が、建物の時価を認
定するための証拠調べを必要とするために、訴訟の完結を遅延させるものとし
たものがある。

> 【判例㊷】時機に後れた攻撃防御方法
> ──控訴審における建物買取請求権の行使は、どのように判断されるか？
> 最二小判昭和46（1971）年4月23日・判時631号55頁

〈事案〉　Aは、X（原告・被控訴人・被上告人）から本件土地を賃借し、その土地
の上に本件建物を所有していた。Y₁（被告・控訴人・上告人）は、Aから本件建

物を本件土地の賃借権とと
もに買い受けて、本件建物
をY₂に賃貸した。しかし、
XはAからY₁への本件土地
賃借権譲渡を承諾せず、Y₁
に対しては本件建物収去土

X ⟶ Y₁・Y₂	
建物収去土地明渡請求・損害金支払請求	
第1審：一部認容	
第2審：控訴棄却	
上告審：上告棄却	

地明渡しを、Y₂に対しては不法占有による損害金の支払を、それぞれに求めて訴
えを提起した。

　第1審では、Y₁・Y₂は口頭弁論期日に出頭せず、一部敗訴判決を受けたので、
Y₁・Y₂が控訴した。控訴審では、AからY₁への本件土地賃借権譲渡にXの承諾
があったか否かが争われていたところ、第11回口頭弁論期日において、Y₁が借地
法10条（現、借地借家14条に対応）による建物買取請求権行使の主張をした。し
かし、第12回口頭弁論期日において、この主張は時機に後れた攻撃防御方法とし
て却下され、口頭弁論を終結して、控訴が棄却された。（なお、Xは控訴審係属中
に死亡し、Xの相続人であるX₁ら5名が受継している）

　これに対し、Y₁・Y₂が上告し、上告理由として、建物買取請求権行使の主張を
控えていたのは、和解による解決を望んでいたためであり、故意・重過失による時
機に後れた提出ではないことや、建物買取請求権行使の主張後に、第12回口頭弁
論期日が開かれており、すでに訴訟上顕出されている証拠によって、本件建物買取
価額の判断が可能であったから、訴訟の完結を遅延させるものではないことなどを
主張した。

〈**判旨**〉　上告棄却。「本件記録によれば、原審は、上告人Y₁が原審第11回口頭弁
論期日（昭和44（1969）年9月9日）に提出した所論建物買取請求権に関する主
張を、同第12回口頭弁論期日（同年10月23日）に民訴法139条1項〔現、157
条1項〕により却下して弁論を終結し、原判決を言い渡したことが認められ、右却
下の決定が右民訴法の規定の定める要件の存在を認めたうえでなされたことも明ら
かである。

　そして、上告人Y₁が第1審において口頭弁論期日に出頭せず、本件建物収去、
土地明渡等を含む一部敗訴の判決を受けて控訴し、原審第2回口頭弁論期日（昭和
42（1967）年9月21日）に、抗弁として、同上告人Y₁が前借地人から地上の建物
を買い受けるとともに、賃貸人の承諾を得て本件土地の賃借権の譲渡を受けた旨主
張したが、被上告人Xら先代においてこれを争っていたこと、その後証拠調等の
ため期日を重ねたが、前述のとおり、第11回口頭弁論期日にいたってようやく建

物買取請求権行使の主張がなされるにいたった等本件訴訟の経過によってみれば、右主張は、少なくとも同上告人Y₁の重大な過失により時機に後れて提出されたものというべきである。原審においては2度和解の勧告がなされたが、口頭弁論期日もこれと平行して進められたのみならず、和解の試みが打ち切られたのちも、第8回以降の口頭弁論期日が重ねられ、上告人Y₁において十分抗弁を提出する機会を有していたことから考えると、和解が進められていたから前記主張が提出できなかったという所論は、にわかに首肯することができない。

　つぎに、本件記録によれば、所論建物買取請求権の行使に関する主張は、被上告人Xらが借地法10条所定の時価として裁判所の相当と認める額の代金を支払うまで、上告人らにおいて本件建物の引渡を拒むために、同時履行等の抗弁権を行使する前提としてなされたものであることを窺うことができるが、所論指摘の各証拠によっては到底右時価を認定するに足りるものとは認められず、かくては右時価に関する証拠調になお相当の期間を必要とすることは見やすいところであり、一方、原審は、本件において、前述のように右主張を却下した期日に弁論を終結しており、さらに審理を続行する必要はないとしたのであるから、ひっきよう、上告人Y₁の前記主張は、訴訟の完結を遅延せしめるものであるといわなければならない。

　それゆえ、原審が右主張を民訴法139条1項〔現、157条1項〕により却下したのは相当である。最三小判昭和30（1955）年4月5日・民集9巻4号439頁）は、事案を異にするので、本件に適切ではない。原判決に所論の違法はなく、論旨は、採用することができない。」

　②審理計画による提出期限後の攻撃防御方法の却下（147条の3）　裁判所は、適正で迅速な審理を実現するために、複雑な事件については審理計画を定める（147条の3）。その審理計画の中で、裁判所は、特定の事項についての攻撃防御方法の提出期間を定めることができ、特に審理計画に従った手続の進行のために必要である場合には、裁判長は当事者の意見を聴いて、特定の攻撃防御方法の提出期間を定めることもできる（156条の2・170条5項）。

　③信義則（2条）に反するとして、攻撃防御方法の提出を却下した判例がある。

【判例㊸】攻撃防御方法と信義則
　——信義則によって攻撃防御方法の主張が排斥されるか？
最三小判昭和51（1976）年3月23日・判時816号48頁

114

〈**事案**〉 X（原告・被控訴人・被上告人）は、Y（被告・控訴人・上告人）に対して、本件売買契約の無効の主張と、仮定的に、本件契約を取り消す旨の意思表示をして、本件契約に基づいてすでに交付した手付金等の返還を求める訴訟を提起した

```
X ──────→ Y
本訴：手付金等の返還請求
      ←──────
反訴：代金残額の支払請求
      ──────→
再反訴：目的物引渡請求
              第1審：請求認容
              第2審：控訴棄却
              最高裁：上告棄却
```

（本訴）。さらに、この訴訟の口頭弁論期日において、Xは本件売買契約を解除する旨の意思表示をした。これに対して、Yは、Xの右無効・取消し・解除の主張を争って、本件売買契約に基づく代金残額の支払を求める反訴を提起した。Xは、本件売買契約が有効か否かについての審理が行われている中で、本訴における無効等の自らの主張を撤回して、反訴請求原因事実を認め、Yの請求する代金残額と約定の遅延損害金全額を適法に弁済供託した上で、本件売買契約の履行として、目的物の引渡し及び所有権移転登記手続を求める再反訴を提起し、これと同時に本訴請求を放棄した。ところが、Yは、反訴請求を放棄し、Xの再反訴請求を拒むための抗弁事実として、Xが本訴請求で主張した本件売買契約の無効等を主張した。

　第1審、原審は、Yの主張を退け、Xの再反訴請求を認容したため、Yが上告した。

〈**判旨**〉 上告棄却。「Xが、Yの主張に沿って、本件売買契約の無効、取消、解除の主張を撤回し、右売買契約上の自己の義務を完全に履行したうえ、再反訴請求に及んだところ、その後にYは、一転して、さきに自ら否認し、そのためXが撤回した取消、解除の主張を本件売買契約の効力を争うための防禦方法として提出したものであって、Yの右のような態度は、訴訟上の信義則に著しく反し許されないと解するのが、相当である。」

3　口頭弁論における当事者の訴訟行為

　民事訴訟では、当事者と裁判所が、手続の進行に応じて様々な訴訟行為を行い、その結果として判断が形成されていく。訴訟行為とは、訴訟手続において

当事者と裁判所が行う行為であって、訴訟上の効果を生じさせるものをいう。審理は、当事者と裁判所の訴訟行為の積み重ねによって連鎖的に進められていく。

　訴訟上の効果の発生を目的とする訴訟行為と、当事者間の実体法上の法律効果の発生を目的とする私法行為の関係については議論がある。両者を区別すべきであるとする考え方は、①訴訟行為を行うためには訴訟能力（→ 54 頁）が要求され、②訴訟行為の撤回は原則として自由であり、③原則として訴訟行為には条件や期限をつけられず、④手続安定の観点から、取引行為ではない訴訟行為には、意思表示の瑕疵についての民法の規定の適用はない。

　しかし、実際には、訴訟行為について私法行為としての効果も認められる必要がある場合もあり、この場合の両者の関係が問題となる。特に、実体法上の形成権が訴訟の中ではじめて行使された後、手続が判決によらずに終了した場合に、形成権行使の効果がどのようになるのかが問題となる。

　この点につき、判例には、訴訟手続の中で**建物買取請求権**が行使されたあと、訴訟が和解によって終了した場合において、建物買取請求権の行使の実体法上の効果は初めに遡って消滅すると判断するものがある（→【判例㊹】）。ただし、この事例においては、和解の内容として被告が建物買取請求権行使を撤回し、原告もこれに同意しているため、実体法上の効果の消滅を認めているが、共同被告となった者が訴訟手続中に建物買取請求権行使を援用し、この撤回には同意していないことから、原告と共同被告との間の当該形成権行使の効果は消滅しないとしている。

【判例㊹】和解による訴訟の終了と建物買取請求権の帰趨
　　──訴訟上行使された建物買取請求権は、訴訟上の和解による手続終了によっ
　　　てどうなるか？
　東京地判昭和 45（1970）年 10 月 31 日・判時 622 号 92 頁

〈事案〉　X（原告）は、A が所有する本件建物について期間を定めず月額 10 万円で賃借する契約を結んだ。その後、B が A から本件建物の所有権を譲り受けるとともに、建物賃貸人の地位を承継取得した。また、A は本件建物の敷地（本件土地）

116

をＹ（被告）から賃借してい
たので、本件建物の所有権と
同時に本件土地の賃借権もＢ
に譲渡した。ところが、この
事実を知ったＹは、土地賃
借権の無断譲渡を理由として、
ＢおよびＸに対する本件土
地の明渡請求訴訟を提起した

```
Ｙ ──────→ Ｘ・Ｂ
  土地明渡請求
 ＊建物買取請求権の行使
  （別件：ＢとＹの間で訴訟上の和解が成立）
Ｘₗら６名 ──────→ Ｙ
  本件建物の賃借権の確認請求
         第１審　請求認容（確定）
```

（別件訴訟）。Ｂは、この別件訴訟の口頭弁論期日において、Ｙに対して建物買取請
求権行使の意思表示をしたが、その後の期日において、ＢとＹとの間で、Ｂが本
件建物を収去して土地を明け渡し、Ｙはその代償として750万円をＢに支払うと
いう内容の訴訟上の和解が行われ、ＹとＢの訴訟は終了した。一方、ＹのＸに対
する請求については、Ｙは建物賃貸人の地位を承継したという理由により請求棄却
で終了した。ところが、その後もＹが、訴訟上の和解によってＢは建物買取請求
権行使を撤回したことを理由に、依然として本件建物の賃貸人はＢであり、Ｙと
Ｂの間での建物収去土地明渡の合意によってＢの土地賃借権が消滅した以上、Ｘ
は本件土地を明け渡さなければならないと主張した。そこで、ＸはＹに対して、
本件建物の賃借権の確認を求める訴えを提起した。その後、Ｘが死亡したため、そ
の相続人であるＸₗらが訴訟を承継した。

〈**判旨**〉　請求認容。「借地法10条の買取請求権は形成権であり、その意思表示が相
手方に到達すると同時にその形成的効果を生ずるものである。しかし、かかる形成
権が訴訟上の攻撃または防禦方法として主張された場合の効果については、別途考
慮する必要があり、学説上も争いがある。この点については、当裁判所は、形成権
が訴訟上の攻撃防禦方法として主張された場合には、(1)その意思表示は訴訟上陳述
されることを条件として、相手方に到達したときにその実体的効果を発生する。(2)
しかし、後日右訴訟が取下、和解等の事由のため、右意思表示について裁判所の実
体的な判断を受けることなく訴訟が終了するに至った場合には、一旦発生したその
実体的効果は、初めに遡って消滅する。(3)形成権行使の意思表示はそれが訴訟上陳
述された場合には、原則として撤回の自由はないが、意思表示をうけた相手方の承
諾があれば（訴訟上異議のない場合）、撤回もできる。と解する。」したがって、Ｂ
とＹの間では和解の成立時に右意思表示より生じた建物所有権の移転という効果
が初めに遡って消滅したことになるが、問題は、Ｙと建物賃借人Ｘに対する関係
である。「弁論の全趣旨によれば、別件訴訟においてＸはＢによる買取請求権の行

使を自己の利益に援用していたものと解しうるので、和解成立前においては、土地所有者たるＹと建物賃借人たるＸ間において、賃貸人たる地位移転の効果が発生していたものというべきである。そして、このように相被告の建物買取請求権行使という事実により、土地所有者からの建物退去土地明渡の請求を排斥しうる共同被告のある場合には、たとい、買取請求権の行使者たる相被告が、その買取請求の意思表示の撤回をなし、あるいは、訴提起者たる土地所有者と裁判上の和解をして訴〔うったえ〕を終了させたとしても、建物賃借人たる共同被告（Ｘ）に対する関係においては、この者が、右主張の撤回、裁判上の和解に同意を与えない限りは、買取請求権行使の効果を払拭〔ふっしょく〕しえないものと解するのが相当である。」「したがって、別件訴訟において、ＹとＢが裁判上の和解をしたこと自体は、Ｘに対する関係においては、買取請求権行使の効果を妨げることはできない」。「もし、かような一方的な和解によって土地賃借人のなした買取請求権行使の効果が絶対的に覆滅〔ふくめつ〕させられるものとすれば、判例がかねてより買取請求権行使による建物所有権の移転についても借家法１条の適用がある旨繰り返し判示した解釈上の努力は水泡に帰し、建物賃借人の地位を窮地に追込む結果となるのである。」

第7講
審理Ⅱ：弁論のルール

> 〈本講のポイント〉
>
> 　前講と本講では、民事訴訟の審理について、重要な判例を紹介しつつ説明する。前講で、審理の基本的なメカニズムの説明を行ったが、本講では、その審理過程を支配する「弁論のルール」について述べる。特に、「弁論主義」についての主張原則と自白原則について、重要な判例を参照しながら説明する。

Ⅰ　訴訟審理を規律する基本原則

　訴訟審理とは、裁判所が判決内容を形成するための資料を、当事者が裁判所へ提出する手続である。訴訟審理のあり方を学ぶ際には、当事者や裁判所が、それぞれ何ができて何ができないかという役割分担に着目し、当事者の権能、裁判所の権限の範囲を学ぶことが有用である。先に述べたように（→第6講Ⅰ）、当事者に多くの権能を与える制度設計上の考え方を、**当事者主義**という。当事者主義は、私的自治の発想を民訴法に及ぼすものであり、実質的には、裁判所の権限を制約する点に主眼がある。反対に、裁判所に多くの権限を与える考え方を、**職権主義**という。

　当事者主義と職権主義は、どのように使い分けられるのか。現行法を単純化すると、何を判決するかという申立事項や、その判決内容を決める資料については、当事者主義が多く採用され、裁判所の恣意的な法的判断を制限している（**処分権主義、弁論主義**）。これに対して、訴訟の進行面については、職権主義が採用されている（**職権進行主義**）。

Ⅱ　弁論主義

1　意義

弁論主義とは、訴訟物である権利関係の基礎をなす事実の確定に必要な裁判資料、すなわち事実と証拠の収集および提出を、当事者の権能と責任に委ねる原則である。明文上の根拠はないが、私的自治を基礎とした当然の法理であり、民訴法179条等は弁論主義を前提に定められているとされる。当事者主義的な訴訟原則であり、実質的には、「裁判所が職権で事実や証拠を収集して、恣意的な判決内容を形成してはならない（職権探知主義の否定）」という意義がある。

弁論主義の具体的法理は、次の3つに通常分けられる。

第1命題（テーゼ）：当事者のどちらも主張しない事実を、裁判所が事実として認定してはならない（**主張原則**）

第2命題（テーゼ）：両当事者に争いがない事実について、裁判所は当事者の主張どおりに認定しなければならない（**自白原則**）

第3命題（テーゼ）：当事者のどちらも証拠調べを申し出ない証拠を、裁判所が取り調べてはならない（**証拠申出原則**）

以下では、第1命題（主張原則）、第2命題（自白原則）について、判例を挙げつつ命題（原則）の内容を説明する。

2　第1命題（主張原則）

(1)　主要事実と間接事実　**主張原則**は、事件事実のすべてではなく、**主要事実**にのみ当てはまるとするのが伝統的な通説である。**主要事実**とは、権利関係の変動（発生・消滅）や変動の障害（例外）を定めた法律要件に、直接当てはまる具体的事実を指す。たとえば、売買代金債権の発生は、売買契約の締結、正確には「当事者の一方がある財産権を相手方に移転することを約し、相手方がこれに対してその代金を支払うことを約すること」を法律要件としており（民555条）、「Xは、○年○月○日、Yとの間で、○○を金○○円で売り渡す旨の合意をした」という具体的事実が、その主要事実に当たる。

これに対して、「Yにはその商品が必要だった」「Yには当時、その商品を購

入する資金がなかった」などの周辺事実は、主要事実の存否を推認させる**間接事実**と呼ばれる。そのほか、証拠の信用性等（証拠能力、証拠力）を推認させる事実を、**補助事実**と呼ぶ。なお、主要事実・間接事実・補助事実のいずれにも当たらない周辺事実は、**事情**と呼ばれることがある。

　主要事実は、裁判所の行う**法的三段論法**のうち、小前提の部分に直接該当する。したがって、主要事実の提出・撤回について当事者の権能を保障すれば、裁判所の恣意的な法的三段論法を制限することは可能である。反面、間接事実にまで主張原則を及ぼすと、些末な事実を認定する際にも、いちいち当事者の主張を要して煩瑣に耐えない。

　何が主要事実で、何がそうでないかは、事件に関連する法規ごとに異なり、場合によっては複雑な分析を要する（→【判例㊺】）。

【判例㊺】主張の要否
　——所有権の喪失事実は、主張する必要があるか？
　最一小判昭和 55（1980）年 2 月 7 日・民集 34 巻 2 号 123 頁

〈**事案**〉　A は昭和 34（1959）年に死亡し、X ら 3 名および C、D は A の子、Y は C の妻である。X の主張によれば、本件土地は、昭和 28（1953）年に A が B から買い受けたが、

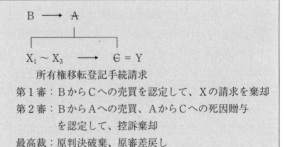

　B ─→ A
　　　│
　┌───┴───┐
X₁〜X₃ ─→ C＝Y
　　所有権移転登記手続請求
第 1 審：B から C への売買を認定して、X の請求を棄却
第 2 審：B から A への売買、A から C への死因贈与を認定して、控訴棄却
最高裁：原判決破棄、原審差戻し

そのとき、C の所有名義に登記移転していた。昭和 39 年に C が死亡し、Y が単独で本件土地につき相続による所有権移転登記を経由した。これに対して X は、本件土地は A の死亡により X ら 3 名、C、D が各 5 分の 1 の割合をもって相続取得したと主張し、Y に対して共有持分権に基づきまたは遺留分減殺請求として、所有権移転登記手続を求める訴えを提起した。これに対して Y は、本土地は登記のとおり、C が B から購入した等と主張した。

　第1審は、Cが本件土地を購入したというYの主張事実を認定して請求を棄却した。原審は、本件土地をAが買い受けたとのXの主張事実を認定したものの、その後、Cが死因贈与によって本件土地をAから取得したという、XもYも主張しなかった事実を認定して、控訴を棄却した。これに対して、Xが弁論主義違反等を理由に上告した。

〈**判旨**〉　原判決破棄・原審差戻し。「相続による特定財産の取得を主張する者は、(1)被相続人の右財産所有が争われているときは同人が生前その財産の所有権を取得した事実及び(2)自己が被相続人の死亡により同人の遺産を相続した事実の2つを主張立証すれば足り、(1)の事実が肯認される以上、その後被相続人の死亡時まで同人につき右財産の所有権喪失の原因となるような事実はなかったこと、及び被相続人の特段の処分行為により右財産が相続財産の範囲から逸出（いっしゅつ）した事実もなかったことまで主張立証する責任はなく、これら後者の事実は、いずれも右相続人による財産の承継取得を争う者において抗弁としてこれを主張立証すべきものである。」

　「これを本件についてみると、Xらにおいて、AがBから本件土地を買い受けてその所有権を取得し、Aの死亡によりXらがAの相続人としてこれを共同相続したと主張したのに対し、Yは、前記のとおり、右Xらの所有権取得を争う理由としては、単に右土地を買い受けたのはAではなくCであると主張するにとどまっているのであるから（このような主張は、Aの所有権取得の主張事実に対する積極否認にすぎない。）、原審が証拠調（しょうこしらべ）の結果Bから本件土地を買い受けてその所有権を取得したのはAであってCではないと認定する以上、XらがAの相続人としてその遺産を共同相続したことに争いのない本件においては、Xらの請求は当然認容されてしかるべき筋合である。しかるに、原審は、前記のとおり、Yが原審の口頭弁論において抗弁として主張しないCがAから本件土地の死因贈与を受けたとの事実を認定し、したがって、Xらは右土地の所有権を相続によって取得することができないとしてその請求を排斥しているのであって、右は明らかに弁論主義に違反するものといわなければならない。」

⋯⋯⋯⋯⋯⋯⋯⋯⋯⋯⋯⋯⋯⋯⋯⋯⋯⋯⋯⋯⋯⋯⋯⋯⋯⋯⋯⋯⋯⋯⋯⋯⋯⋯

　上記事例を分解すると、Xが請求原因として主張すべき**主要事実**は、①Bが本件土地の所有権を有していたこと（厳密には、これは主要事実ではなく、法律効果に関する主張である。→4(4)）、②AとBが、本件土地をBからAへ売り渡す売買契約の意思表示をしたこと、③Aが死亡したこと、④XらがAの相続人であること、⑤Yが本件土地所有権登記を保持していること、である。

　Ｙの主張する「ＣがＢから本件土地を購入した（ＣとＢが、本件土地をＢからＣへ売り渡す意思表示をした）」との事実は、それ自体なにかの法律要件に直接当てはまるのではなく、主要事実である②を否認（→ 129 頁）する理由として持ち出された、②の不存在を推認させる事実であり、これは**間接事実**である。

　これに対して、原審の認定した⑥ＡとＣが本件土地をＡからＣへ死因贈与する意思表示をした、との事実は、主要事実①～⑤の不存在を推認させる事実ではない。「ＡからＣへの所有権移転」という、Ｘの主張する権利変動（売買や相続）とは別の権利変動をもたらす死因贈与の要件に、直接当てはまる具体的事実である。したがって、⑥は**主要事実**である。⑥は、ＸもＹも主張していないから、裁判所が勝手に事実認定をすれば、弁論主義違反となるのである。

　なお、「ＡからＣへの所有権移転」という権利変動は、Ｙにとって有利な権利変動である。Ｘは通常、自分にとって不利な⑥事実を主張しないから、もしもＹが⑥を主張しなければ、裁判所は⑥を判決の基礎にはせず、「ＡからＣへの所有権移転」は判決で認められない。その点でＹに対して不利な判決が出るが、これはＹの自己責任ということになる。この責任を、**主張責任**と呼ぶ。

　では、仮に本件でＸが自分にとって不利な⑥を主張した（**不利益陳述**）場合はどうなるか。両当事者とも主張しない事実を裁判所が認定すれば弁論主義違反となるが、一方当事者が主張する事実であれば、主張責任の所在にかかわらず、裁判所は認定してよい。このことを、**主張共通の原則**という。

【判例㊻】主張共通の原則
――裁判所は、主張した当事者にとっての不利益陳述を判決の基礎にできるか？
最一小判平成 9（1997）年 7 月 17 日・判時 1614 号 72 頁

〈**事案**〉（事案を一部省略する）ＸはＡの子であり、Ｙ$_1$～Ｙ$_4$はＸの異母兄弟である。本件建物は、昭和 33（1958）年にＡの妻（Ｙらの母）Ｂ名義の所有権保存登記がされ、昭和 51（1976）年に、贈与を原因とするＹ$_1$への所有権移転登記が経由されている。Ｘは、本件建物をＸ自身が建築し、Ｘの結婚に際して、Ｂに使用貸借し、平成元（1989）年にＢが死亡したことをもって使用貸借が終了したと主張して、Ｙ$_1$に対して本件建物の所有権移転登記等を、Ｙらに対して本件建物の所有

権確認等を請求する訴訟を提起した。Yらは、本件建物はAが建築し、その後遺産分割によりBが相続したと主張した。第1審はXの請求を認容したが、原審は、Xが本件建物所有権を取得したと認められないとして、第1審を取り消し、Xの請求を全部棄却した。X上告。

```
C ＝ A ━━━ B
    │         │
    X ──→ Y₁ ～ Y₄
建物所有権・土地賃借権確認
建物所有権移転登記手続請求
建物明渡請求等

第1審：Xの建物建築等を認定し請求認容
第2審：Aの建物建築等を認定し請求棄却
最高裁：原判決破棄・原審差戻し
```

〈**判旨**〉 原判決破棄・原審差戻し。

「原審の確定したところによれば、Aは昭和29（1954）年4月5日に死亡し、Aには妻B及びXを含む6人の子があったというのである。したがって、原審の認定するとおり、本件土地を賃借し、本件建物を建築したのがAであるとすれば、本件土地の賃借権及び本件建物の所有権はAの遺産であり、これを右7人が相続したことになる。そして、Xの法定相続分は9分の1であるから、これと異なる遺産分割がされたなどの事実がない限り、Xは、本件建物の所有権及び本件土地の賃借権の各9分の1の持分を取得したことが明らかである。」「Xが、本件建物の所有権及び本件土地の賃借権の各9分の1の持分を取得したことを前提として、予備的に右持分の確認等を請求するのであれば、Aが本件土地を賃借し、本件建物を建築したとの事実がその請求原因の一部となり、この事実についてはXが主張立証責任を負担する。本件においては、Xがこの事実を主張せず、かえってYらがこの事実を主張し、Xはこれを争ったのであるが、原審としては、Yらのこの主張に基づいて右事実を確定した以上は、Xがこれを自己の利益に援用しなかったとしても、適切に釈明権を行使するなどした上でこの事実をしんしゃくし、Xの請求の一部を認容すべきであるかどうかについて審理判断すべきものと解するのが相当である。」

本件で、Xが本件建物の所有権を取得したと主張する際、その根拠は2通りあり得る。①本件建物をX自身が建築した、②本件建物をAが建築しXがその一部（9分の1）を相続した、である。②の場合は、全部勝訴ではなく、相続持分の限度での一部勝訴となる。

本件では、Xは①を主張し、②はYらがその一部を主張した。裁判所から見れば、①のみならず②も、当事者の一方が主張しているので、事実認定をす

ることは弁論主義違反にならない（**主張共通の原則**）。ただし、②はXが争っているので、Xが②を援用するか、あくまで争うかも含めて、釈明権の行使等で明らかにするため、原審へ差し戻したと解釈できる。

　なお、当事者の自己責任を強調すれば、別の立論もできる。たとえば、Xは②についても主張責任を負っていたのだから、それを主張しない以上、全部敗訴するのも自己責任ではないか。また反対に、Yは部分的にせよ、Xの権利主張を裏付ける主張（いわば自爆）をしてしまっており、Xの意図を問うまでもなく、その限度ではXの勝訴になっても、Yの自己責任ではないかと考えられる。

【判例㊼】代理人による契約締結事実の主張の要否
　　──裁判所が判決の基礎にするために、代理人による契約締結事実の主張は必要か？

最三小判昭和 33（1958）年 7 月 8 日・民集 12 巻 11 号 1740 頁

〈事案〉　昭和 24（1969）年、XはYとの間で、黒砂糖買付けの斡旋をすることを約束し、Yに黒砂糖を買い受けさせたとして、

```
        X ──→ Y
         A（代理人）
       斡旋料支払請求
第1審：X・Y 売買契約締結を認定して請求認容
第2審：Y 代理人 A による売買契約締結を認定して控訴棄却
最高裁：上告棄却（原判決の確定）
```

斡旋料の支払を請求する訴訟を提起した。原審は、証拠調べの結果を総合すると、XとY代理人Aとの間に、Yのため、黒砂糖買付の斡旋に関する契約がなされたと認定して、Xの請求を認容する第1審判決を維持した。しかし、Y代理人Aによる契約締結は、XもYも主張していなかった。Y上告。

〈判旨〉　上告棄却。「民訴法 186 条〔現、246 条〕にいう「事項」とは訴訟物の意味に解すべきであるから、本件につき原審が当事者の申立てざる事項に基いて判決をした所論の違法はない。なお、斡旋料支払の特約が当事者本人によってなされたか、代理人によってなされたかは、その法律効果に変りはないのであるから、原判決がXとY代理人Aとの間に本件契約がなされた旨判示したからといって弁論主

義に反するところはなく、原判決には所論のような理由不備の違法もない。」

　現在、代理人による契約締結を主張するためには、①代理人による意思表示、②代理人が本人のためにすることを示したこと（顕名）、および、③代理権の発生原因について主張立証しなければならないと解されている（民99条）。本件では、これらの具体的事実をＸもＹも主張していない。【判例㊼】は、主要事実にも弁論主義が及ばないかのような判断をしているが、「法律効果が同じならば当事者が主張しない主要事実を認定しても、弁論主義に反しない」という本判決の法理には問題がある。なお、原判決のような内容でもＹの防御権の保障に支障がないならば、弁論主義違反とするまでもないという考えもあり得る。しかし、原審としては、まず代理人による契約締結について主張するか、Ｘに対して**釈明権**（→ 131頁）を行使すべきである。

【判例㊽】所有を推認させる事実の主張の要否
　——裁判所が判決の基礎にするために、所有を推認させる事実の主張は必要か？
　大判大正5（1916）年12月23日・民録22輯2480頁

〈事案〉　事案の詳細は必ずしも明らかでないが、本件建物は、登記上Ｙの所有名義となっており、訴外Ａが使用し、家屋税（か おく）（現、固定資産税）相当の金額をＡが支払っていた。Ａの承継人Ｘは本件建物の所有権を主張し、Ｙを被告として、建物所有権登記抹消手続請求訴訟を提起した。原審は、Ａ

```
        A
        |
    X ──→ Y
   所有権登記抹消手続請求
第1審：請求認容
第2審：第1審判決取消し、請求棄却
大審院：原判決破棄、原審差戻し
```

による家屋税相当金の支払を認定しつつ、Ａが家屋税の事実上の負担をする旨の合意がＡ・Ｙ間にあったと認定し、Ｘの請求を棄却した。これに対してＸは、右合意の存在は当事者が主張した事実に反し、また何らの証拠に基づかずに事実認定したものと主張して、上告した。

〈判旨〉　破棄差戻し。「元来、家屋税なるものは、家屋の所有者において負担すべ

きものなるがゆえに、ここに家屋の所有権につき、甲乙両者間に争いありて、甲者が常に家屋税の支払を為し来りたる事実ありとせば、この事実は、その所有権の所在につき甲者の利益において一の有力なる推定を生ずるものとす。もしこの場合において、なお乙者をもって所有者とし、所有者にあらざる甲者において、現実その租税を負担したるものとせば、甲乙両者間に契約その他特別なる法律関係の存在せる事実あることを要し、しかもこの事実は、裁判所において当事者の申立に基きこれを確定せざるべからず。

　本件において原院は、Ｘの前者たるＡとＹとの間に、Ａにおいて家屋税を負担すべき旨の契約ありと推認し、該契約によりＸこれが支払を為し来りたる事実を認定したるも、家屋税の負担に関し、かかる契約の存せし事実は、かつてＹの原院において主張せざりし所にして、原院もまたこの点に関し、Ｙに対し何等釈明権を行使したる事跡なきこと、原審訴訟記録に徴し明かなる所なり。しからば、如上　原院（原審）の認定は、当事者の主張に基かざる架空の推断にして、不当に事実を推定したる違法ありというべく、原判決はこの点において破毀を免れざるをもって、他の上告論旨に対する説明を省略し、民訴法447条1項・448条1項前段〔現、325条1項対応〕を適用し、主文のごとく判決したり。」（漢字仮名を修正し、句読点等を付加）

....

　先に「弁論主義は主要事実にしか及ばない」との考えが有力と説明したが、事件によっては間接事実こそが重要な争点となる場合もある。その際、裁判所は当事者の主張を無視して、勝手な間接事実を認定しても、弁論主義違反にならないのだろうか。

　【判例㊽】で、当事者が所有権の取得を主張する際には、原始取得か承継取得を基礎づける具体的事実が、主要事実となる。その後の、家屋税（固定資産税）の支払人やその理由等は、本来、その当事者の所有権を推認させる間接事実でしかない。したがって、「弁論主義は主要事実にしか及ばない」との考えに従うと、この事実に弁論主義は及ばないことになる。

　ただし、【判例㊽】は、そのような一般的な弁論主義の妥当範囲とは別の次元で、「①家屋税の支払事実が認定されることで、所有権の所在について推定が働く。②その推定を覆すためには、特別な法律関係が存在することを要し、かつこの事実は、当事者の主張に基いて確定しなければならない（裁判所が職権で認定できない）」という証明ルールを、判例法理として定めたとも読める。

(2) **事実と法律要件** 主要事実の取扱いや、間接事実との区別については以上である。次に、法律要件と具体的事実との区別を学ぶには、【判例㊾】が参考になる。

【判例㊾】公序良俗の主張の要否
── 裁判所が公序良俗違反を認定する際に、当事者からの主張は必要か？
最一小判昭和36（1961）年4月27日・民集15巻4号901頁

〈**事案**〉 Xは以下のように主張して、Y₁及びY₂を被告として、本件不動産の所有権移転登記手続等を請求する訴訟を提起した。すなわち、XはAから本件不動産を買い受けたが、所有権登記の経由が行われなかった。

```
X ─────────→ Y₁、Y₂
    所有権移転登記抹消登記手続請求等
第1審：請求認容
第2審：公序良俗違反を認定して控訴棄却
最高裁：上告棄却
```

その後Aは死亡し、Y₁が相続した。XがY₁に対して本件不動産の処分禁止仮処分決定を得たところ、Y₁とY₂は共謀の上、本件不動産がX所有であることを知りながら、上記仮処分の取消決定を得て、Y₁からY₂に対し売買を原因とする本件不動産の所有権移転登記を経由し、Yらは刑事訴追された。Xは、Yらの前記仮処分取消決定の取消を求める（準）再審を申し立て、X勝訴の判決を得て、処分禁止の仮処分が回復された。したがって、本件不動産は実質においてXの所有である。

第1審は請求を認容し、原審は、Y₁とY₂間の売買契約が時価に比し極めて低廉な価格で締結され、通謀の上本件不動産の横領を企てたものであって、公序良俗違反により無効と判断して、Yらの控訴を棄却した。Yらは、公序良俗違反はXもYらも主張していないとして上告。

〈**判旨**〉 上告棄却。「裁判所は当事者が特に民法90条による無効の主張をしなくとも同条違反に該当する事実の陳述さえあれば、その有効無効の判断をなしうるものと解するを相当とする。そして、Xは、1審以来Y₁とY₂は共謀の上本件不動産を横領して刑事訴追をうけその他原判示のごとき仮処分に関する不法行為をした旨の主張をしていることが明らかであるから、原審が判示事実認定の下にこれを公の秩序、善良の風俗に反し無効であると判断したからといって、所論の違法あるということはできない。」

　ここでいう「公序良俗に違反している」とは、「時価の10分の1以下の価格
での売買が行われた」「Yらは通謀の上、本件不動産の横領を企てた」などの
具体的事実に対する法的評価である。このような、要件が特定の具体的行為を
想定するわけでなく、様々な事実に対する法的評価を行う側面が強い要件を評
価的要件といい、その主要事実を評価根拠事実という。当事者が評価根拠事実
を主張している限り、「公序良俗違反である」などの法的評価に関する主張を
しなくても、弁論主義の問題は存在しない。本件でも、Xが評価根拠事実を主
張していたので、弁論主義の問題は生じなかった。これに対して、公序良俗の
ような公的利益につき、仮に当事者が評価根拠事実を主張しなかったにもかか
わらず、証拠調べの結果等から評価根拠事実を認定した場合、弁論主義の問題
が生じる。

　なお、公序良俗や信義則などの**一般条項**は、様々な事実を評価根拠事実にで
きる。そのため、当事者が他の法律要件との関係を念頭に置いて主張した事実
を、一般条項の評価根拠事実と捉えて、当事者が意図していなかった一般条項
を裁判所が適用することも不可能ではない。しかし、そのような法適用は当事
者にとって不意打ちとなり、弁論主義違反とは別に、釈明義務違反（149条）
となるおそれがある（最一小判平成22（2010）年10月14日・判時2098号55頁）。

　(3)　権利行使と弁論主義　原告の権利主張に対して被告が行う防御は、原告
の主張する法律効果の発生を争う**否認**と、原告の権利主張を打ち消すような、
別の法律効果を主張する**抗弁**に分けられる。たとえば、原告の金銭支払請求権
の主張に対して、「金銭支払請求権の発生原因事実は存在しない」というのは
否認であり、たとえば、「原告の主張する金銭支払請求権は、すでに弁済によ
って消滅した」というのは抗弁である（民法上の弁済という別制度を持ち出して、
いったん発生した金銭支払請求権の消滅、という法律効果を主張している）。

　このうち抗弁はさらに、事実抗弁と権利抗弁に分けられる。**事実抗弁**とは、
一定の具体的事実が認定されれば、所期の法律効果が認められる場合である。
上記の弁済をはじめ、多くの抗弁がこれに当たる。これに対して、**権利抗弁**と
は、一定の具体的事実の認定のみならず、それによって生じる権利を行使する
権利者自身の意思表示があって、はじめて所期の法律効果が認められる場合で
ある。留置権の抗弁や、同時履行の抗弁等がこれに当たる。

【判例⑤】権利抗弁：留置権の抗弁
——裁判所が判決の基礎にするために、当事者からの留置権の抗弁の主張は必
　要か？
最一小判昭和 27（1952）年 11 月 27 日・民集 6 巻 10 号 1062 頁

〈事案〉　本件土地を所有する
Ｘは、本件土地をＡに建物
所有目的で賃貸したところ、
建物がＡからＢ、Ｙへ順次
譲渡されたが、Ａが建物を第
三者に譲渡するときは、賃貸
借契約は何らの通知を要せず
解除するとの特約があったと
して、Ｙを被告に建物収去土
地明渡を求める訴えを提起し

```
                    A（土地賃借、建物建築）
                    |
                    B（建物譲受）
                    |
        X ───────→ Y（建物譲受）
第 1 審：請求認容
第 2 審：建物買取請求権を行使し、建物退去の
        限度で請求認容
最高裁：上告棄却（原判決の確定）
```

た。第 1 審は、Ｘの請求を全部認容し、原審でＹが予備的に建物買取請求権を行
使した。原審は、建物買取請求権の行使を認め、Ｘが原審で予備的に追加した建物
退去土地明渡請求を、建物退去の限度で認容した。これに対してＹが上告し、建
物買取請求権の行使によって、Ｘは建物時価相当の金員を支払う義務を負い、代金
支払債務は建物引渡債務と同時履行の関係に立つから、Ｙは留置権を有し、しかも
留置権は法律上当然に発生する権利であるから、建物買取請求権の意思表示は建物
を留置する申立てを包含する、また原審裁判所は同時履行の抗弁権または留置権の
存否および行使につき釈明を求めなければならない等の上告理由を主張した。

〈判旨〉　上告棄却。「記録によると、原審でＹはＸに対し所論のように借地法 10
条〔借地借家 13 条〕による建物買取請求の意思表示をしたことは認め得るけれど、
その代金の支払あるまで当該建物を留置する旨の抗弁を主張したことを認むべき証
跡は存在しない。さればたとい右建物の買収請求によりＹとＸとの間に当該建物
につき売買契約をしたのと同様の法律上の効果を生じ、建物の所有権はＸに移転し、
ＹはＸに対しこれが引渡義務を、またＸはＹに対しこれが代金支払義務をそれぞ
れ負担することとなり、従って当然にＹにおいてＸがその代金の支払をなすまで
右建物の上に留置権を取得するに至ったとしても、前説示のようにＹにおいて該
権利を行使した形跡のない以上、原審がこれを斟酌しなかったのはむしろ当然で

あり原判決には所論……のような違法があるとはいえない、けだし、権利は権利者の意思によって行使されその権利行使によって権利者はその権利の内容たる利益を享受するのである。それ故留置権のような権利抗弁にあっては、弁済免除等の事実抗弁が苟くもその抗弁を構成する事実関係の主張せられた以上、それが抗弁により利益を受ける者により主張せられたると、その相手方により主張せられたるとを問わず、常に裁判所においてこれを斟酌しなければならないのと異なり、たとい抗弁権取得の事実関係が訴訟上主張せられたとしても権利者において権利を行使する意思を表明しない限り裁判所においてこれを斟酌することはできないのである（民訴186 条〔現、246 条〕参照）。そしてまた当事者の一方が或る権利を取得したことを窺わしめるような事実が訴訟上あらわれたに拘わらず、その当事者がこれを行使しない場合にあっても、裁判所はその者に対しその権利行使の意思の有無をたしかめ、或はその権利行使を促すべき責務あるものではない。」

3　裁判所の釈明権

(1)　意義　裁判長および陪席裁判官（以下、便宜的に「裁判所」という）は、当事者に対して問いを発し、証拠の提出を促す権限をもつ。これを**釈明権**という（149 条 1 項、2 項）。語感からは「当事者が自己の正しさを弁明する権利」のような印象も受けるが、本来は、裁判所の「事案解明権限」のようなものである。当事者も、相手方の主張が不明瞭な場合等は、裁判所に相手方への発問（釈明権の行使）を求めることもできる。これを「**求 釈 明 権**」（「**求 問権**」）と呼ぶ（149 条 3 項）。

　裁判所の釈明権は、事案解明が本来の趣旨である。そのほか、裁判所と当事者の間に、事件の認識について齟齬（食い違い）がある場合は、裁判所が適切な釈明権の行使を行うことで、当事者の攻撃防御が的外れにならず、適切・効率的な弁論を行うことができる。その意味で、釈明権は当事者の**法的審尋請求権**を実質化する機能をもつ。また、釈明権は当事者の失念や思い違いを指摘し、自己責任原則を緩和するという意味で、弁論主義を補完すると言われることもある。149 条 1 項は「…できる」と規定し、裁判所の権限のみを定めたようにも読めるが、裁判所は釈明権のみでなく、適切に釈明権を行使すべき義務（釈明義務）も負うと考えるのが判例・通説である。

(2) 釈明権の行使態様　釈明権行使は、当事者の訴訟活動中、事実主張に対する釈明（発問）、証拠提出に対する釈明（証拠の提出の促し）のほか、訴え等の申立てについての釈明もあり得る（→【判例(51)】）。事件に適用すべき法規について、裁判所と当事者との理解に齟齬がある場合も、法的観点についての釈明を行うことが考えられる。

また、釈明は、裁判所による事案解明を趣旨とするものであるが、その行使態様にはいくつかの段階が考えられる。以下、大まかな段階分けを説明する。

①消極的釈明　当事者の申立てや主張立証が、裁判所から見て不明瞭・矛盾・欠落の状態にある場合には、裁判所はひとまず当事者に対して適切に発問や指摘を行わなければ、審理は裁判に熟した状態（243条1項）に至らない。この場合の釈明権行使は、必要的といえる（ただし、不明瞭等が改まらなければならないわけではない）。このような釈明を、**消極的釈明**と呼ぶ。訴訟行為が明らかに形式不備の場合なども、これに含まれよう（同趣旨の規定として、137条1項参照）。

②積極的釈明　これに対して、当事者の申立てや主張立証は一応意味が通っているが、裁判所から見て不適当であり、より適切な訴訟追行が考えられる場合（たとえば、被告が気づいていないが、ある抗弁を提出すれば勝訴の見込みが高まるなど）に、裁判所が適切な訴訟追行のための釈明を行うことがある。このような釈明を、**積極的釈明**と呼ぶ。

積極的釈明には種々の問題がある。たしかに、裁判所から見て、実体的に勝つべきものを勝たせる要請は大きい。しかし、最終的な判定者たる裁判所が、一方当事者に「こうすれば勝てる」とアドバイスすると、当事者主義を後退させ（最終的な勝敗を決める裁判所のアドバイスに、当事者が従わないことは極めて困難である）、裁判所の中立・公平を損なうおそれがある。この場合の釈明権行使は、より慎重な考慮が必要である。

【判例(51)】釈明義務1：消極的釈明

——**裁判所は当事者に対する不意打ちを避けるために、どのような措置をとるべきか？**

最二小判昭和39（1964）年6月26日・民集18巻5号954頁

〈**事案**〉　Ｘは自
己所有の本件土
地（甲乙丙丁の
４地域）につき、
Ｙが土地所有権
を主張してＸ
が植え付けた杉

> Ｘ —→ Ｙ
> 損害賠償請求
> 第１審：甲乙丙丁地の全部につき、請求認容
> 第２審：乙地をＹの所有と認定、乙地に隣接する丙地のみにつ
> 　　　　いて損害額が証明不十分として、当該部分を請求棄却
> 最高裁：原判決破棄、原審差戻し

立木数十本を伐採搬出したため、本件土地の所有権確認および伐採についての損
害賠償請求訴訟を提起した。第１審はＸの請求を認容した。原審は、４地域中乙地
域はＹの所有であり、立木伐採の損害について、鑑定結果からは、乙丙地域を合
計した伐採本数とその価格しか知り得ないため、「丙地域の伐採による損害額は証
明不十分に帰する」として、丙地域での伐採による損害賠償については請求を棄却
した。これに対してＸが上告。

〈**判旨**〉　原判決中、損害賠償請求棄却部分を破棄、原審差戻し。「ある地域を所有
することを前提とし、同地域上に生立する立木の不法伐採を理由とする損害賠償の
請求の当否を判断するに当り、当該地域の一部のみが請求者の所有に属するとの心
証を得た以上、さらにその一部に生立する立木で伐採されたものの数量、価格等に
ついて審理すべきことは当然であり、この際右の点について、従来の証拠のほかに、
さらに新たな証拠を必要とする場合には、これについて全く証拠方法のないことが
明らかであるときを除き、裁判所は当該当事者にこれについての証拠方法の提出を
促すことを要するものと解するのが相当である。けだし、当事者は裁判所の心証い
かんを予期することをえず、右の点について立証する必要があるかどうかを知りえ
ないからである。したがって、本件の場合、乙丙地域のうち後者のみが被控訴人の
所有に属するとの判断に到達した以上、原審は、すべからく、同地域上の立木の伐
採数量等について被控訴人に立証を促すべきであったといわれなければならない。とすれ
ば、原審がこのような措置に出ることなく、漫然証拠がないとして被控訴人の前記
請求を排斥したのは、釈明権の行使を怠り、審理不尽の違法を犯したものというの
ほかなく、原判決中上告人の損害賠償の請求を棄却した部分は破棄を免れない。」

原審裁判所から見れば、丙地域で伐採された立木についての主張立証に欠落
があったが、Ｘから見れば、第１審判決は請求全部認容であり、控訴審で乙と
丙とを分けて損害を主張立証すべきとは、審理段階で分からなかったはずであ

134

る。このような場合、裁判所は上記主張立証の欠落について、当事者に適切な発問や指摘をしなければ、当事者の弁論を十全に理解したとはいえないし、当事者に十分な主張立証の機会を与えたともいえない。

　以上に対して、積極的釈明の場合は、行き過ぎた釈明権の行使（「釈明のしすぎ」）が問題となり得る。釈明権の範囲に限界はないという見解もあるが、多くの学説は、釈明権に何らかの上限があると考える。

【判例㊾】釈明権２：積極的釈明
　　――訴えの変更を促す釈明は許されるか？
　最一小判昭和 45（1970）年 6 月 11 日・民集 24 巻 6 号 516 頁

```
      X ────────→ A
      売買代金支払請求
           ────────→ Y₁、Y₂
      連帯保証債務支払請求
```
第 1 審：A に対する請求棄却（確定）、Y らに対する請求は、「X が Y₁ の名で A から代金の支払を受けられることの保証」と解して認容。
第 2 審：控訴棄却
最高裁：上告棄却（判決確定）

〈事案〉　X は Y₁ およびその代表取締役 Y₂ の紹介により、A へ木箱を販売したが、代金が支払われないとして、Y₁、Y₂、A を被告として、代金支払請求訴訟を提起した。この際、X は A と取引するに当たり、A の取引機構上、ある時期まで X との取引は表面的には Y₁ との取引とするよう要請され、Y らは X に対し、X が A に対して Y₁ 名義で商品を納める限りその販売代金の支払については連帯保証すると約した、と主張した。

　第 1 審は、X と A との間に直接の契約関係が成立したことを否定し、X による木箱類の納入は A の Y₁ に対する注文に基づいて、Y₁ の下請的立場でなされたものにすぎないものと認定し、A に対する請求を棄却した（第 1 審判決確定）。Y らに対する請求については、Y らは、X に対し、X が Y₁ の名において A から代金の支払を受けられることを保証したもので、X の請求をそのような趣旨に解すれば正当であるとして認容した。Y らが控訴。

　原審では、X が第 2 回口頭弁論期日において、「本件取引において、木箱の納入は、Y₁ 名義でなし、X に対する代金の支払義務は、Y₁ において負担する約定であり、Y₂ は右債務について連帯保証をした。よって、右約定に基づいて代金の支払を請求する。」と陳述し、原判決は、右陳述どおりの契約が締結されたと認定し、Y らの控訴を棄却した。Y らは、原審における X の陳述は、原裁判所が X に対し釈明のかたちで具体的示唆を与えた結果、X 訴訟代理人が「そのとおりである」旨を陳述したにとどまるものであり、このような釈明権の行使は著しく公正を欠き、釈明権限の範囲を逸脱したもので、右釈明の結果に基づいてされた原判決は違法であるとして上告した。

〈**判旨**〉　上告棄却。「釈明の制度は、弁論主義の形式的な適用による不合理を修正し、訴訟関係を明らかにし、できるだけ事案の真相をきわめることによって、当事者間における紛争の真の解決をはかることを目的として設けられたものであるから、原告の申立に対応する請求原因として主張された事実関係とこれに基づく法律構成が、それ自体正当ではあるが、証拠資料によって認定される事実関係との間に喰い違いがあって、その請求を認容することができないと判断される場合においても、その訴訟の経過やすでに明らかになった訴訟資料、証拠資料からみて、別個の法律構成に基づく事実関係が主張されるならば、原告の請求を認容することができ、当事者間における紛争の根本的な解決が期待できるにかかわらず、原告においてそのような主張をせず、かつ、そのような主張をしないことが明らかに原告の誤解または不注意と認められるようなときは、その釈明の内容が別個の請求原因にわたる結果となる場合でも、事実審裁判所としては、その権能として、原告に対しその主張の趣旨とするところを釈明することが許されるものと解すべきであり、場合によっては、発問の形式によって具体的な法律構成を示唆してその真意を確めることが適当である場合も存するのである。」

　本件では、控訴審裁判所が X の具体的事実主張に対して、裁判所から見て適切な法的観点を示唆した積極的釈明の適法性が問題になった。最高裁は判決理由で、Y らが当該法的観点について、反論・反証の機会があったことなども挙げて、釈明権行使の範囲を逸脱した違法はないと結論づけた。

4　第 2 命題（自白原則）

（1）　**意義**　弁論主義の第 2 命題は、**自白原則**である。民事訴訟では、一方当

事者が相手方の主張を「認める」という意思を表明することを**自白**と呼ぶ。その中でも、訴訟手続の期日において行われる自白を、**裁判上の自白**と呼ぶ。また、一方当事者が相手方の主張を争うことを明らかにしない場合には、原則としてその事実を自白したものとみなす（159条1項）。これを**擬制自白**という。

裁判上の自白には、訴訟法上、特別な効力が発生する。

第1に、弁論主義の直接的な帰結として、裁判上の自白があった事実は裁判所の判断を拘束する。両当事者が「一致して」具体的事実を陳述すれば、裁判所はそれと異なる事実認定ができなくなるのである。この効力を、裁判所の判断作用を排除するところから、**審判排除効**と呼ぶ。

第2に、審判排除効の反射的な帰結として、証拠調べをしなくても当該事実が認定されるため、当事者は証明活動が不要な状態になる（179条）。これを**証明不要効**と呼ぶ。

第3に、本来、裁判所との関係では、当事者は事実主張や証拠申出の撤回が自由であるが、裁判上の自白が成立すると、相手方当事者との関係で撤回が制限される。これを**撤回制限効**と呼ぶ。撤回制限効は、裁判所と当事者の関係を定める弁論主義からは、直接に導かれない。撤回制限効の根拠には様々な見解があるが、争点を不可逆的に絞り込むという、訴訟手続の時間相関的本質から要請される、当事者間の信義則にその根拠を求められようか。

(2) **要件**　裁判上の自白は、口頭弁論期日・弁論準備手続期日においてなされることを要する。また、自白の対象となるのは、原則として事実の陳述、それも自白者にとって不利益な自白（裏を返せば、相手にとって有利な事実）とされる。何が不利益かは問題であるが、多くの場合、相手方が証明責任を負う事実と一致する。弁論主義の趣旨からして、自白が成立するためには、当事者双方の主張の一致が必要である。

(3) **間接事実の自白**　自白の対象は、主張原則と同様、事実の中でも主要事実に限られ、間接事実の自白は裁判所や自白者を拘束しないというのが、判例および多数説の立場である。ただし、間接事実の自白も一般に裁判所を拘束するとの説も有力である。

> ## 【判例㊳】間接事実の自白
> ──間接事実に自白は成立するか？
> 最一小判昭和41（1966）年9月22日・民集20巻7号1392頁

〈**事案**〉　XはY₁、
Y₂を被告に貸
金請求訴訟を提
起し、Xの父A
がYらに金30
万円を貸し付け、
Aの死亡により
Xが単独相続し
たと主張した。

```
A ──────── B
│
X ─────→ Y₁, Y₂
    貸金支払請求
```

第1審：AがBから家屋を買ったことをXが自白し、請求棄却
第2審：Xが家屋売買の自白を撤回したが認められず、控訴棄却
最高裁：原判決破棄、原審差戻し

これに対してYらが、「Y₁の叔父BはAに対して家屋を金70万円で買戻特約付
きで売り渡し、Aは代金のうち20万円を即金で支払い、30万円についてはAがY
らに対して有する本件債権をBに債権譲渡して譲渡代金をもって対当額で相殺し、
残金20万円は後日支払うことを約した。そして、Yらは右債権譲渡を承諾した」
と反論した。これに対してXは、AがBから本件家屋を買戻特約付きで買い受け
たことは認めたが、債権譲渡は否認した。
　第1審が、本件家屋の買戻特約付売買については当事者間に争いがないとした上
で、債権譲渡の事実を認めて請求を棄却したため、Xが控訴の上、控訴審で本件家
屋買受けの事実を認めたのは真実に反しかつ錯誤に基づくものであるから取り消す、
AはBから本件家屋を買い受けたのではなく、Bに金20万円を貸し付けた際に売
渡担保としたものと陳述した。控訴審が「右自白が真実に反し、且つ錯誤に基くも
のであると認めるに足りる証拠はないから、右自白の取消を認めることはできない」
として控訴を棄却したため、Xが上告。

〈**判旨**〉　原判決破棄・原審差戻し。「Yらの前記抗弁における主要事実は『債権の
譲渡』であつて、前記自白にかかる『本件建物の売買』は、右主要事実認定の資料
となりうべき、いわゆる間接事実にすぎない。かかる間接事実についての自白は、
裁判所を拘束しないのはもちろん、自白した当事者を拘束するものでもないと解す
るのが相当である。しかるに、原審は、前記自白の取消は許されないものと判断し、
自白によって、AがBより本件建物を代金70万円で買受けたという事実を確定し、

　右事実を資料として前記主要事実を認定したのであって、原判決には、証拠資料た
りえないものを事実認定の用に供した違法があり、右違法が原判決に影響を及ぼす
ことは明らかであるから、論旨はこの点において理由があり、原判決は破棄を免れ
ない。」

....

　【判例㊿】は、間接事実についての自白は、審判排除効も撤回制限効も生じ
ないという一般的法理を示した。ただし、現在では、債権譲渡を基礎づける要
件事実は、その原因行為であるとする見解が、実務上採用されている（原因行
為説）。そうすると、本件における「本件建物の売買」という事実は原因行為
であり、主要事実となるから、自白の効力は生じることになろう。本判決の示
した一般的法理の適否はともかく、個別事件への当てはめには疑問が残る。
　さらに、本件における具体的事実は金銭の移動や登記経由であり、これを法
的に買戻特約付き売買と評価するか、売渡担保と評価するかは、法的観点の問
題に過ぎないから、法的観点に関する自白は拘束力を生じないとの見解もある。
しかし、次に見る権利自白の成立可能性をおいても、売買契約締結の意思と、
売渡担保設定契約締結の意思は、実体法上異なる効果意思であり、したがって、
具体的事実のレベルでも区別がされるものと思われる。

　(4)　**権利自白**　裁判上の自白は、法的観点の選択や法規の存否・解釈に及ば
ないことについては争いがない。しかし、個別事件において特定の法律効果が
生じていることについての自白（権利自白）は、一定の場合に認める見解が多い。
当事者は請求の認諾・放棄をする権能がある以上（266条）、同じ権利関係の処
分である権利自白を一切認めないことは、均衡（きんこう）を失するからである。判例は、
以下の事例で権利自白の成立を否定したが、その射程には検討を要する（→【判
例㊿】）。

┌───┐
│　【判例㊿】権利自白   │
│　──権利自白は認められるか？   │
│　　最三小判昭和30 (1955) 年7月5日・民集9巻9号985頁   │
└───┘

　〈事案〉　ＸはＹより金13万円を借り受け、公正証書を作成した。その後Ｘは、Ｘ

が右債務を弁済等で消滅させたにもかかわらず、Yが右公正証書に基いて強制執行を開始したとして、請求異議の訴えを提起した。第1審では金13万円を借り受けたこ

```
X ─────────→ Y
        請求異議の訴え
第1審：13万円の消費貸借契約が成立したことを
        Xが自白し、請求一部認容
第2審：Xが自白を撤回したが認められず、控訴棄却
最高裁：原判決破棄、原審差戻し
```

とに争いがなく、弁済額や遅延損害金等の約定の公序良俗違反が争点となり、第1審裁判所は、請求を一部認容した。Xが控訴の上、YはXに対して金1万9500円を謝礼金名義で天引し、残金11万0500円を交付したのみであるから、消費貸借契約は11万500円の限度で成立したと主張した。原審は、右は自白の取消しと解され、右自白が錯誤かつ真実に反することの立証を要するが、Xの自白は錯誤に基づくものでないとして、自白の取消しは許さず、控訴を棄却した。X上告。

〈判旨〉　原判決破棄、原審差戻し。「X主張の事実は、本件消費貸借の額面は金13万円になっているが、Xはその成立に際し金1万9500円を天引され、金11万500円を受け取ったにすぎないというのであって、Xの第1審における金13万円につき消費貸借の成立したことを認める旨の陳述も、第2審における金11万500円につき消費貸借が成立した趣旨の陳述も、ともに本件消費貸借が成立するに至った事実上の経過に基いてXが法律上の意見を陳述したものと認めるのが相当であって、これを直ちに自白と目するのは当らない。けだし消費貸借に際し、利息の天引が行われたような場合に、幾何の額につき消費貸借の成立を認めるかは、具体的な法律要件たる事実に基いてなされる法律効果の判断の問題であるから、天引が主張され、消費貸借の法律要件たる事実が明らかにされている以上、法律上の効果のみが当事者の一致した陳述によって左右されるいわれはないからである。従って法律上の意見の陳述が変更された場合、直ちに自白の取消に関する法理を適用することは許されないといわなければならない。」

　(5)　**効果**　裁判上の自白は、すでに説明したように審判排除効、証明不要効、撤回制限効をもつ。このうち**審判排除効**は、裁判所の事実認定を拘束する効力であり、主張原則と基本的に同一性質である。**証明不要効**は、証拠に基づく裁判の例外であるが、民訴法179条が示すように自白された事実以外に対しても生じることがあり、また間接事実や補助事実に対する自白でも、（審判排除効や

撤回制限効は否定されても）証明不要効は生じるとする見解が有力である。

撤回制限効は、弁論主義からの直接的な帰結ではなく、その内容につき議論がある。特に問題となるのが、自白の撤回を許容するための要件である。①相手方が自白の撤回に同意した場合には、相手方に対する信義則を問う必要はないから、撤回は許される。②相手方又は第三者の刑事上罰すべき行為（詐欺や脅迫等）によって自白した場合も（338条1項5号参照）、自白者を保護すべき利益が相手方の信頼保護にまさるから、撤回が許されることに争いはない。③**自白が錯誤に基づくもの**であり、かつ**真実に反したもの**（反真実）である場合には、自白の撤回が許されるとするのが判例（【判例(55)】）であり、自白した事実が真実に合致しないことの証明がある以上、その自白は錯誤に出たものと認めることができるとする（大判大正9（1920）年4月24日・民録26輯687頁、最三小判昭和25（1950）年7月11日・民集4巻7号316頁）。学説の中には、「錯誤だけが要件である（反真実は、錯誤を推認する間接事実である）」とする見解や、「反真実だけが要件である」とする見解など、様々なものがある。

【判例(55)】自白の撤回の要件
――自白を撤回するには、どのような要件が必要か？
大判大正4（1915）年9月29日・民録21輯1520頁

〈事案〉 XはYを被告に、米穀取引にかかる証拠金返還請求等訴訟を提起した。第1審の口頭弁論調書には、Y代理人がX主張のごとくXとYとの間に取引があった旨を自白したとの記載があるが、その後Yは、Xと取引を行ったのは、Yから仲買営業の権利を賃借したAであると主張を変更した。原審がXの請求を棄却したため、Xが上告。

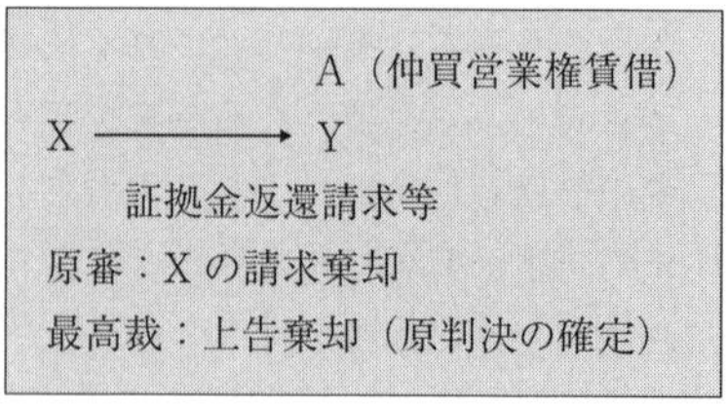
A（仲買営業権賃借）
X
Y
証拠金返還請求等
原審：Xの請求棄却
最高裁：上告棄却（原判決の確定）

〈判旨〉 上告棄却。「たとえ一たび自白をなしたるときといえども、その自白にかかる事実が真実に適せず、かつ自白が錯誤に出でたることを証明するにおいては、自白者にこれが取消をなすを得せしめざるべからざるは事理の当然なるのみならず、

民訴法には自白の取消を許さざるの規定存せざるをもって、これが取消を許すもの
と解するを正当とす。」（漢字仮名を修正し、句読点を付加）

第8講
証拠Ⅰ：証拠法の基礎

〈本講のポイント〉

　本講と次講では、裁判所の事実認定の基礎となる証拠に関する規律について説明する。この領域は、証拠の収集手続および証拠調べの手続を併せて「証拠法」と呼ばれる。

　裁判所は、証拠調べの結果等に基づいて、自由な心証により、事実認定を行う（自由心証主義。247条）。

　日本では、証拠を集める証拠収集の手続と提出された証拠等を調べる証拠調べの手続が必ずしも明確には分離されてはいないが、まず本講では、証拠法の基礎的な考え方や手続について、重要な判例を交えて説明し、次講で、具体的個別的な証拠収集の手続と証拠調べの手続について概説する。

Ⅰ　証拠の意義

1　証拠による事実認定

　民事の裁判において、原告は、一般的に自己の権利を主張して、その存否についての判断を求め、裁判所に訴えを提起する。しかし、権利や義務は目には見えない。そこで、裁判所は、この権利や義務の存否について判断するために、権利や義務の発生・変更・消滅を基礎づける事実を確定する。

　そこで、**事実を認定すること**（**事実認定**）が、まずは重要になる。当事者間に争いのない事実（自白事実）であれば、それをそのまま判決の基礎とすることができるが（→135頁）、当事者間に争いがある事実を認定する際には、**証拠に基づいた事実認定が必要になる。当事者の一方から提出された証拠でも、両当事者にとっての証拠となる（証拠共通の原則）。証拠には、「人証」という

人に関係する証拠（証人、当事者、鑑定人）と「物証」という物に関係する証拠（文書、検証物）があり、これらをまとめて証拠方法という。

　裁判所は、当事者が証拠収集を行い、申し出た証拠方法から、具体的な事実を認定する際の判断の材料を抽出する。これを証拠調べと呼ぶ。このような証拠に基づく事実認定が必要とされるのは、当事者の間で異なる主張がなされている事実について、客観性を担保するためである。

2　証明

(1)　**証明・心証・証明度**　証明という語は、2つの意味で用いられる。第1に、ある事実の存否について当事者間で争いがある場合に、その争いのある事実の存否についての裁判官の心証を、確信を抱くに至るところまでもっていく当事者の行う活動という意味で用いられる。第2に、当事者の立証活動を受けて、争いのある事実の存否について、裁判官が確信を抱いた状態という意味で用いられることもある。

　当事者の間で、判決の基礎とするべき事実（＝主要事実）について争いがある場合、裁判所がその事実を認定するためには、上記の通り、裁判官がその事実の存否について確信した状態に至ることが必要である。裁判官がその事実について自らの内面で判断することを心証という。そして、裁判官がどの程度の心証に至った場合に、その事実が存在すると認定してよいかを証明度という。

(2)　**証明度とルンバール事件**　以下の「ルンバール事件」とよばれる判例は、民事訴訟において、医師による診療行為と患者の死亡という結果との間に因果関係があったことを証明する場合に、裁判官が因果関係の証明があったと判断すべき**心証の程度**についての基準を初めて示した判例である。

【判例⑯】証明の意味
　——民事訴訟で「証明」とは、どのようなことをいうのか？
　最二小判昭和 50（1975）年 10 月 24 日・民集 29 巻 9 号 1417 頁

〈事案〉　当時 3 歳であった X（原告・控訴人・上告人）は、Y（被告・被控訴人・被上告人）の経営する大学病院において、医師 A によるルンバール施術（腰椎穿

刺による髄液採取と
ペニシリンの髄腔内
注入）を受けた結果、
施術後に嘔吐やけい
れんの発作等（以下、
「本件発作」という）

```
X ──────→ Y（国）
  損害賠償請求
    第 1 審：請求棄却
    第 2 審：控訴棄却
    最高裁：破棄差戻し（差戻審：請求認容）
```

を起こし、後遺症として知能障害、運動障害等が生じたとして、Y に対して損害賠
償を求める訴えを提起した。この訴訟において、本件発作後の病変の原因がルンバ
ール施術の実施にあるかどうか（＝ルンバール施術と本件発作とその後の病変の因
果関係）が争われた。第 1 審は、ルンバール施術との因果関係を認めた一方で、医
師 A の過失は否定して、X の請求を棄却した。これに対して、X が控訴した。控
訴審では、本件発作とその後の病変がルンバール施術にあると断定しがたいとして、
X の控訴を棄却した。X が上告。

〈判旨〉　破棄差戻し。「訴訟上の因果関係の立証は、一点の疑義も許されない自然
科学的証明ではなく、経験則に照らして全証拠を総合検討し、特定の事実が特定の
結果発生を招来した関係を是認しうる高度の蓋然性を証明することであり、その判
定は、通常人が疑を差し挟まない程度に真実性の確信を持ちうるものであることを
必要とし、かつ、それで足りるものである。」

　「……以上の事実関係を、因果関係に関する前記一に説示した見地にたって総合
検討すると、他に特段の事情が認められないかぎり、経験則上本件発作とその後の
病変の原因は脳出血であり、これが本件ルンバールに因って発生したものというべ
く、結局、X の本件発作及びその後の病変と本件ルンバールとの間に因果関係を肯
定するのが相当である。」

　この判例は、訴訟上の証明は自然科学における証明ではなく「**高度の蓋然性**」
で足りるとし、その判定は「通常人が疑を差し挟まない程度」に真実性の確信
をもち得るものであることが必要かつ十分であるとした。つまり、民事訴訟に
おいて、裁判官がある事実の認定にあたり確信を抱くには、裁判官の心証が高
度の蓋然性に至ればよいのである。このような基準を**高度の蓋然性説**と呼ぶが、
この事件は、裁判所が因果関係の証明における心証の程度について、高度の蓋
然性説を採用することを初めて示したところに意義がある。
　なお、証明とよく似た用語に**疎明**がある。疎明は、証明ほどの高い証明度が

146

設定されておらず、訴訟の手続を進めるために迅速な判断が求められるような事項については、証明ではなく疎明で足りるとされている。

3　証明の対象

　民事の裁判は、事実に法を適用して判決をすることにより紛争を解決する。したがって、まずは事実を確定することが紛争解決のための第一歩となる。つまり、証明の対象は事実である。ただし、すべての事実が証明の対象となるわけではない。証明の対象となるのは、原則として、権利の発生・変更・消滅といった法律効果を直接基礎づける事実（＝主要事実）であって、かつ、その存否について、当事者間で争いがある事実である。当事者間で事実の存否について争いがある場合に、はじめて証拠によってその事実の存否を確定することが必要となるのである。

　損害賠償請求訴訟を提起する場合には、原告は、損害の発生事実に加えて、損害を金銭的に評価するといくらの金額になるのかという損害の額についても証明することが必要である。そのため、損害額について証明がない場合には、その請求を棄却すべきことになる。しかし、損害の性質によっては、損害の発生は認められるものの、損害額の証明が極めて難しいという場合が生じうる。このような場合に、損害額についての証明を厳格に求めると、損害が発生していることは明らかであるにもかかわらず、損害賠償請求権は認められないため不合理である。そこで、このような場合に対応するために設けられた規定が民訴法248条である。

【判例㊼】損害額の算定
　——損害額の算定は、どのように行われ判断されるか？
　東京高判平成21（2009）年5月28日・判時2060号65頁

〈事案〉　A市の住民であるXらは、A市から委託を受けたB公社により発注された下水道・ポンプ場施工工事について、建設業者であるY₁～Y₃（以下、「Yら」という。）の談合による受注調整の結果、受注予定者とされた業者が公正な競争が確保された場合に形成されたであろう正常な落札価格と比較して不当に高い価格で

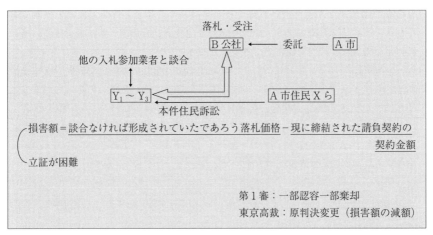

落札したため A 市に損害が生じたと主張して、Y らに対し、平成 14（2002）年改正前の地方自治法 242 条の 2 第 1 項 4 号に基づいて、A 市に代位して、不法行為に基づく損害賠償を求めて住民訴訟を提起した。

　本件では、談合に基づく不法行為の成否とともに、談合の事実があったとして A 市に生じた損害額がいくらかが主な争点となった。原判決は、個別の談合に基づく不法行為の成立を認めた上で、損害額は、民訴法 248 条により相当な損害額を認定すべきであるとした。そして、その額は、存在する資料等からここまでは確実に発生したであろうと考えられる範囲に抑えた額ではなく、むしろ存在する資料等から合理的に考えられる中で、実際に生じた損害額に最も近いと推測できる額をいうものと解すべきと判示した。その上で、談合がなければ、予定価格の 89.85％程度で落札されたであろうと推測することが、存在する資料から見て最も合理的な推測方法であるとし、建設業者 Y らの個別談合に基づく不法行為を一部認定し、Y$_1$ と Y$_2$ に損害賠償を命じた。

　これに対して、本判決は、本件の損害額が、損害の性質上、民訴法 248 条により認定すべきことを認めた上で、原審が実際に生じた損害額に最も近いと推測できる額を認定すべきとした算定方法とは異なる基準を、特にこの点について言及することなく用いて、損害額の認定を行った。

〈**判旨**〉　原判決変更（損害額の減額）。「本件下水道工事についての談合によって A 市に損害が生じたことは明らかである。その損害の額は、抽象的には、『談合されていなければ形成されていたであろう落札価格に基づく契約金額』と『現に締結された請負契約に係る契約金額』との差額であるということができる。しかし、こ

の損害の額をＸらが具体的に立証することは、その損害の性質上極めて困難であるから、民訴法248条により、口頭弁論の全趣旨及び証拠調べの結果に基づいて当裁判所が相当な損害額を認定すべきこととなる。

　……『談合されていなければ形成されたであろう落札価格』は『実際の落札価格よりさらに工事予定価格の4.69%に相当する金額ほど低い金額』であっただろうということができるから、結局、Ａ市に生じた損害の額すなわち……『談合されていなければ形成されていたであろう落札価格に基づく契約金額』と『現に締結された請負契約に係る契約金額』との差額は、次のとおり、『工事予定価格の4.69%に相当する金額に5%の消費税相当額を加えた金額』となる。」

　この判例では、行政が発注した工事について、受注業者の談合に基づく不法行為が一部認定された。このことは、談合がなければ公正な価格競争が行われたはずの額よりも高い価格で落札されたことにより、行政に損害が生じたことは明らかだということになる。ところが、それによって生じた損害の額について、現実には行われなかった価格競争の存在を仮定し、証拠に基づいて認定することは、その性質上極めて困難である。そこで、損害額の算定の仕方にはなお議論があるが、民訴法248条を適用して認定された事案である。

Ⅱ　証明の構造

1　証明責任

（1）**証明責任の意義**　権利や義務は目に見えない。したがって、原告が被告に対してある権利の存在を主張する場合には、この権利の存在を基礎づける具体的な事実の主張もしなければならない。そして、その事実の存否について、当事者間に争いがある場合には、当事者は、その事実の存否について、裁判官に**確信**を抱かせるための証明活動を行う必要がある。

　しかし、当事者がある事実の存否を証明するための立証活動をどれほど懸命に行ったとしても、その事実の存否について、裁判官を確信に至らせることができない事態は起こりうる。このように、ある事実の存否が不明である状況を**真偽不明**（ノン・リケット）という。真偽不明に陥ったとしても、裁判官が判決をしないというわけにはいかない。そこで、裁判の最終段階においても、あ

る事実の存否が真偽不明に陥った場合には、その事実の存否が真偽不明に陥っていることによる不利益（**証明責任**）を、どちらの当事者に負担させればよいのかをあらかじめ定めておくことが必要となる（**証明責任の分配**）。ここでいう証明「責任」とは、証明すべき事実が真偽不明に陥った場合に、その事実を要件とする法律効果が得られないという「**不利益**」を意味しているのである。

(2)　**証明責任の分配**　上記の証明責任は、訴訟において、証明を要する事実ごとに原告あるいは被告のいずれかに分配される。この場合、証明責任とは、証明すべき事実が真偽不明に陥った場合の不利益であるから、1つの事実の存否について証明責任を負うのは、当事者の一方のみである。

証明責任を負う当事者は、当該事実の存在が証明できない場合に、そのことによる不利益を負わされるという意味で「**客観的証明責任を負う当事者**」と呼ばれる。客観的証明責任を負う当事者は、証明責任によって判断される状況に陥らないために、その事実の存否を証明するための証拠を提出する必要が生じる。このように証明のための証拠提出に関する役割分担を負っている当事者を、「**主観的証明責任を負う当事者**」と呼ぶ。

(3)　**証明責任分配の基準**　どのような基準で証明責任を当事者に分配すべきかという基準について、通説や判例は、**法律要件分類説**という考え方を原則としている。この考え方は、まず実体法規をその構造や種類によってあらかじめ3つに分類する。そして、それぞれの法規の種類ごとに、その法規が定める法律効果の発生や変更・消滅に必要な法律要件にあたる事実について、有利な効果を受ける方の当事者が証明責任を負うと解されている。

3分類される実体法の構造とは、①権利の発生を定める法規（**権利根拠規定**）、②権利根拠規定に対して、いったん発生した法律効果を消滅させる法規（**権利消滅規定**）、および、③法律効果の発生そのものを妨害する法規（**権利障害規定**）である。

権利根拠規定は権利の発生を主張する当事者に有利な法律効果が生じるので、規定上法律効果が生じるための要件となる事実は、権利の発生を主張する当事者が証明責任を負うことになる。たとえば、売買代金支払請求訴訟を提起する場合、民法555条は自己の売買代金支払請求権を主張する場合の規定なので権利根拠規定である。このため、この条文で法律効果の発生のための要件として

定められている事実については、原告である売主が証明責任を負う。

　権利消滅規定は、上記の権利の発生という法律効果を争う側の当事者に有利な法律効果が発生するので、法律効果の発生を争う当事者がその要件に該当する事実の証明責任を負うことになる。権利障害規定も、同じく権利の発生を争う側の当事者に有利な法律効果が発生するので、法律効果を争う当事者が、要件に該当する事実の証明責任を負う。たとえば、貸金返還請求訴訟において、原告の貸金返還請求権の存在を争う債務者が、当該債務が時効により消滅したと主張する場合は、民法 166 条 1 項の規定が権利消滅規定に該当するので、本条が要件とする事実については債務者の側が証明責任を負う。また、当該契約が公序良俗に反するものであったので無効であると主張する当事者（この場合は債務者）は、権利の発生が妨げられるという主張であり、これを規定した民法 90 条は**権利障害規定**であるので、権利の発生を争う債務者の側がその要件となっている事実について証明責任を負う。

2　証明責任の所在が問題となる場合

　証明責任を上記のように法律要件分類説に基づいて分配するとしても、証明責任をいずれの当事者が負うことになるのかが、なお議論となる場合がある。

【判例㊽】虚偽表示における第三者の善意
　——虚偽表示における第三者の善意については、誰が証明責任を負うか？
　最三小判昭和 35（1960）年 2 月 2 日・民集 14 巻 1 号 36 頁

〈事案〉　訴外 A 所有名義の不動産は、Y₁（被告・被控訴人・被上告人）に売買を原因とする所有権移転登記がなされ、Y₂（被告・被控訴人・被上告人）の抵当権設定登記がなされた。A の死亡後、A の妻で相続人である X（原告・控訴人・上告人）は、A と Y₁ との間の不動産売買契約は通謀虚偽表示（民法 94 条 2 項）による無効なものであり、また、Y₂ の抵当権設定登記も無効であると主張して、Y₁ に対して所有権移転登記の抹消登記手続、Y₂ に対して抵当権設定登記の抹消登記手続をそれぞれ求める訴えを提起した。

　第 1 審は X の請求を棄却した。原審は、不動産の売買契約の通謀虚偽表示を認め、上記所有権移転登記は無効であると認定した。しかし、その一方で、Y₂ は AY₁ 間

```
A ----------- Y₁
    不動産売買契約の通謀虚偽表示・所有権移転登記
    所有権移転登記の抹消登記手続請求
  X ←──────────────────→ Y₁
 （A の相続人）             抵当権設定登記の抹消登記手続請求
                    Y₂……民 94 条 2 項の善意の第三者？
                      ⇒主張立証責任は X or Y₂ ？
                        第 1 審：請求棄却
                        第 2 審：控訴棄却（請求棄却）
                        最高裁：原判決破棄・差戻し
```

の売買契約の通謀虚偽表示は「知らなかったものであり、これを知っていたと認むべき証拠は存しない」として、当該無効は、これを以て善意の第三者である Y₂ に対抗することはできないものというべきとして、Y₂ の抵当権設定登記は効力を有している。また、A・Y₁ 間の所有権移転登記の抹消は、Y₂ が不動産登記法上の利害関係を有する第三者に該当することから、Y₂ の承諾がない限り許されないと判示した。これに対して、X が、民法 94 条 2 項の虚偽表示につき善意の第三者であることは Y₂ が主張立証すべきであったところ、その主張立証がないにもかかわらず原審がこれを適用したとして上告した。

〈判旨〉　原判決破棄・差戻し。本件の不動産について、「もと訴外 A の所有であったところ、売買を原因として Y₁ に所有権移転登記がなされ、さらに、Y₂ のため抵当権設定登記がなされたこと、A、Y₁ 間の売買は、両名が通謀してした虚偽の意思表示であることは、いずれも原審の確定したところである。したがって、Y₂ が民法 94 条 2 項の保護をうけるためには、同人において、自分が善意であったことを主張、立証しなければならないのである。……しかるに、Y₂ は、原審において、前記売買が虚偽表示によることを否認しているだけで、善意の主張をしていないにもかかわらず、原審は、Y₂ は右所有権移転行為が通謀虚偽表示であることを知らなかったのであり、これを知っていたと認むべき証拠はない旨判示し、X の請求を排斥したものであって、原判決は、主張責任のある当事者によって主張されていない事実につき判断をした違法があるといわなければならない」

【判例(59)】背信行為と認めるに足りない特段の事情
――背信行為と認めるに足りない特段の事情は、誰が証明責任を負うか？
最一小判昭和41（1966）年1月27日・民集20巻1号136頁

X ⟶ Y
建物収去土地明渡請求

第1審：請求認容
第2審：控訴棄却
最高裁：上告棄却

〈**事案**〉 X（原告・被控訴人・被上告人）は、自己が所有する土地をY（被告・控訴人・上告人）に賃貸した。Yは、賃借していた土地の一部をZに無断転貸したため、Xは、Yに対して無断転貸を理由として賃貸借契約を解除する旨の意思表示をし、土地上の建物の収去と土地の明渡しを求めた。Yは、当該土地の転貸についてはXの法定代理人を通じて承諾を得ていたとの抗弁を主張した。第1審、控訴審は、いずれもYの主張を採用することなく、Xの請求を認容した。これに対して、Yは、仮に無断転貸であったとしても、「借地関係は借地人と土地賃貸人の信頼的継続関係であり民法612条の無断転貸による解除権の発生は右信頼関係の信義則違反の一の例示である……然らば右無断転貸が他に何らかの事由により真実の信義則違反となるや否やにつき原審としては当然極めなければならない」ところ、これを怠ったとして、原審の釈明権不行使による審理不尽の違法があるとして上告した。

〈**判旨**〉 上告棄却。「土地の賃借人が賃貸人の承諾を得ることなくその賃借地を他に転貸した場合においても、賃借人の右行為を賃貸人に対する背信行為と認めるに足りない特段の事情があるときは、賃貸人は民法612条2項による解除権を行使し得ないのであって、そのことは、所論のとおりである。しかしながら、かかる特段の事情の存在は土地の賃借人において主張、立証すべきものと解するを相当とするから、本件において土地の賃借人たるYが右事情について何等（なんら）の主張、立証をなしたことが認められない以上、原審がこの点について釈明権を行使しなかったとしても、原判決に所論の違法は認められない。」

………………………………………………………………………………

第1の**虚偽表示における第三者の善意**（【判例(58)】）は、第三者が自分の善意についての証明責任を負うとする立場に立つことを判示したものである。これに対して、学説上は、無効を主張する虚偽表示の当事者の側が主張・証明責任を負うべきとする立場が多数であり、第三者に証明責任の負担を課すことに対

する批判もなされている。

第２の**背信行為と認めるに足りない特段の事情**の証明責任の分配の問題（【判例(59)】）について、背信行為という特段の事情を解除権が発生するための要件とする見解と、賃貸人に承諾を得ずに転貸をしたことが解除権の発生事由となると解し、「背信行為と認めるに足りない特段の事情」は、解除権との関係では権利障害事由となるとする見解が存在する。本判決は後者の立場を採用することを明らかにしたものである。

Ⅲ　証明責任判決を回避するための諸方策

証明責任の分配によれば、たとえ当事者が懸命に立証活動を行ったとしても、その事実の存否について裁判官が確信を抱くに至らず、真偽不明となった場合には、その事実について証明責任を負っている当事者に不利益が負わされることになる。しかし、証明責任を負っている当事者が常に証明が容易にできるとは限らない。そのため、証明が困難な事情がある当事者が、ある事実の存否の証明において、定型的に真偽不明に陥る可能性が高い事案では、証明責任に基づいて判決をすることが妥当ではない場合が生じる。このような場合が生じることを避けるための方策がいくつか存在する。

1　過失の一応の推定：規範的要件についての証明困難に対する方策

まず一般的に、過失とは法的評価であり、不特定概念とか規範的要件ともいわれる。そして、これを基礎づける具体的事実が主要事実であると解されている。

過失をめぐっては、たとえば損害賠償請求訴訟における相手方の過失を証明する場合の第１の問題として、証明責任を負っている当事者には、相手方にどのような過失を基礎づける具体的事実があったのかを証明することが困難な事情が生じうる。たとえば、手術を受けた後の経過が悪く、診察を受けたところ、腹腔（ふっこう）内にガーゼが残っていたとする。この場合、損害賠償を請求する被害者は、経過を詳しく知ることができない病院の手術室の中で行われた過失を基礎づける具体的事実について証明することは困難である。しかし、一般的な生活経験

上、ガーゼが腹腔内に残されていることはないという経験に基づく原則（これを、**経験則**という）を重視して、どのような経緯でガーゼが腹腔内に残されたのかといった個別の事実について、当事者の主張・立証がなくても、病院の過失を認定することができるとされている。これを**過失の一応の推定**という。

【判例⑥】過失の一応の推定
——過失の認定は、どのようにおこなわれるか？
最三小判昭和 43（1968）年 12 月 24 日・民集 22 巻 13 号 3428 頁

《保全手続》A らが行っていた土地の造成を X 社によるものと誤認して甲土地を含む土地の工事を禁止する仮処分命令を申立て・執行 …… この仮処分命令が異議手続において取消し

甲土地の隣地所有者 ――――――――――――――――→ X 社
　　Y　　　　　　　　　　　　　　　　　　　　代表取締役 A
《本件訴訟》
　　X 社 ―――――――――――――――――――――→ Y
　　　　　　　不当な仮処分による損害賠償請求訴訟（本件訴訟）

仮処分の取消しという事実を証明
　↓　推認
過失の存在　　推認を妨げる特段の事情

第 1 審：請求棄却
第 2 審：請求の一部認容
最高裁：破棄差戻し

〈事案〉　A らを代表取締役とする X 社（原告・控訴人・被上告人）は、甲土地ほかを含む約 2500 坪の土地の整地工事を訴外 B 社に依頼した。甲土地に隣接する土地の所有者 Y（被告・被控訴人・上告人）との間で、甲土地の帰属をめぐって紛争が生じた。そこで、Y は、工事の施工者は X であり、B 社はその下請人との認識のもと、仮処分の申し立てをした。しかし、仮処分手続の異議手続において、工事施工者が X であるとの疎明がないとして仮処分命令が取り消された。その本案訴訟においても、甲土地ほかの所有者および施工者が X であるとは認定できないとして、Y の敗訴が確定した。原審は、Y が X 社を債務者として本件仮処分申請お

よびその執行に及んだことについて、Ｙの過失を認め、Ｘの請求を一部認容したのに対して、最高裁は、以下の通りに判示して、原判決を破棄し、改めて過失についての判断をさせるため、事件を原審に差し戻した。

〈**判旨**〉　破棄差戻し。「仮処分命令が、その被保全権利が存在しないために当初から不当であるとして取り消された場合において、右命令を得てこれを執行した仮処分申請人Ｙが右の点について故意または過失のあったときは、右申請人Ｙは民法709条により、被申請人Ｘがその執行によって受けた損害を賠償すべき義務があるものというべく、一般に、仮処分命令が異議もしくは上訴手続において取り消され、あるいは本案訴訟において原告Ｙ敗訴の判決が言い渡され、その判決が確定した場合には、他に特段の事情のないかぎり、右申請人Ｙにおいて過失があったものと推認するのが相当である。しかしながら、右申請人Ｙにおいて、その挙に出るについて相当な事由があった場合には、右取消の一事によって同人に当然過失があったということはできず、ことに、仮処分の相手方とすべき者が、会社であるかその代表者個人であるかが、相手方の事情その他諸般の事情により、極めてまぎらわしいため、申請人Ｙにおいてその一方を被申請人Ｘとして仮処分の申請をし、これが認容されかつその執行がされた後になって、他方が本来は相手方とされるべきであったことが判明したような場合には、右にいう相当な事由があったものというべく、仮処分命令取消の一事によって、直ちに申請人Ｙに過失があるものと断ずることはできない。」

この判例は、仮処分が申し立てられ執行されたあとに、その被保全権利が存在しないとして本案訴訟において当該仮処分決定が取り消された場合には、「**一応の推定**」によって、原則として、当該仮処分命令の申立人の過失が認定されるとの準則を示したものである。

2　概括的認定（択一的認定）：特定的でない事実認定

概括的認定がどのような理論的な性質のものかという点については議論がある。前述の通り、過失のような規範的要件や因果関係のような不確定概念が要件となっている場合に、それらの認定においては、この過失を基礎づける具体的事実が主要事実であると解されている。概括的認定は、上記の過失の一応の推定と同様に、たとえば、過失の認定の場合に、過失を基礎づける具体的事実の存在を証明するにあたり証明責任を負う当事者の証明負担を軽減するための

方策の１つである。

概括的認定とは、たとえば、ⓐ、ⓑ、ⓒという３つの事実の集合としてのＡの存在が概括的に認定されることをいう。過失の概括的認定を認めたものとして、以下の判例がある。この判例の事案でいえば、注射の際の注射器具、施術者の手指あるいは患者の注射部位のいずれかの消毒の不完全が、それぞれⓐ～ⓒに該当し、Ａが過失に該当することになる。

【判例(61)】概括的認定
――どの程度具体的な事実認定が必要とされるか？
最三小判昭和 39（1964）年７月 28 日・民集 18 巻６号 1241 頁

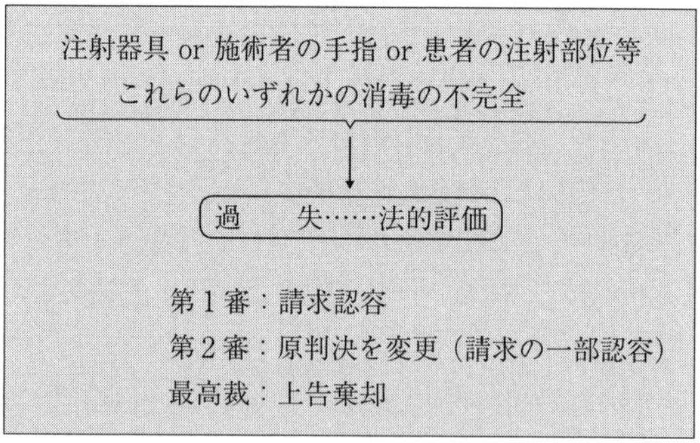
注射器具 or 施術者の手指 or 患者の注射部位等
これらのいずれかの消毒の不完全
過　　失……法的評価
第１審：請求認容
第２審：原判決を変更（請求の一部認容）
最高裁：上告棄却

〈事案〉　Ｘ（原告・控訴人・被上告人）は、Ｙ（被告・被控訴人・上告人）が経営する病院に入院し、無痛分娩のための脊椎硬膜外麻酔注射を受けたところ、施術後数日して腰部の疼痛と下肢の麻痺等が生じ、注射をした部位に腫瘍があり、ここからブドウ状球菌の繁殖により硬膜外腫瘍および圧迫性脊髄炎と診断された。このため、Ｘは、Ｙの過失に因る不法行為に基づく損害賠償を求める訴えを提起した。

この訴訟において、原判決は、ブドウ状球菌に感染したのは、注射に際し注射器具、施術者の手指あるいは患者の注射部位の消毒が不完全（消毒後の汚染を含めて）であったためそれらに付着していた菌がＸの体内に侵入したためであったと推認するのが相当であると判示してＸの請求を一部認容した。これに対して、Ｙは、原判決が上記のどの部分の消毒が不完全であったかなどについて具体的に判示しておらず、Ｙの過失についての具体的認定を欠くと主張して上告した。

〈判旨〉　上告棄却。「原判決は、前記注射に際し注射器具、施術者の手指あるいは患者の注射部位の消毒が不完全（消毒後の汚染を含めて）であり、このような不完全な状態で麻酔注射をしたのはＹの過失である旨判示するのみで、具体的にその

いずれについて消毒が不完全であったかを明示していないことは、所論のとおりである。

　しかしながら、これらの消毒の不完全は、いずれも、診療行為である麻酔注射にさいしての過失とするに足るものであり、かつ、医師の診療行為としての特殊性にかんがみれば、具体的にそのいずれの消毒が不完全であったかを確定しなくても、過失の認定事実として不完全とはいえないと解すべきである」。

　　本判決は、注射の際の消毒の不完全があったことは明らかであるものの、ⓐ注射器具、ⓑ施術者の手指、ⓒ患者の注射部位等のいずれの消毒の不完全であるかを特定することはできないという心証を抱いた場合であっても、具体的にそのいずれの消毒の不完全なのかを特定することなく過失を認定することができると判示した。消毒の不完全がⓐ～ⓒのいずれにあったかの特定も必要とすれば、立証は極めて困難となるため、医師の過失の認定が不可能になることを回避するため、証明負担の軽減が図られたと解されている。

3　事案解明義務：証明責任を負わない当事者の主張立証の必要

　証明責任を負う当事者は、必ずしも主張や証明活動に必要な情報や証拠が手もとにあるとは限らない。特に、たとえば行政庁の処分の取消しを求める訴訟のように、専門的で、かつ当事者の一方にその情報や証拠が偏在しているという事案が存在する。このような事案では、証明責任を負っている当事者が、要証事実についての主張・証明責任を果たすことは、極めて困難になるという構造が見られる。そこで、主張・証明責任を負っていない当事者であっても、まったく相手方の主張や証明について傍観していることは許されず、何らかの行為義務を負うという考え方があり、その方向性自体は、学説上おおむね一致している。このような義務は、**事案解明義務**と呼ばれている。

【判例㉖】事案解明義務
　──証明責任を負わない当事者にも、主張立証に協力する義務があるか？
最一小判平成4（1992）年10月29日・民集46巻7号1174頁

```
X ら ──────────────────────→ Y ═════ A
     許可処分の取消訴訟        （申請）  原子炉設置許可処分
     原子炉施設の安全性についての行政庁の
     判断に不合理があるか否か……X らに証明責任
     しかし、この安全審査に関する資料をすべて Y が保持
                                        第 1 審：請求棄却
                                        第 2 審：控訴棄却
                                        最高裁：上告棄却
```

〈事案〉 内閣総理大臣は A 電力会社に対して、愛媛県西宇和島郡伊方町に加圧水型原子炉を設置することについて許可処分をした。同町および原子炉から 20 数km の範囲内に居住する X ら（原告・控訴人・上告人）は、この原子炉設置許可処分には安全審査に瑕疵があるとして、当該許可処分の取消しを求める訴えを提起した。本件第 1 審は、内閣総理大臣が被告であったが、控訴審係属中に、Y（通商産業大臣・被告・被控訴人・被上告人）が訴訟を承継した。この訴訟において、許可処分にさいしてなされた安全審査について、原判決は、原子炉施設の安全性についての行政庁の判断に不合理があるか否かは、安全性を争う側において行政庁の判断の不合理な点を指摘し、行政庁はその指摘を踏まえ自己の判断が不合理でないことを主張立証すべきと判示した。これに対して、X らが上告した。

〈判旨〉 上告棄却。「原子炉設置許可処分についての右取消訴訟においては、右処分が前記のような性質を有することにかんがみると、行政庁 Y がした右判断に不合理な点があることの主張、立証責任は、本来、X が負うべきものと解されるが、当該原子炉施設の安全審査に関する資料をすべて行政庁 Y の側が保持していることなどの点を考慮すると、行政庁 Y の側において、まず、その依拠した前記の具体的審査基準並びに調査審議及び判断の過程等、行政庁 Y の判断に不合理な点のないことを相当の根拠、資料に基づき主張、立証する必要があり、行政庁 Y が右主張、立証を尽くさない場合には、行政庁 Y がした右判断に不合理な点があることが事実上推認されるものというべきである。」

本判決は、行政庁の許可処分における原子炉施設の安全性審査について、行政庁の側で、その判断に不合理な点のないことを相当の根拠、資料に基づいて主張・立証する必要があると判示したことで、上記の証明責任を負わない当事

者の事案解明義務を認めたといえるのかという点が議論の契機の1つとなった判例である。

4　証明妨害

(1)　**意義**　証明責任を負う当事者は、口頭弁論において、証拠等を提出することによる立証活動を行う。これに対して、証明責任を負わない当事者が故意または過失による作為または不作為の結果、証明責任を負う当事者が行うべき証拠等の提出を困難な状況に陥らせることを**証明妨害**という。証明妨害の行為の程度には様々なものがあるが、たとえば、損害賠償を求められている医師や病院が診療行為上の過失の証明に必要な記録等を廃棄するといったものが考えられる。

(2)　**要件と効果**　証明妨害については、その根拠や要件および効果について、学説上議論があり、見解は一致していない。判例はあまり多くはない。

【判例㊿】証明妨害
——裁判所は、保険料受領日時の不記載をどのように判断すべきか？
東京高判平成3（1991）年1月30日・判時1381号49頁

〈**事案**〉　X（原告・控訴人）は、Y保険会社（被告・被控訴人）の代理店との間で自動車総合保険契約を締結していた。Xは、被保険自動車を貸したBが当該自動車による交通事故を起こし、当該自動車が全損したため、Yに対して保険金の支払を求めた。

```
X ──────→ Y
保険金支払請求
第1審：請求棄却
東京高裁：控訴棄却
```

　XとYの間で締結された保険契約には、保険料分割払特約が付されており、保険料の支払が期日経過後1か月以上遅滞したときには、支払期日後に発生した事故については保険金を支払わない旨定められていた。Xは、事故当時3か月分の保険料の支払を遅滞していたが、遅滞分の保険料相当の小切手および現金を事故発生当日の夕方に代理店に支払ったと主張した。また、代理店は本件分割保険料の支払について領収書を交付していたが、これには受領日時が不記載であった。Xは、遅滞分の分割保険料の支払日をYの代理店が記載せず、保険料支払の事実の立証ができないことをもって、Yが本件事故前のXの分割保険料の支払がなされたことが

明らかでないとして保険金の支払を拒絶することは信義則に反すると主張した。

〈**判旨**〉 控訴棄却。「保険金を支払おうとする保険契約者の無知に乗じて保険の効力の及ぶ期間を曖昧にする等の故意で、あるいは、それと同視し得る程度の重大な過失によって、遅滞分割保険料……を受領した日時を記載しない弁済受領書を交付した場合には、保険者は、遅滞分割保険料……の支払日時について、被保険者の証明妨害をしたこととなるものと解すべきである。

このような証明妨害があった場合、裁判所は、要証事実の内容、妨害された証拠の内容や形態、他の証拠の確保の難易性、当該事案における妨害された証拠の重要性、経験則などを総合考慮して、事案に応じて、①挙証者の主張事実を事実上推定するか、②証明妨害の程度等に応じ裁量的に挙証者の主張事実を真実として擬制するか、③挙証者の主張事実について証明度の軽減を認めるか、④立証責任の転換をし、挙証者の主張の反対事実の立証責任を相手方に負わせるかを決すべきである。」

本判決は、被保険者が保険休止状態の発生後において、遅滞分割保険料の支払があったことを理由として保険金の支払を求めるためには、その支払が保険事故の発生前にされたことを主張・立証することが必要であるとの原則を示している。そのうえで、当事者間の信義則にもとづいて、保険者Yが被保険者Xの無知に乗じて保険の効力の及ぶ期間を不明確にするための故意・重大な過失を要件として、証明妨害の成立について否定する判断をしている。

また、証明妨害については、その根拠や要件、効果についての議論があるが、本件の原審と控訴審判決では、証明妨害の要件について異なる判断を示している。また、証明妨害の効果については、一般的に、(a)証明妨害によって、通常よりも低い心証度であっても、要証事実の認定を認めるという**証明度軽減説**、(b)裁判官が自由心証（247条）の範囲内で証明妨害を考慮して要証事実の存在について事実上の推定が可能とする**自由心証説**、(c)妨害者に要証事実の反対の事実についての証明責任を転換する**証明責任転換説**、および(d)証明妨害がなされたことの手続上の効果として真実擬制を認める**真実擬制説**、および(e)**多元説**がある。本件控訴審は、傍論として、これらの中からどの効果を認めるかにつき、裁判所が事案に応じて裁量的に判断できるとしている。

第9講
証拠Ⅱ：証拠収集と証拠調べ

> 〈本講のポイント〉
> 　証拠法の基礎について説明した前講に引き続き、本講では、証拠収集と証拠調べについて説明する。まず、証拠収集の手続について述べ（→Ⅰ）、次に、証拠調べの手続を説明する（→Ⅱ）。

　証拠とは、裁判所が事実認定を行う際に役立つ資料をであり、判決の基礎となり得るすべてをいう。証拠収集は、当事者が証拠を集める行為およびそのための手続全般を意味する。証拠調べは、裁判所が心証形成のために証拠の取調べを行う手続をいう。**弁論主義**（→ 120 頁）が採用されている民事訴訟において、当事者は、自己の法的救済の主張を基礎づけるために、証拠を収集し提出しなければならず、裁判所は、**証拠裁判主義**のもとで、厳格な証拠調べを通じて、**自由心証主義**（247 条）に基づき適正な事実認定を行わなければならない。その前提として、訴訟における武器対等原則・当事者平等原則のもと、当事者に**証拠へのアクセス**が保障されていることが必要となる。

Ⅰ　証拠収集手続

1　証拠保全
（1）**意義**　**証拠保全**とは、訴訟における証拠調べの対象となることが予想される**証拠方法**（証拠調べの対象。人的証拠である**人証**と物的証拠である**物証**に分けられる。）について、訴訟での本来の証拠調べを待っていたのではその証拠調べが不能または困難になるおそれがある場合に、裁判所が、あらかじめ証拠調

べをし、証拠資料を保全するために行う手続である（234条）。証人の死亡や外国渡航が予想される場合や文書の破棄や事故現場の変更のおそれがある場合等に実施される。証拠保全によって、濫訴（らんそ）の防止、和解の促進、争点整理の促進、本案審理の円滑化といった効果が期待できる。提訴前の証拠保全には、**証拠保全機能**に加えて、**証拠開示機能**（証拠収集機能）があるとの見解もある。

　(2)　**要件**　証拠保全の要件として、**証拠保全の必要性**（保全事由）が存在しなければならず（234条、規153条2項）、申立人は、保全事由を疎明しなければならない（規153条3項）。保全事由は、「あらかじめ証拠調べをしておかなければその証拠を使用することが困難になる事情」である。たとえば、提訴すれば証拠申請を行う予定の証人の死期が近づいていること、証人の海外移住が決まっていること、または、文書の改竄（かいざん）のおそれがあることなどが保全事由に該当する。ここでは、いかなる場合に改竄のおそれがあると認められるか、改竄のおそれは一般的抽象的なもので足りるのかという点が問題となる。

【判例㊹】診療録（カルテ）の証拠保全の要件
　　——証拠保全の必要性は、どのように判断されるか？
　　広島地決昭和61（1986）年11月21日・判時1224号76頁

〈事案〉　X（申立人・抗告人）は、けいれんの発作を起こすことがあり、子どもの頃から通院治療を受けてきた。Xは、昭和60（1985）年5月、Y₁（相手方・相手方）が院長、Y₂（相手方・相手方）が副院長を務める精神病院Aを受診し、同日入院したところ、それまで元気に家事や畑仕事などができていたのに、入

```
X ──────→ Y₁・Y₂
　損害賠償請求（基本事件）
　証拠保全の申立て

第1審：申立却下
広島地裁：原決定取消し・自判
```

院後約2週間で、全く歩行ができず、言葉もほとんど分からない状態となっていた。Xの家族が、Y₁にXの退院を依頼したところ、「まだ連れて帰っては駄目だ」と言われた。Y₂に病状悪化の理由を尋ねたところ、Y₂は大きな声で叱り付け、「障害者手帳が3級になったんだからいいじゃあないか」と発言した。Xの家族は、外泊許可を機にXを自宅に連れ帰り、退院の手続をした。その後、Xが別の病院において受診したところ、Xには小脳萎縮がみられ、それを原因とする歩行障害と構

音（発語）障害がみられるとの診断がなされた。Ｘは、歩行障害と構音障害が、病院Ａに入院後、多量の精神安定剤、抗てんかん剤が使用され、その副作用として生じたと考え、Ｙ₁・Ｙ₂を被告として損害賠償請求訴訟を提起することにした。Ｘはこれに先立って、Ｙ₁・Ｙ₂が保管している診療録等についての証拠保全を申し立てた。同申立ては、原審で却下され、抗告も棄却された。Ｘは、主張と疎明資料を追加して改めて申立てをした。原審は、抽象的に改ざん等のおそれがあるというだけでは足りず、「客観的に改ざん等のおそれがあると認められる具体的事実の主張、疎明」を要するとし、追加された主張、疎明を含め検討しても、保全の必要性について疎明十分と解することはできないなどとして、再び申立てを却下した。Ｘはこれを不服とし、医療過誤を原因とする訴訟に関しては常に診療録等の改ざんのおそれが肯定されるべき旨、および、仮に改ざんのおそれにつき具体的な疎明が必要と解した場合でも、本件においてその疎明は十分である旨を主張して抗告した。

〈決定要旨〉　原決定取消し、自判。「〔証拠保全の〕事由の疎明は当該事案に即して具体的に主張され、かつ疎明されることを要すると解するのが相当であり、右の理は診療録等の改ざんのおそれを証拠保全の事由とする場合でも同様である。

　これを敷衍するに、…抽象的な改ざんのおそれでは足りず、当該医師に改ざんの前歴があるとか、当該医師が、患者側から診療上の問題点について説明を求められたにもかかわらず相当な理由なくこれを拒絶したとか、或いは前後矛盾ないし虚偽の説明をしたとか、その他ことさらに不誠実又は責任回避的な態度に終始したことなど、具体的な改ざんのおそれを一応推認させるに足る事実を疎明することを要する」

　「Ｙ₁・Ｙ₂は、Ｘの家族から診療上の問題点について説明を求められたのに相当な理由なくこれを拒絶し、不誠実かつ責任回避的な態度に終始しており、…Ｙ₁・Ｙ₂がＸに関する診療録等を改ざんするおそれがあると一応推認することができるから、証拠保全の事由について疎明があったものといえる。」

　この【判例㉔】では、診療録等につき改竄のおそれがあるとして証拠保全の申立てが認容された。本決定は、抽象的な改竄のおそれでは足りず、具体的な改竄のおそれを一応推認させるに足る事実を疎明することを要すると判示している。

2　弁護士会照会

　弁護士会照会は、裁判所を介しない証拠や情報の収集手続であり、弁護士法に規定された手続である。これは、弁護士が、受任している事件について、公務所または公私の団体に照会して必要な事項の報告を求める申^{もうしで}出を所属弁護士会に対して行い、当該弁護士会が、その申^{もうしで}出に基づき公務所または公私の団体に照会して、必要な事項の報告を求めるものである（弁護士23条の2）。「**23条照会**」とも呼ばれる。

【判例㉕】弁護士会照会
　　──弁護士会照会による回答は、損害賠償義務を発生させるか？
最三小判昭和56（1981）年4月14日・民集35巻3号620頁

〈事案〉　X（原告・控訴人・被上告人）は、自動車教習所Aの技能指導員をしていたが、解雇された。その効力等が中央労働委員会および京都地方裁判所で争われていたところ、Aの代理人である弁護士Bは、弁護士法23条の2に基づいて、所属弁護士会にXの前科および犯

```
X ──────→ Y（京都市）
　損害賠償請求
　　　　第1審：請求棄却
　　　　第2審：一部認容
　　　　最高裁：上告棄却
```

罪歴についての照会の申出をした。所属弁護士会はBの申出を認め、照会を必要とする事由として「中央労働委員会、京都地方裁判所に提出するため」とだけ記載された申出書を添付し、Y（京都市─被告・被控訴人・上告人）に対して照会をしたところ、Y中京区長は照会に応じ、Xには道路交通法違反11犯、業務上過失傷害1犯、暴行1犯の前科があることを回答した。Bを通じてXの前科を知ったAの幹部らは、事件関係者や裁判傍聴のために集まっていた者らの前でXの前科を摘示するなどした。Xは、Yが上記照会に応じたのはプライバシーの権利を侵害するものであり、違法な公権力の行使にあたると主張して、Yを被告として損害賠償請求訴訟を提起した。

　第1審は、弁護士会照会制度は、個人のプライバシーに対するある程度の侵害を認めるもので、照会を受けた公務所等は原則として照会に応じる義務があるとした上で、Yが回答したことは正当な公務行為であり違法性はないとして、Xの請求を棄却した。

　原審は、照会を受けた公務所等は原則として照会に応じる義務があるとしつつ、

前科等を回答することは、法令に根拠がある場合や公共の福祉による要請が本人の
プライバシーの権利に優先する場合に許されるとした。また、弁護士の守秘義務は
依頼者に対する委任事務処理状況の報告義務に優先するものではなく、依頼者が秘
密を漏洩、濫用することを有効に阻止する制度上の保障はないとした。以上から、
本件において Y が照会に応ずるのは違法であるとして、X の請求を一部認容した。
これを受けて、Y が上告した。

〈**判旨**〉　上告棄却。「前科及び犯罪経歴（以下『前科等』という。）は人の名誉、信
用に直接にかかわる事項であり、前科等のある者もこれをみだりに公開されないと
いう法律上の保護に値する利益を有するのであって、市区町村長が、……前科等を
みだりに漏えいしてはならないことはいうまでもないところである。前科等の有無
が訴訟等の重要な争点となっていて、市区町村長に照会して回答を得るのでなけれ
ば他に立証方法がないような場合には、裁判所から前科等の照会を受けた市区町村
長は、これに応じて前科等につき回答をすることができるのであり、同様な場合に
弁護士法 23 条の 2 に基づく照会に応じて報告することも許されないわけのもので
はないが、その取扱いには格別の慎重さが要求されるものといわなければならない。
……X の前科等の照会文書には、照会を必要とする事由としては、……『中央労働
委員会、京都地方裁判所に提出するため』とあったにすぎないというのであり、こ
のような場合に、市区町村長が漫然と弁護士会の照会に応じ、犯罪の種類、軽重を
問わず、前科等のすべてを報告することは、公権力の違法な行使にあたると解する
のが相当である。」

　この判例では、弁護士会照会制度と照会先の前科に関するプライバシー保護
義務とをどのように調整すべきかが問題となった。近時の例として、最三小判
平成 28（2016）年 10 月 18 日・民集 70 巻 7 号 1725 頁は、弁護士会（愛知県弁
護士会）が照会を拒絶した団体に対して提起した不法行為による損害賠償請求
訴訟事件について、照会先の報告拒絶による不法行為責任を一般的に否定した。
その後、訴訟手続を通じて弁護士会照会を強制するために、紹介先の報告義務
の確認の訴えが提起されたが、最二小判平成 30（2018）年 12 月 21 日・民集
72 巻 6 号 1368 頁は、一般に確認の利益（→ 79 頁）を否定した。

3　文書提出命令手続

⑴　**文書提出義務**　**文書提出命令**は、相手方または第三者が所持する文書について、証拠調べのために裁判所の決定に基づき強制力をもって提出させるものである。文書提出命令には、命令を受けた当事者がこれに従わない場合には、裁判所は文書の記載に関する提出命令の申立人の主張を真実として認めることができるなど（224条1項）、強力な効果が認められている。民訴法220条は、文書の所持者が訴訟の証拠方法に供するため必要な文書の提出義務（**文書提出義務**）を負う場合を定めている。文書提出命令手続は、書証の申出（219条）の一方法であるが、実際には自己が有していない文書を得るための証拠収集手続としても機能している。

①**職業等の秘密記載の文書**　旧法下の文書提出義務は、法律が定める特定の原因が存在する場合に限って認められる限定義務であったが、平成8（1996）年改正において、特定の原因が存在しない場合にも提出を認める条項（220条4号）が追加され、文書提出義務が**一般義務化**された。争点中心型の集中審理の実現、構造的な証拠偏在がある事件における当事者の武器対等原則の実現、憲法上の知る権利（憲21条）の民訴法上での実質化等を目的とした改正であったとされる。ここでは、民訴法220条4号に定めのある提出除外文書に関する判例をとりあげる。

民訴法220条4号ハ後段では、**技術または職業の秘密**に関する事項で黙秘の義務が免除されていないものが記載されている文書を除外文書としている。判例は、技術または職業の秘密とは、「その事項が公開されると、当該技術の有する社会的価値が下落しこれによる活動が困難になるもの又は当該職業に深刻な影響を与え以後その遂行が困難になるもの」を指すとしている（最一小決平成12（2000）年3月10日・民集54巻3号1073頁）。

【判例⑯】職業の秘密が記載された文書
　　——非公開財務情報と分析評価情報は、文書提出命令の対象となるか？
　最三小決平成20（2008）年11月25日・民集62巻10号2507頁

〈事案〉　X（原告・申立人・相手方）らは、取引先企業Aが破綻して民事再生手続

開始決定を受けたため、A
からの売掛金回収が困難と
なった。そこでXらは、A
のメインバンクであるY
銀行（被告・相手方・抗告
人）を被告として、Aの経

```
X ら ─────────→ Y（銀行）
      損害賠償請求（基本事件）
   自己査定資料等の文書提出命令の申立て
      原審：一部の文書につき提出命令
     最高裁：抗告棄却（原審を維持）
```

営状況についてXらを欺罔（ぎもう）したこと、および、Aの経営状態について正確な情報
をXらに提供すべき義務を怠ったこと等を理由として、不法行為に基づく損害賠
償請求訴訟を提起した（基本事件）。その中で、Xらは、Yの上記欺罔行為および
注意義務違反を立証するためとして、YがA社の経営状況の把握等を行う目的で
作成し、保管していた自己査定資料等（本件文書）について文書提出命令の申立て
をした。これに対してYは、本件文書は民訴法220条4号ハまたはニ所定の文書（自
己専用文書）に該当するため提出義務はないと主張した。最高裁（最二小決平成
19（2007）年11月30日・民集61巻8号3186頁）は、本件文書について、民訴法
220条4号ニ所定の文書に該当しないと判断した上で、同号ハ所定の文書に該当す
るか審理させるため本件を原審に差し戻した。
　差戻審は、インカメラ手続（223条6項）を実施して本件文書を閲読（えつどく）した結果、
YがA社より提供を受けたA社の財務情報（本件非公開財務情報）と、A社の財
務情報等を基礎としてYが行った分析・評価した情報（本件分析評価情報）のうち、
A社の取引先等の第三者に関する記載以外の部分は同号ハ所定の文書に該当しない
としてYに提出を命じた。Yが、本件非公開財務情報と本件分析評価情報に提出
義務はないとして、許可抗告を申し立てた。

〈**決定要旨**〉　抗告棄却。本件非公開財務情報について、「A社が本案訴訟の受訴裁
判所からその開示を求められた場合にこれを拒絶できるかをみると、A社は民事
再生手続開始決定を受けているところ、本件非公開財務情報は同決定以前のA社
の信用状態を対象とする情報にすぎないから、これが開示されても同社の受ける不
利益は通常は軽微なものと考えられること、XらはA社の再生債権者であって、
民事再生手続の中で本件非公開財務情報に接することも可能であることなどに照ら
せば、本件非公開財務情報は、それが開示されても、A社の業務に深刻な影響を
与え以後その遂行が困難になるとはいえないから、職業の秘密には当たらないとい
うべきである。したがって、A社は、民訴法220条4号ハに基づいて本件非公開
財務情報部分の提出を拒絶することはできない。また、本件非公開財務情報部分は、
少なくともY等の金融機関に提出することを想定して作成されたものと解される

ので、専ら内部の者の利用に供する目的で作成され、外部の者に開示することが予定されていない文書とはいえないから、Ａ社は民訴法220条4号ニに基づいて同部分の提出を拒絶することもできず、他に同社が同部分の提出を拒絶できるような事情もうかがわれない。」

　本件分析評価情報について、「一般に、金融機関が顧客の財務状況、業務状況等について分析、評価した情報は、これが開示されれば当該顧客が重大な不利益を被り、当該顧客の金融機関に対する信頼が損なわれるなど金融機関の業務に深刻な影響を与え、以後その遂行が困難になるものといえるから、金融機関の職業の秘密に当たると解され、本件分析評価情報もＹの職業の秘密に当たると解される。

　しかし、本件分析評価情報は、前記のとおり民事再生手続開始決定前の財務状況、業務状況等に関するものであるから、これが開示されてもＡ社が受ける不利益は小さく、Ｙの業務に対する影響も通常は軽微なものであると考えられる。一方、本案訴訟は必ずしも軽微な事件であるとはいえず、……本件分析評価情報部分は、……本案訴訟の争点を立証する書証としての証拠価値は高く、これに代わる中立的・客観的な証拠の存在はうかがわれない。

　そうすると、本件分析評価情報は、Ｙの職業の秘密には当たるが、保護に値する秘密には当たらないというべきであり、Ｙは、本件分析評価情報部分の提出を拒絶することはできない。」

....

　②**自己専用文書**　民訴法220条4号ニは、専ら文書の所持者の利用に供するための文書（**自己専用文書、自己利用文書**）を提出除外文書としている。自己専用文書が除外文書とされた理由は、およそ外部に開示することが予定されていない文書についても一般提出義務が課せられるとすれば、文書の作成者は常に裁判所から提出を命じられる事態を想定して文書を作成しなければならなくなり、自由な活動が妨げられるからである。次に述べる【判例67】は、金融機関の貸出稟議書（かしだしりんぎしょ）が、民訴法220条4号ハ〔現、4号ニ〕所定の「専ら文書の所持者の利用に供するための文書」（自己専用文書）に該当するか否かが争われた。

> 【**判例67**】**自己専用文書**
> ——金融機関の貸出稟議書は、自己専用文書に当たるか？
> 　最二小決平成11（1999）年11月12日・民集53巻8号1787頁〔富士銀行事件〕

〈事案〉　亡 A の承継人であ
る X （申立人・相手方）は、
Y 銀行（相手方・抗告人）の
支店長 B が A の経済状態か
らすれば貸付金の利息は有価
証券取引から生ずる利益から
支払う以外にないことを知り

```
X ──────→ Y （富士銀行）
        損害賠償請求（基本事件）
        貸出稟議書等の
        文書提出命令の申立て
原審：文書提出命令
最高裁：原決定破棄。文書提出命令の申立て却下
```

ながら、リスクの高い証券投資を A に勧めて過剰な融資をし、金融機関が負う顧
客の資金運用計画に関する安全配慮義務に違反したと主張し、Y を被告として A
が Y から 6 億 5000 万円の融資を受けて有価証券取引に投資した結果生じた損害の
賠償を求める訴訟を提起した。

　原審において、X は、有価証券取引によって貸付金の利息を上回る利益をあげる
ことができるとの前提で Y の貸出稟議が行われたことを立証するためとして、Y
が所持する本件融資にかかる貸出稟議書および本部認可書（本件文書）について文
書提出命令を申し立てた。その際に X は、本件文書は、民訴法 220 条 3 号後段所
定の法律関係文書に該当し、また、同条 4 号ハ〔現、同条 4 号ニ〕所定の自己利用
文書には該当しないと主張した。原審は、銀行の貸出業務に関して作成される稟議
書や認可書は自己利用文書に該当しないとして、民訴法 220 条 4 号による提出義務
を認め、Y に対して本件文書の提出を命じた。これに対して、Y が許可抗告を申し
立てた。

〈決定要旨〉　原決定破棄。文書提出命令の申立て却下。「ある文書が、その作成目的、
記載内容、これを現在の所持者が所持するに至るまでの経緯、その他の事情から判
断して、専ら内部の者の利用に供する目的で作成され、外部の者に開示することが
予定されていない文書であって、開示されると個人のプライバシーが侵害されたり
個人ないし団体の自由な意思形成が阻害されたりするなど、開示によって所持者の
側に看過し難い不利益が生ずるおそれがあると認められる場合には、特段の事情が
ない限り、当該文書は民訴法 220 条 4 号ハ〔現、220 条 4 号ニ〕所定の『専ら文書
の所持者の利用に供するための文書』に当たると解するのが相当である。」

　「文書作成の目的や記載内容等からすると、銀行の貸出稟議書は、銀行内部にお
いて、融資案件についての意思形成を円滑、適切に行うために作成される文書であ
って、法令によってその作成が義務付けられたものでもなく、融資の是非の審査に
当たって作成されるという文書の性質上、忌たんのない評価や意見も記載されるこ
とが予定されているものである。したがって、貸出稟議書は、専ら銀行内部の利用

に供する目的で作成され、外部に開示することが予定されていない文書であって、開示されると銀行内部における自由な意見の表明に支障を来し銀行の自由な意思形成が阻害されるおそれがあるものとして、特段の事情がない限り、『専ら文書の所持者の利用に供するための文書』に当たると解すべきである。」

その後、類似の事例では、おおむね本決定に従った判断がなされている。金融機関の貸出稟議書に関しては、「特段の事情」の有無が問題となった最高裁決定がある。代表訴訟事件（信用金庫の会員代表訴訟事件）において、貸出稟議書の提出を否定したものとして（最一小決平成 12（2000）年 12 月 14 日・民集 54 巻 9 号 2709 頁〔八王子信用金庫事件〕）がある。ここでは、「特段の事情」として、「文書提出命令の申立人がその対象である貸出稟議書利用関係において所持者である信用金庫と同一視することができる立場に立つ場合をいう」と定式化された。しかし、これには学説上多くの批判がなされた。その後最二小決平成 13（2001）年 12 月 7 日・民集 55 巻 7 号 1411 頁〔木津信用組合事件〕では、破綻した金融機関の作成した貸出稟議書の提出が肯定された。

(2) **文書の特定とその緩和** 　文書提出命令の申立ては、訴訟の相手方当事者または第三者が所持している文書を裁判所に提出することを求めてなす書証の申立てである（219 条）。文書提出命令の申立ては、文書の表示、文書の趣旨、文書の所持者、証明すべき事実、文書の提出義務の原因を明らかにしてしなければならない（**文書の特定**。220 条 1 項）。しかし、文書提出命令の申立ては、他者の所持・管理する文書の提出を求めるものであり、申立書における必要的記載事項の記載が困難な場合がある。公害訴訟・薬害訴訟・医療事故訴訟・製造物責任訴訟など、証拠が当事者の一方に偏在する訴訟では、こうした状況が生じやすい傾向にある。民訴法 222 条 1 項は、挙証者が文書の表示および趣旨を明らかにすることが著しく困難であるときには、文書の所持者が申立ての対象とされる文書を識別することができる事項を明らかにすれば足りるとして、文書の特定の要件を緩和している。

挙証者が、事実関係の詳細を知ることができないため、「**証明すべき事実**」（**要証事実**。180 条 1 項・221 条 1 項 4 号）の記載を概括的・抽象的なものにとどめて証拠の申出を行い、証拠調べを通じて具体的な主張・立証の基礎資料を得

ようとすることを、**模索的証明**という。

> ## 【判例⑱】「証明すべき事実」の特定性
> ──模索的証明は許容されるか？
> 大阪地決昭和 61（1986）年 5 月 28 日・判時 1209 号 16 頁

〈**事案**〉　税務署長 Y（被告・相手方）は、X（原告・申立人）の所得税についての更正処分をするにあたって、Y 税務署管内外の同業者の売上金額および所得金額より算出した所得率を用いて X の所得を推計した。X は、

```
X ────────→ Y
更正処分取消請求（基本事件）
文書提出命令の申立て
大阪地裁：一部認容、一部却下
```

当該更正処分の取消を求める訴訟を提起した（基本事件）。X は、Y が選定した同業者と X とは、営業規模、営業内容等が異なることを立証するため、Y の所持する当該同業者の青色申告決算書（本件文書）の文書提出命令を申し立てた。申立てに必要な旧民訴法 313 条 4 号の「証スヘキ事実」〔現、221 条 1 項 4 号の「証明すべき事実」〕については、「右各事業者が原告に対する推計課税の基礎となりうる程度の同業者性を有しないこと」と記載した。Y は、X が「証スヘキ事実」として記載した事項は、Y が選定した同業者が原告と類似する業者ではないことをいうもので具体的な事実ではなく、単なる法的評価にすぎないことから、「証スヘキ事実」を明らかにしたとはいえず、方式を欠く不適法なものであると主張した。

〈**決定要旨**〉　一部認容、一部却下。民訴法 313 条 4 号〔現、221 条 1 項 4 号〕が「『証スヘキ事実』を明らかにすることを要するとするのは、『文書ノ趣旨』と相まって当該文書の証拠としての必要性の判断を可能にさせるとともに、文書の所持者である相手方が文書提出命令に従わないときに、同法 316 条〔現、224 条 1 項〕を適用して、文書に関する申立人の主張を認定、判断する資料として役立たせることにあると解される。」

　「『証スヘキ事案』についての原告の主張は…（本件文書の）性質、内容と相まって当該文書の証拠としての必要性を判断するのに十分な立証趣旨の表示であるというるのであって、『証スヘキ事実』の表示に欠けるところはないというべきである。」

　「同法 316 条〔現、224 条 1 項〕の適用による実益が十分に生じないからといって、『文書ノ趣旨』及び『証スヘキ事実』の表示が不適法なものとまでいうことはできない。何となれば、『文書ノ趣旨』及び『証スヘキ事実』として、前記のような概

略的な主張を超えて文書の内容について具体的な金額を含む個々の記載事項を示さなければならないとすることは、文書を閲覧したことのない原告Xに不可能を強いる結果となり、ひいては文書提出の申立それ自体を一般的に事実上封ずることになって相当ではないと考えられるからである。

　そうすると、本件文書提出命令の申立は、その方式に違背する点はなく、適法といわなければならない。」

……………………………………………………………………………………

　この判例は、明示的に模索的証明の許容性について言及しているわけではないが、申立人による「証明すべき事実」の記載によって該当の文書の証拠としての必要性の判断は可能であると判示した。同決定は、具体的な文書の記載事項を示さなければならないとすることは申立人に不可能を強いる場合があることを指摘し、ある程度概略的な記載でも許容される旨も述べている。

II　証拠調べの手続

1　証人尋問と当事者尋問

(1)　**証人尋問・当事者尋問**　**証人尋問**とは、証人を証拠調べの対象（証拠方法）として尋問し、その証言を証拠資料とする証拠調べをいう（190条以下）。証人とは、自己の見聞・観察・経験した結果としての一定の事実について、特定の訴訟において供述することを求められた第三者を意味する。証人尋問の手続は、尋問の申出を経て、採用された証人について、**集中証拠調べの原則**に基づいて、**交互尋問方式**で行われる。

　当事者尋問は、係争事実について当事者本人または当事者に代わって訴訟を追行する法定代理人を尋問し、過去の事実を陳述させるかたちで実施する証拠調べである。当事者尋問についても、証人尋問における**交互尋問**に関する規定が準用されている（210条）。

【判例69】反対尋問権の保障
　　──反対尋問を経ない証言は、証拠能力を有するか？
　最二小判昭和32（1957）年2月8日・民集11巻2号258頁

〈**事案**〉　X（原告・被控訴人・上告人）は、Y₁（被告・控訴人・被上告人）に所有する建物の一部を賃貸していたところ、Y₁ は X の承諾なく Y₂ を同居させた。X は A とともに Y₁ のもとを訪れ、Y₁・Y₂ の本件建物からの退去を求める交渉をした。X は、この交渉の結果、Y₁ との間で本件建物に関する賃

X ──────→ Y₁・Y₂	
建物退去明渡請求	
第 1 審：請求認容	
第 2 審：請求棄却	
最高裁：上告棄却	

貸借契約の合意解除が成立したと主張し、当該合意解除に基づく明渡しの期限までに Y₁・Y₂ が本件建物の明渡しをしなかったとして、Y₁ に対しては当該合意解除に基づき、Y₂ に対しては所有権に基づき、本件建物からの退去と明渡しを求める訴訟を提起した。これに対して、Y₁・Y₂ は、賃貸借契約の合意解除や明渡しの約束をした事実はないと主張した。

　第 1 審において、脳溢血により寝たきりとなっていた Y₁ の本人尋問は、臨床尋問として実施された。立会の医師の勧告により、Y₁ 側の主尋問が終了した時点で尋問が打ち切られた。X 側には反対尋問の機会が与えられなかった。第 1 審は、Y₁ の本人尋問の結果をとりあげずに合意解除の成立を認め、X の請求を認容したため、Y₁・Y₂ は控訴した。

　原審は、Y₁ の本人尋問の結果および X・A が Y₁ を訪問した際に同席していた B の証人尋問の結果に基づいて、合意解除の成立を否定し、1 審判決を破棄して X の請求を棄却した。X は、原審が、反対尋問の機会が与えられなかった Y₁ の本人尋問の結果を事実認定の資料としたことは、民訴法 294 条〔現、202 条 1 項〕に違反するとして上告した。

〈**判旨**〉　上告棄却。「第 1 審における被告本人 Y₁ に対する臨床訊問が途中で、立会の医師の勧告によって打ち切られ、X 側に反対訊問の機会が与えられなかったことは、所論のとおりである。

　しかし、右の場合、裁判所が本人訊問を打ち切った措置を違法と解し得ないことは、民訴 260 条〔現、181 条 1 項〕の趣旨からして当然であり、その後、再訊問の措置を採らなかったのも、右本人の病状の経過に照らし、これを不相当と認めたためであることが、記録上窺い得られるところである。従ってこのように、やむを得ない事由によって反対訊問ができなかった場合には、単に反対訊問の機会がなかったというだけの理由で、右本人訊問の結果を事実認定の資料とすることができないと解すべきではなく、結局、合理的な自由心証によりその証拠力を決し得ると解するのが相当である（なお、X が第 1、2 審において異議を述べ、または Y₁ 本人の再訊問を申請したような事実は記録上認められない）。」

　この判例は、反対尋問を行うことができなかったのがやむを得ない事由による場合には、当該本人尋問の結果を事実認定の資料とすることができ、合理的な自由心証により証拠力を決することができると判示したものである。

　(2)　**証言拒絶権**　証言拒絶権とは、証人義務（証言義務）を負う者が証言を求められた場合に、裁判所に対してそれを拒絶することができる公法上の抗弁権である。一定の場合に証言拒絶権が認められるのは、真実発見を犠牲にしてでも、証言拒絶権が保護する法益自体の保護を行うことが、私人間の法的救済の創出の際には望ましいからである。

　証言拒絶権の種類としては、①刑事訴追等を受けるおそれのある事項または名誉を害すべき事項の証言拒絶権（196条）、②公務員等の証言拒絶権（197条1項1号）、③黙秘義務を負う場合の証言拒絶権（197条1項2号）、および、④技術・職業の秘密に関する証言拒絶権（197条1項3号）がある。

　民事事件における**報道関係者の取材源**についての証言拒絶につき、拒絶の許否の判断基準および同基準に照らして、拒絶が許される場合について判断を示したものとして、次の判例がある。

【判例⑰】証言拒絶事由
　──取材源に関する報道関係者の証言拒絶は、どのような基準で判断されるか？
最三小決平成18（2006）年10月3日・民集60巻8号2647頁

〈**事案**〉　NHKは、Xら（基本事件の原告・抗告人・抗告人）の関係する企業グループの日本における販売会社Aが所得隠しをして、日本の国税当局から多額の追徴課税を受けたとするニュースを報道した（本件報道）。

```
X ──→ アメリカ合衆国
　　損害賠償請求（基本事件）
　　Yに対する証人尋問（国際司法共助）
　　　　第1審：証言拒絶を認める。
　　　　第2審：証言拒絶を認める。
　　　　最高裁：抗告棄却
```

Y（証人・相手方・相手方）は、日本に居住するNHKの記者であり、当該報道に関する取材活動をした。Xらは、アメリカ合衆国の国税当局職員が無権限で、日本の国税庁の税務官に対し虚偽の内容を含むXらの税務情報を開示し、国税庁の税

務官が情報源となって本件報道がなされ、株価の下落や配当の減少等による損害を被ったと主張して、合衆国を被告として、アリゾナ州地区連邦地方裁判所に、損害賠償請求訴訟を提起した（基本事件）。基本事件の開示手続（ディスカバリー）において、同連邦地裁は、二国間共助取決めに基づく国際司法共助により、日本の裁判所に対し、同連邦地裁の指定する質問事項についてＹの証人尋問を実施することを嘱託した。これに基づき、原々審においてＹに対する証人尋問が実施されたところ、Ｙは、本件報道の取材源の特定に関する質問事項については職業の秘密に当たるとして証言を拒絶した。これに対して、第1審、第2審ともに、Ｙの証言拒絶には正当な理由があるとした。原決定に対し、Ｘらが許可抗告を申し立てた。

〈決定要旨〉　抗告棄却。「民訴法は、公正な民事裁判の実現を目的として、何人も、証人として証言をすべき義務を負い（同法190条）、一定の事由がある場合に限って例外的に証言を拒絶することができる旨定めている（同法196条、197条）。そして、同法197条1項3号は、『職業の秘密に関する事項について尋問を受ける場合』には、証人は、証言を拒むことができると規定している。ここにいう『職業の秘密』とは、その事項が公開されると、当該職業に深刻な影響を与え以後その遂行が困難になるものをいうと解される（最一小決平成12（2000）年3月10日・民集54巻3号1073頁参照）。もっとも、ある秘密が上記の意味での職業の秘密に当たる場合においても、そのことから直ちに証言拒絶が認められるものではなく、そのうち保護に値する秘密についてのみ証言拒絶が認められると解すべきである。そして、保護に値する秘密であるかどうかは、秘密の公表によって生ずる不利益と証言の拒絶によって犠牲になる真実発見及び裁判の公正との比較衡量により決せられるというべきである。

　報道関係者の取材源は、一般に、それがみだりに開示されると、報道関係者と取材源となる者との間の信頼関係が損なわれ、将来にわたる自由で円滑な取材活動が妨げられることとなり、報道機関の業務に深刻な影響を与え以後その遂行が困難になると解されるので、取材源の秘密は職業の秘密に当たるというべきである。そして、当該取材源の秘密が保護に値する秘密であるかどうかは、当該報道の内容、性質、その持つ社会的な意義・価値、当該取材の態様、将来における同種の取材活動が妨げられることによって生ずる不利益の内容、程度等と、当該民事事件の内容、性質、その持つ社会的な意義・価値、当該民事事件において当該証言を必要とする程度、代替証拠の有無等の諸事情を比較衡量して決すべきことになる。

　そして、この比較衡量にあたっては、次のような点が考慮されなければならない。すなわち、報道機関の報道は、民主主義社会において、国民が国政に関与するに

つき、重要な判断の資料を提供し、国民の知る権利に奉仕するものである。したがって、思想の表明の自由と並んで、事実報道の自由は、表現の自由を規定した憲法21条の保障の下にあることはいうまでもない。また、このような報道機関の報道が正しい内容を持つためには、報道の自由とともに、報道のための取材の自由も、憲法21条の精神に照らし、十分尊重に値するものといわなければならない（最大決昭和44（1969）年11月26日・刑集23巻11号1490頁参照）。取材の自由の持つ上記のような意義に照らして考えれば、取材源の秘密は、取材の自由を確保するために必要なものとして、重要な社会的価値を有するというべきである。そうすると、当該報道が公共の利益に関するものであって、その取材の手段、方法が一般の刑罰法令に触れるとか、取材源となった者が取材源の秘密の開示を承諾しているなどの事情がなく、しかも、当該民事事件が社会的意義や影響のある重大な民事事件であるため、当該取材源の秘密の社会的価値を考慮してもなお公正な裁判を実現すべき必要性が高く、そのために当該証言を得ることが必要不可欠であるといった事情が認められない場合には、当該取材源の秘密は保護に値すると解すべきであり、証人は、原則として、当該取材源に係る証言を拒絶することができると解するのが相当である。」

2 書証

(1) **書証の意義** 書証とは、文書を対象（証拠方法）として、文書に記載されている作成者の意思や認識を裁判官が閲読して、その意味内容や係争事実を認定するための証拠資料とする証拠調べの方式をいう。「書証」には、文書を対象とする証拠調べの手続を意味する場合と、取調べの対象となる文書自体を意味する場合とがある。書証の申出は、弁論主義のもとでは当事者の申出によることが原則である（**証拠申出原則**→120頁）。挙証者が自ら所持している文書については、挙証者が所持文書を提出し、相手方または第三者が所持する文書であってその提出義務を負うものについては（220条）、**文書提出命令の申立て**による（221条）。文書の所持者が任意にその提出に協力する見込みのある文書（その提出義務のない文書も含む）については、**文書の送付嘱託の申立て**による（226条）。

(2) **文書の証拠評価** 文書の証拠評価は、**証拠能力**（証拠方法として証拠調べの対象に用いることができる資格）、**形式的証拠力**（文書の成立の真否）、**実質的**

証拠力（証拠力・証拠価値）の３つの段階で行う。

【判例⑦①】違法収集証拠の証拠能力
――窃取された文書は、証拠として用いることができるか？
神戸地判昭和59（1984）年5月18日・判時1135号140頁

X ⟶ Y
損害賠償請求
神戸地裁：一部認容

〈事案〉　X（原告）らは、使用者Y（被告）が、日本共産党員またはその同調者と認めた従業員を職制を通じて職場内外で監視したり孤立させたりして村八分にし、Xらの思想信条の自由を侵害し、職場における自由な人間関係の形成の機会を阻害し、名誉を毀損し人格的評価を低下させたと主張し不法行為に基づく損害賠償請求訴訟を提起した。Xらは、上記行為がYによる特殊な労務管理および職制を通じて行われたという事実を証明するために、「労務管理懇談会実施報告」と題する文書（本件文書）を含む書証を提出した。Yは、本件文書はY神戸支局労務課労務係から窃取されたものであることを指摘した上で、Xらは本件文書が窃取されたものであるという事情および不法性を認識しながらこれを入手して、書証として提出したものであるため、本件文書は違法収集証拠に該当すると主張して、証拠排除の申立てをした。

〈判旨〉　一部認容。「民事訴訟においては、例えば、一方当事者が自ら若しくは第三者と共謀ないし第三者を教唆して他方当事者の所持する文書を窃取するなど、信義則上これを証拠とすることが許されないとするに足りる特段の事情がない限り、民事訴訟における真実発見の要請その他の諸原則に照らし、文書には原則として証拠能力を認めるのが相当であり、単に第三者の窃取にかかる文書であるという事由のみでは、なおその文書の証拠能力を否定するには足りないものと解すべきである。

しかるに、証人P_{67}の供述は、単に右甲号各証は、自己がY神戸支店の労務担当として勤務した昭和43（1968）年7月から昭和44（1969）年6月までの間に、保管中の施錠された専用キャビネットの中から紛失したものであるから、何人かにより窃取されたものに相違ないというにとどまり、それ自体何人かが窃取したのかさえなお不明であって、到底右の特段の事情を認めるに足らず、その他本件全証拠によっても右の特段の事情はこれを認めることができないから、右甲号各証につき証拠排除を求めるYの申立は失当というべきである。」

この判例は、**違法収集証拠の証拠能力**について、書証の申出のあった文書が何者かにより窃取された文書であるというだけでは証拠能力は否定されないとした。なお、その他の判例も、違法収集証拠の証拠能力を制限することには慎重な傾向にある（例、大判昭和18（1943）年7月2日・民集22巻574頁、東京地判昭和46（1971）年4月26日・判時641号81頁等）。

【判例⑫】文書成立の真正の推定
—— 文書成立の真正は、どのように判断されるか？

最三小判昭和39（1964）年5月12日・民集18巻4号597頁

〈**事案**〉 X（信用保証協会。原告・被控訴人・被上告人）は、Y（被告・控訴人・上告人）が信用金庫Bから20万円を借り受けることについて、Yの委託に基づいて保証した。Aは、YのXに対して負担すべき債務につき連帯保証した。Yは弁済期を過ぎてもBに対す

```
X ── → Y
   求償債権に基づく支払請求
   第1審：請求認容
   第2審：請求認容
   最高裁：上告棄却
```

る借受金の弁済をしなかったため、XはBに対して借受金の元利金を代位弁済した。これによってXはYに対する求償債権を取得したが、その後の弁済は一部にとどまった。そこで、Xは、YおよびAを被告として、求償債権および約定損害金の支払を求める訴訟を提起した。Yは、Xの主張する借受けおよび保証委託は、AがYの印鑑（印章）を盗用してなしたものであると主張した。Xから証拠として提出された保証委託契約書等のYの名の下の印影が、Yの印章をもって顕出されたことは、XとYとの間に争いがない。第1審、原審ともにXの請求を認めた。Yは、文章成立の真正の指定をするに際して文章が偽造であるか否かの判断をしなかったのは違法であるとして、上告した。

〈**判旨**〉 上告棄却。「民訴法326条〔現、228条4項〕に『本人又ハ其ノ代理人ノ署名又ハ捺印アルトキ』というのは、該署名または捺印が、本人またはその代理人の意思に基づいて、真正に成立したときの謂であるが、文書中の印影が本人または代理人の印章によって顕出された事実が確定された場合には、反証がない限り、該印影は本人または代理人の意思に基づいて成立したものと推定するのが相当であり、右推定がなされる結果、当該文書は、民訴326条〔現、228条4項〕にいう『本人

又ハ其ノ代理人ノ（中略）捺印アルトキ』の要件を充たし、その全体が真正に成立
したものと推定されることとなるのである。原判決が、甲第1号証の1（保証委託
契約書）、甲第3号証の1（委任状）、同2（調書）、甲第4号証の1（手形割引約定書）、
同2（約束手形）について、右各証中上告人Y名下の印影が同人の印をもつて顕出
されたことは当事者間に争いがないので、右各証は民訴326条〔現、228条4項〕
により真正なものと推定されると判示したのは、右各証中上告人Y名下の印影が
同人の印章によって顕出された以上、該印影は上告人Yの意思に基づいて、真正
に成立したものと推定することができ、したがって、民訴326条〔現、228条4項〕
により文書全体が真正に成立したものと推定されるとの趣旨に出でたものと解せら
れるのであり、右判断は、前説示に徴し、正当として是認できる。」

　この判例は、私文書の作成名義人の印影が当該名義人の印章によって顕出さ
れた場合における文書の真正の推定が問題となった事例において、私文書の作
成名義人の印影が当該名義人によって顕出されたものであるときは、反証がな
い限り、当該印影は本人の意思に基づいて顕出されたものと事実上推定する（**第
1段目の推定・事実上の推定**）のが相当であるから、民事訴法228条4項（判例で
は旧326条）条により、当該文書が真正に成立したものと推定すべきである（**第
2段目の推定**）とした。このように、私文書の作成名義人の印影の存在から、
私文書の成立の真正を推定することを、「**二段の推定**」と呼ぶ。これを表で示
せば次のとおりとなる。

〈表8〉二段の推定

印影の一致
第1段目の推定　　↓（最判昭39・5・12に基づく推定）
本人等の意思に基づく押印
第2段目の推定　　↓（民訴228条4項による推定）
文書の成立の真正

第 10 講

訴訟の終了Ⅰ：当事者の意思による場合

> 〈本講のポイント〉
> 　本講と次講では、民事訴訟の終了について説明する。まず、本講では、当事者の意思によって訴訟が終了する場合について、重要な判例を紹介しつつ述べ、次講では、判決等、裁判所の裁判によって訴訟が終了する場合を、判例を交えて説明する。本講で述べるように、当事者の意思により訴訟が終了する手続としては、訴えの取下げ（→Ⅰ）、請求の放棄と請求の認諾（→Ⅱ）、および、訴訟上の和解（→Ⅲ）がある。

　訴訟は様々な終わり方をする。訴訟と言えば**判決**で終わると考えられかねないが、多くの事件で、それ以外の終わり方をすることがある。それが、**当事者の意思**によって訴訟が終了する場合であり、このような訴訟の終了形式が認められているのは、**私的自治・自己決定の原則**が、訴訟においても基本的に妥当するからである。つまり、その原則の訴訟法上の現われとしての**処分権主義**（→92頁）に基づいて、当事者の意思による訴訟の終了が認められている（→〈表9〉）。

〈表9〉訴訟の終了

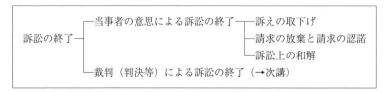

I　訴えの取下げ

1　訴えの取下げの意義とその合意

(1)　**意義**　訴えの取下げとは、原告が訴えによる審理判断の要求を撤回する旨の裁判所に対する訴訟行為をいう（261条）。処分権主義により、提訴の自由に対応して、訴えの取下げも原則として自由に行うことができるが、手続の進行状況と相手方の利益を考慮して、一定の制限が設けられている。訴えの取下げにより、訴訟係属の効果が遡及的に消滅し、訴訟手続が終了することになる（262条1項）。「遡及的」とは、提訴の初めに遡ってということである。

(2)　**訴え取下契約**　裁判外で訴えを取り下げる旨の契約（**訴え取下げの合意**）が結ばれる場合もある。原告が、それに基づいて訴えの取下げの意思表示をした場合には、訴訟手続は終了する。これに対して、原告がその合意に反して訴えを取り下げなかった事案について、以下の判例がある。

【判例(73)】訴えの取下げの合意の効力
——裁判外で訴えの取下げの合意がなされた場合に、それは訴訟上どのような効力をもつか？
最二小判昭和44（1969）年10月17日・民集23巻10号1825頁

X ──→ Y
家屋の所有権確認請求
第1審：請求認容
第2審：（Yが、訴え取下げの合意を主張）
原判決取消し・訴え却下
最高裁：上告棄却

〈事案〉　本件は、X（原告・被控訴人・上告人）が、Y（被告・控訴人・被上告人）に対して提起した家屋の所有権確認および保存登記の抹消を求める訴えである。Xの主張によれば、本件家屋はXと婚姻関係にあった亡AがBから購入してXに贈与したものをX自ら解体移築したものであるので自己の所有に属するところ、Yがほしいままに占拠し自己の所有として所有権保存登記をしたので、本訴えの提起に及んだという。

　第 1 審は、X の請求を認容した。これに対して、Y は控訴し、第 1 審認定の事実
関係を否認し、かつ、「Y の代理人 C と、X らが話し合った結果、昭和 40（1965）
年 8 月 26 日、Y が X に示談金として 22 万円を提供し、X は本件建物についての
請求権を放棄し本訴を取り下げる旨の和解が成立し、Y は X に対し同日から同年
10 月 24 日までの 3 回に 22 万円の支払を完了したので、X は本訴を取り下げるべ
きである」旨を主張した。原審は、Y の主張を認め、「本事案は、X の本来の請求
原因事実について判断するまでもなく、X・Y 間に、Y が前記金員を支払うことを
条件に、X が本訴を取下げる旨の合意が成立したものであって、X は、これ以上本
訴を追行する必要ないし利益がなくなったものといわねばならず、Y のこの点に関
する主張は理由がある。しかして、訴訟外で当事者間に示談が成立し、訴<ruby>訴<rt>うったえ</rt></ruby>取下げ
の合意ができた場合、その訴訟が如何なる主文を以て終結するのが相当であるかに
つき、わが民訴法上明文の規定もないので、当裁判所は、それが訴をこれ以上実施
する利益、必要のない、客観的要件を欠く場合の一種であるとして、X の訴を却下
するのが相当であると解する」と判示し、原判決を取り消した上、X の訴えを却下
した。X が上告。

〈判旨〉　上告棄却。「所論訴の取下の合意に関する原審の認定は、原判決挙示の証
拠に照らして肯認することができる。そして、記録によれば、X 申請の証人および
X 本人は、所在不明のためその呼出ができず、原裁判所の催告にもかかわらず、右
本人らの住所が補正されぬまま放置されており、また、Y の所論の主張を記載した
準備書面が X 代理人 D に送達されているにもかかわらず、D はその後開かれた原
審の口頭弁論期日に出頭せず、右準備書面記載の主張に対する認否ならびに反証の
申出もしなかったことが明らかである。かかる事情のもとにおいては、原審がさ
らに弁論を続行して、X に右の点に対する反論および反証の申出をさせなかったと
しても、その手続になんら所論の違法があるとはいえない。しかして、原判示のよ
うな訴の取下に関する合意が成立した場合においては、右訴の原告は権利保護の利
益を喪失したものとみうるから、右訴を却下すべきものであり、これと結論を同じ
くする原審の判断は相当である。」

　この判例によれば、訴えの取下げの合意に反して訴えが提起された場合に、
裁判所は、訴訟要件である「権利保護の利益」、すなわち**訴えの利益**（→ 74 頁）
が欠けるとして、訴えを不適法却下することになる。

2　訴えの取下げの要件

訴えの取下げは、訴えの提起から判決の確定まで可能である（261条1項）。

原告は、原則として、裁判所に対して、訴えの取下げを**書面**で行う（261条3項本文）。例外として、訴えの取下行為が、口頭弁論期日、弁論準備手続期日、和解期日または進行協議期日でなされる場合には、その意思は明確であるので、**口頭**による訴えの取下げが認められている（261条3項但書、規95条2項・3項）。この場合には、訴えの取下げがなされた旨が、調書（**取下調書**）に記載される（規67条1項1号）。

被告が、請求棄却の本案判決（→197頁）を得ようとした後には、**被告の同意**がなければ、訴えの取下げの効力が生じない（261条2項本文）。この場合に、裁判所は、訴えの取下げの書面（取下書）またはその調書（取下調書）の謄本を、相手方に送達しなければならない（261条4項）。これに基づいて、相手方は、同意を与えるか否かについて判断する。相手方が2週間以内に異議を述べなければ、訴えの取下げに同意したものとみなされる（261条5項前段）。

なお、**訴えの取下げの擬制**（263条）の制度もある。

3　訴えの取下げの効果

(1)　**訴えの取下げの効果**　訴えの取下げの意思表示がなされると、裁判所は、その有効性を調査し判断しなければならない。訴えの取下行為が、その要件を充たしている場合には、訴訟手続は終了する（訴訟終了効）。訴えの取下げの効果は、その取り下げられた部分の**訴訟係属の遡及的消滅**である（262条1項）。

(2)　**再訴禁止効**　訴えの取下げは、判決の確定に至るまで可能であるので、本案判決後であって判決確定時までの間に、訴えの取下げが行われる場合もある。この場合には、取下げをなした原告は、「**同一の訴え**」を提起することができなくなる（262条2項）。これを、**再訴禁止効**という。この「同一の訴え」とは、判例（最三小判昭和52（1977）年7月19日・民集31巻4号693頁）によれば、単に当事者および訴訟物の同一だけではなく、訴えの利益の点でも事情が同じ訴えをいう。

ただし、次の判例のように、訴えの取下げの効力が事後的に覆される場合もある。

【判例⑭】刑事上罰すべき他人の行為によってなされた訴えの取下げの効
　　　　　力——刑事上罰すべき他人の行為によってなされた訴えの取下げから、
　　　　　取下げをした者はどのように救済されるか？

最二小判昭和 46（1971）年 6 月 25 日・民集 25 巻 4 号 640 頁

〈事案〉　本件は、Ｘ（原
告・被控訴人・被上告
人）がＹ（被告・控訴
人・上告人）に対して
提起した認知請求訴訟
事件である。
　第 1 審では請求が認

```
X ─────────→ Y
      認知請求
              第 1 審：請求認容
              第 2 審（取下書提出、しかし無効主張）
                    第 1 審判決維持・控訴棄却
              最高裁：上告棄却
```

容されたので、Ｙが控訴した。Ｙは、本件が提訴された後も、時々Ｘの母であり
かつ法定代理人であるＡ方に赴き、内縁関係を継続しており、しかも、たびたび
訴えを取り下げるように要求していた。本件の控訴審係属中、ＡがＹの態度に立
腹し、Ｙ所有の自動車に同人を誹謗する文句を書きつけて傷をつけたことから、Ｙは、
真実告訴の意思があるとはいえないのに、Ａに対して、警察に告訴する旨告げると
ともに、強く訴えの取下げを要求した。Ａは、告訴されれば、幼児を抱えて警察で
取調べを受け、ひいて刑事処分を受けることを畏怖し、Ｙの持参した「取下書」と
題する書面に署名押印した。その後、Ｙは、この書面を裁判所に提出した。これに
対して、Ａは弁護士に相談し、即日取下げはＹの強迫によるものであるから、こ
れを取り消す旨記載した上申書を提出した。
　第 2 審は、刑事上罰すべき他人の行為に基づいてなされた訴えの取下げは、再審
の訴えに関する民訴法 420 条 1 項 5 号（現、338 条 1 項 5 号）の精神にのっとり無
効であるとし（かつ、訴え取下げを無効とするためには、同条 2 項（現、338 条 2 項）
が要求する有罪の確定判決等の要件は不要であるとし）、第 1 審判決を維持し、控
訴を棄却した。Ｙが上告。

〈判旨〉　上告棄却。「訴の取下は訴訟行為であるから、一般に行為者の意思の瑕疵
がただちにその効力を左右するものではないが、詐欺脅迫等明らかに刑事上罰すべ
き他人の行為により訴の取下がなされるにいたったときは、民訴法 420 条 1 項 5 号
〔現、338 条 1 項 5 号〕の法意に照らし、その取下は無効と解すべきであり、また、
右無効の主張については、いったん確定した判決に対する不服の申立である再審の

訴を提起する場合とは異なり、同条2項の適用はなく、必ずしも右刑事上罰すべき
他人の行為につき、有罪判決の確定ないしこれに準ずべき要件の具備、または告訴
の提起等を必要としないものと解するのが相当である。」

この判例によれば、訴えの取下げという訴訟行為（→114頁）は、意思の瑕
疵があっても、原則として、その効力に影響が生じないが、例外的に再審事由
となる行為によってなされた場合には無効になるとする。これは、本来は判決
が確定した後に顧慮されるべき再審事由が、それ以前に考慮されることから、「再
審事由の訴訟内顧慮」と呼ばれる。ただし、確定判決の取消しではないので、
民訴法338条2項（刑事確定判決等）は不要であるとされている。

このような考え方に対して、学説上は、民法の意思表示に関する規定を適用
（または類推適用）すべきとする見解も有力である。判例の立場では、再審事由
ではない錯誤の場合を法的に救済できないからである。

II　請求の放棄と請求の認諾

請求の放棄とは、原告が訴訟上の請求（訴訟物）について理由がないことを
認めて訴訟を終了させる行為であり、**請求の認諾**とは、被告が原告の請求につ
いて、それに理由があることを認めて訴訟手続を終了させる行為である（266条）。
ともに、判決によらない訴えの終了手続であり、前者は、自己の請求を放棄す
る形式で処分し訴訟を終わらせることを意味し、後者は、相手方の請求を認め
る形式で訴訟を終わらせることを意味する。

請求の放棄も請求の認諾も、一方的な意思表示である。訴えの取下げの場合
と異なり、相手方の同意は不要である。調書（**放棄調書、認諾調書**）への記載
によって訴訟手続は終了し、「**確定判決と同一の効力**」を有する（267条）。認
諾調書については、請求内容が給付請求である場合には、執行力が与えられ、
債務名義（民執22条7号）となる。

Ⅲ　訴訟上の和解

1　訴訟上の和解の意義と種類等

⑴　**訴訟上の和解**　訴訟上の和解とは、訴訟係属中、期日において、当事者双方が訴訟物等についての主張を譲り合い（**互譲**）、訴訟を終わらせる旨の合意を行うことである。裁判所を介した当事者の自主的な紛争解決方法である。裁判所は、訴訟係属中、いつでも当事者に対して和解を勧めることができる（89条。これは、**和解勧試**や**和解勧告**と呼ばれる）。訴訟上の和解は、判決とは異なり、個々の事件の具体的な事情に配慮した多様な解決が可能であるし、判決と比較して、その後の当事者間の関係が円満になる可能性が高くなる等、様々なメリットがある。

⑵　**訴え提起前の和解（即決和解）等**　訴え提起前の和解とは、当事者同士で話し合いがついた場合に、その合意内容について簡易裁判所に和解の申立てをして、裁判所の期日において和解を成立させる手続のことである（275条）。**即決和解**とも呼ばれる（旧法下では、「起訴前の和解」と呼ばれた）。訴訟上の和解と訴え提起前の和解とを合わせて、**裁判上の和解**という。

なお、簡易裁判所には、**和解に代わる決定**（275条の2）の手続もあるが、これは、訴訟上の和解ではなく、裁判の一種である。

⑶　**裁判外の和解**　訴訟が係属していても、期日外で和解契約を締結することもあるが、これは、民法上の和解契約（民695条）であり、訴訟上の効果は生じない。その和解契約で、訴えの取下げが合意された場合については、【判例⑦】（→182頁）を参照。

2　訴訟上の和解の効力

⑴　**訴訟終了効**　訴訟上の和解が成立すると、訴訟は当然に終了する。

⑵　**執行力**　訴訟上の和解が成立すると、裁判所は、当事者の合意した内容を陳述させて確認し、その内容を調書に記載する。この調書を**和解調書**という。この調書の記載は、「**確定判決と同一の効力**」を生じる（267条）。当事者双方の意思表示による自主的な紛争解決を尊重し、判決による解決と同様の効力を

与えるものである。したがって、和解調書の記載が具体的な給付義務を内容とする場合には、その給付条項に執行力が生じ、債権者は、和解調書正本を債務名義（民執22条7号）として、強制執行を申し立てることができる。

(3) **既判力の有無**　訴訟上の和解に既判力（→ 203頁）が生じるか否かについては議論がある。**既判力肯定説、制限的既判力説**および**既判力否定説**である。**既判力肯定説**は、民訴法267条の文言を忠実に解釈して既判力を肯定する。**制限的既判力説**は、既判力を肯定するが、契約の成立過程に実体法上の取消事由がある場合には既判力が認められなくなると考える。**既判力否定説**は、既判力を否定する。既判力を否定しても、和解の内容には実体法上の合意が存在するので、後訴において当事者がその実体法上の効力を主張すれば、紛争解決機能を保つことができると考える。

【判例⑦⑤】訴訟上の和解と錯誤
　　——訴訟上の和解に要素の錯誤があった場合に、どのように救済されるか？
　　最一小判昭和33（1958）年6月14日・民集12巻9号1492頁〔苺ジャム事件〕

〈事案〉　X（原告・被控訴人・被上告人）は、Y（被告・控訴人・上告人）に対し、売買代金等62万9777円50銭および遅延損害金の支払を求める訴えを提起した。第1審の口頭弁論期日において訴訟

> X ────→ Y
> 売買代金等請求
> 第1審：訴訟上の和解成立
> 　　　X：要素の錯誤により和解は無効であると
> 　　　　主張して期日指定申立て
> 　　　裁判所：訴訟を続行し、Xの請求認容
> 第2審：控訴棄却
> 最高裁：上告棄却

上の和解が成立した。和解内容は、①YはXに対し、62万9777円50銭の支払義務があることを認め、内40万円の支払に代えてXが仮差押え（民保20条、49条参照）をしたY所有の苺ジャム150箱（仮差押物件）を和解期日において譲渡し、翌日、その引渡しをYの営業所ですること、②XはYに対し、仮差押物件の引取りと引換えに5万円を支払うこと、③Yが仮差押物件をXに引き渡したときは、

残額 22 万 9777 円 50 銭の支払を免除することであった。

　ところが、仮差押物件はリンゴジャムに変わっていて市場価値のないものであった。そこで、Ｘは、本件和解は要素の錯誤（民 95 条）により無効であると主張し、第 1 審裁判所に期日指定の申立てをした。

　第 1 審は、期日を開いて訴訟を続行し、本件和解が要素の錯誤により無効であることを認め、Ｘの請求を認容した。Ｙが控訴。控訴審（原審）は、本件和解は仮差押物件が「特選金菊 印 苺ジャムであることを前提とし」、「仮差押後日時も相当経過して一部変質品のあることが予想されたので、これらを見込んで結局 1 箱当り 3000 円（1 罐平均 62 円 50 銭相当）総額 45 万円と評価することに落ち着」いて成立したものであるが、「現実の仮差押物件は大部分が林檎」やアンズを材料としたもので苺は僅か 1、2 割にすぎない粗悪品で到底金菊印苺ジャムとして通用する品物ではなく、その販売価格も混合ジャムとして 1 個 38 円程度であったことが認められ、「和解に関与したＸの訴訟代理人の意思表示にはその重要な部分に錯誤があった」と判示して、控訴を棄却した。Ｙが上告。

〈判旨〉　上告棄却。「原判決の適法に確定したところによれば、本件和解は、本件請求金額 62 万 9777 円 50 銭の支払義務あるか否かが争の目的であって、当事者であるＸ、Ｙが原判示のごとく互に譲歩をして右 争 を止めるため仮差押にかかる本件ジャムを市場で一般に通用している特選金菊印苺ジャムであることを前提とし、これを一箱当り 3 千円（一罐平均 62 円 50 銭相当）と見込んでＹからＸに代物弁済として引渡すことを約したものであるところ、本件ジャムは、原判示のごとき粗悪品であったから、本件和解に関与したＸの訴訟代理人の意思表示にはその重要な部分に錯誤があったというのであるから、原判決には所論のごとき法令の解釈に誤りがあるとは認められない。」（以上、判旨①）「原判決は、本件和解は要素の錯誤により無効である旨判示しているから、所論のごとき実質的確定力を有しないこと論をまたない。それ故、所論は、その前提において採るを得ない。」（以上、判旨②）

　本判決は、訴訟上の和解成立後、Ｘが和解の内容に瑕疵（錯誤）があることを理由として、訴訟上の和解の無効を主張し、第 1 審裁判所に期日指定の申立てをした事案である。第 1 審は、期日を開いて訴訟を続行し、本件和解が要素の錯誤により無効であることを認め、Ｘの申立事項（請求の原因）について審理し、請求認容判決を言い渡した。控訴審も第 1 審と同様の判断をし、最高裁

は、この判断を支持した。

　最高裁は、要素の錯誤によって訴訟上の和解が無効であることを理由として、訴訟上の和解が実質的確定力（つまり、既判力）を有しない旨を判示しており（**判旨②**）、私法上の無効原因があるときは、訴訟上の和解も無効になることを認めた。また、一般に、X（原告）が和解の無効を主張する方法として、①和解をした裁判所に対して期日指定の申立てを行い、前訴を続行する方法や、②和解の無効確認を求める訴えを提起する方法等が考えられるところ、最高裁は、Xが選択した①の方法を認めた。

【判例⑦⑥】訴訟上の和解と解除
——訴訟上の和解が解除された場合に、その紛争はどのように解決されるか？
最一小判昭和43（1968）年2月15日・民集22巻2号184頁

〈事案〉　X（原告・被控訴人・被上告人）は自己所有の宅地（75坪）の一部（30坪）をY（被告・控訴人・上告人）に賃貸し、Yはその借地上に家屋を所有し食肉販売業を営んでいた。その後、特別都市計画法に基づき、X所有の宅地が換地処分となり、減歩（面積が減少すること）の上、別の土地（52坪8合）に換地予定地の指定がなされたところ、Yは、Xに無断

```
X ──────→ Y
家屋収去土地明渡請求
前訴　訴訟上の和解成立
　　Y：債務不履行
　　X：和解を解除して再訴
本訴　第1審：請求認容
　　　第2審：控訴棄却
　　　最高裁：上告棄却
```

でその土地上に家屋（本件家屋）を移築し、33坪6合（本件土地）を占有した。そこで、Xは、Yに対し、本件家屋を収去し本件土地の明渡しを求める訴えを提起した（前訴）。前訴第1審の口頭弁論期日において訴訟上の和解が成立した。和解内容は、①XはYに対し、本件土地を30万円で売却すること、②YはXに対し、代金30万円を10万円ずつ3回に分割して支払うこと、③XはYに対し、代金完済と同時に本件土地の所有権移転登記手続をすることであった。

　ところが、Yは初回の支払期限までに10万円を支払わなかった。Xが和解調書に基づき自動車強制競売を申し立てたところ、Yが請求異議の訴えを提起し、強制執行停止の裁判を申し立て、執行手続は停止された。請求異議訴訟においてXが勝訴したが、Yが控訴したことから、Xは、訴訟上の和解に基づく債務の履行につ

いて Y に誠意がないものと認め、強制執行の申立てを取り下げ、Y に対し、訴訟
上の和解を解除する旨の意思表示をした。請求異議訴訟の控訴審は控訴の取下擬制
（民訴 292 条 2 項・263 条）によって終了した（その結果、請求異議訴訟は、X 勝
訴の第 1 審判決が確定した）。

　そこで、X は、再度、Y に対し、本件家屋を収去し本件土地の明渡しを求める訴
えを提起した（本件訴訟）。本件訴訟の第 1 審において、Y は、本案前の抗弁として、
前訴と本件訴訟とは、同一当事者間の同一訴訟物を目的とする訴訟であるところ、
前訴の終了原因である訴訟上の和解の和解内容である本件土地の売買契約が解除さ
れたというのであれば、和解による前訴終了の効果も遡って消滅し、前訴は現在に
おいても係属しているというべきであるから、本件訴訟の提起は民訴法 231 条（現、
142 条）の禁止する二重起訴（重複訴訟）になり、不適法な訴えとして却下される
べきと主張した。

　第 1 審は、「当初から和解に取消原因が附着していた場合、和解が解除条件付で
成立した場合、解除権を留保した場合等は取消解除が生ずれば、和解無効の場合と
同じく訴訟の続行を認めてよかろうが、当初からかかる原因が附着しないで有効に
成立し、その後に発生した実体上の理由、例えば不履行による解除、履行不能によ
る解除、合意による解除等により実体上の和解が消滅しても、かかる場合は訴訟終
了の効果には影響がなく、もはや旧訴の続行を認めることはできないと解するのが
正当である。けだし確定判決後、判決によって確定された法律関係に変動があって
も訴訟終了の効果には何等の影響がないのと同じ状態だからである。」と判示して、
Y の本案前の抗弁を排斥し、X の請求を認容した。Y が控訴。控訴審（原審）も第
1 審判決の上記判示部分を引用し、控訴を棄却した。Y が上告。上告理由は、訴訟
上の和解に関する法令の解釈適用違反である。

〈**判旨**〉　上告棄却。「訴訟が訴訟上の和解によって終了した場合においては、その
後その和解の内容たる私法上の契約が債務不履行のため解除されるに至ったとして
も、そのことによっては、単にその契約に基づく私法上の権利関係が消滅するのみ
であって、和解によって一旦終了した訴訟が復活するものではないと解するのが相
当である。従って右と異なる見解に立って、本件の訴提起が二重起訴に該当すると
の所論は採用し得ない。」

　本判決は、【判例⑦⑤】（→ 188 頁）の事案と異なり、瑕疵なく訴訟上の和解が
成立した場合である。訴訟上の和解が有効に成立しても、当事者の一方が和解

条項を遵守せず、債務不履行が生じる場合がある。その場合に、相手方当事者は、債務不履行を理由として和解の内容である契約を解除することができる。この点に争いはないが、問題となるのは、その争い方である。すなわち、訴訟上の和解の内容である契約を解除した場合には、その解除によって訴訟上の和解による訴訟終了の効果も遡及的に消滅し、いったん終了した訴訟が復活すると考えると、当該和解をした裁判所に対して期日指定の申立てを行い、前訴を続行して争うことになる（この場合に、別訴を提起して争えば、重複訴訟の禁止規定（民訴142条）に反することになる）。他方、訴訟上の和解の内容である契約を解除しても、訴訟終了の効果には影響を与えず、いったん終了した訴訟は復活しないと考えると、別訴を提起して争うことになる。本判決によれば、訴訟上の和解の内容である契約を解除した場合には、それは訴訟終了後の新たな紛争であるといえ、前訴を復活して争うべきではなく、別訴を提起すべきことになる。

【判例⑦】 和解による訴訟終了判決と不利益変更禁止の原則等
── 和解無効確認の訴えは、どのように審理・判断されるか？

最一小判平成27（2015）年11月30日・民集69巻7号2154頁

〈事案〉 Aは自己所有のアパートの一室（本件建物）をY（被告・控訴人・被上告人）に賃貸していたところ、成年後見開始審判を受け、弁護士BがAの成年後見人に選任された。Bは、アパートの老朽化が激しく、半数

```
X ────────→ Y
      建物明渡等請求訴訟
      第1審：訴訟上の和解成立
            Y：和解無効を理由に期日指定申立て
            裁判所：和解成立による訴訟終了判決
      控訴審：第1審判決取消し・和解無効・Xの請
            求一部認容・一部棄却
      最高裁：原判決破棄、控訴棄却
            （訴訟終了判決の確定）
```

の貸室で賃借人が見つからない状況であり、放火や不法侵入のおそれがあったので、アパートを処分することとした。その後、Yを除く全賃借人から明渡しがなされたが、Yは本件建物の明渡しを拒否し続けた。明渡しの交渉中にAが死亡し、X（原

告・被控訴人・上告人）が本件建物を相続した。

　そこで、Ｘは、Ｂを訴訟代理人に選任し、Ｙに対し、本件建物の明渡しおよび賃料相当損害金の支払を求める訴えを提起した。Ｙは訴訟代理人を選任しなかった。第１審において、複数回の期日を経て、訴訟上の和解が成立した。和解内容は、①Ｘ・Ｙ間の賃貸借契約を合意解除すること、②Ｙは本件建物を明け渡すこと、③ＸはＹに対し、立退料として 220 万円を支払うこと等であった。

　しかし、その後、Ｙは、訴訟上の和解は、裁判所の強要によるものであり、錯誤無効であることを主張して、第１審裁判所に期日指定の申立てをした。第１審は、期日を開き、和解の有効性を認めて、本件訴訟は訴訟上の和解が成立したことにより終了したとの判決を言い渡した。Ｙのみが控訴した。控訴審（原審）は、本件和解の条項がＹの真意に出たものであることを認めるに足りる証拠はないから、本件和解は無効であるといわざるを得ないなどとし、主文第１項で１審判決を取り消し、主文第２項で和解が無効であることを確認した。その上で、和解が無効であるから、ＸのＹに対する請求について判断すべきことになる等として、主文第３項でＹに対し、Ｘから 40 万円の支払を受けるのと引換えに本件建物を明け渡すこと、主文第４項で賃料相当損害金を支払うことを命じ、主文第５項でＸのその余の請求をいずれも棄却した。Ｙが上告受理申立て。Ｙ本人が作成した詳細な理由書が提出されており、和解無効の確認は求めていなかったこと、控訴を提起したのは、Ｙの精神状態が極度に悪化し、退去が困難であったこと、和解に至る裁判所やＸ側の対応に納得がいかず、再度話し合いの場を持ちたいと希望していたこと等が記載されている。

〈**判旨**〉　原判決破棄・控訴棄却。「訴訟上の和解の無効を主張する者は、当該和解が無効であることの確認を求める訴えを提起することができると解されるが、記録によれば、本件においては、いずれの当事者も本件和解が無効であることの確認は求めていない。それにもかかわらず、主文において本件和解が無効であることを確認した原判決には、当事者が申し立てていない事項について判決をした違法があり、この違法が判決に影響を及ぼすことは明らかである。」（**判旨①**）

　「訴訟上の和解が成立したことによって訴訟が終了したことを宣言する終局判決（以下『和解による訴訟終了判決』という。）は、訴訟が終了したことだけを既判力をもって確定する訴訟判決であるから、これと比較すると、原告の請求の一部を認容する本案判決は、当該和解の内容にかかわらず、形式的には被告にとってより不利益であると解される。したがって、和解による訴訟終了判決である第１審判決に対し、被告のみが控訴し原告が控訴も附帯控訴もしなかった場合において、控訴審が

194

第1審判決を取り消した上原告の請求の一部を認容する本案判決をすることは、不利益変更禁止の原則に違反して許されないものというべきである。

　そして、和解による訴訟終了判決に対する控訴の一部のみを棄却することは、和解が対象とした請求の全部について本来生ずべき訴訟終了の効果をその一部についてだけ生じさせることになり、相当でないから、上記の場合において、控訴審が訴訟上の和解が無効であり、かつ、第1審に差し戻すことなく請求の一部に理由があるとして自判をしようとするときには、控訴の全部を棄却するほかないというべきである。

　これを本件についてみると、和解による訴訟終了判決である第1審判決に対しては、第1審被告である上告人Ｙのみが控訴しているのであるから、第1審判決を取り消して第1審原告である被上告人Ｘの請求の一部を認容することは、不利益変更禁止の原則に違反して許されず、原審としては、仮に本件和解が無効であり、かつ、被上告人Ｘの請求の一部に理由があると認めたとしても、第1審に差し戻すことなく自判する限りは、上告人Ｙの控訴の全部を棄却するほかなかったというべきである。それにもかかわらず、原判決は、第1審判決を取り消し、上告人Ｙに対し、40万円の支払を受けるのと引換えに本件貸室を明け渡すべきこと及び賃料相当損害金を支払うべきことを命じた上で、被上告人Ｘのその余の請求をいずれも棄却したのである。このような原判決の処理には、判決に影響を及ぼすことが明らかな法令の違反がある。」(**判旨②**)

　本判決は、訴訟上の和解成立後、Ｙ（被告）が和解の内容に瑕疵（錯誤）があることを理由として、訴訟上の和解の無効を主張し、第1審裁判所に期日指定の申立てをした事案である。第1審は、期日を開き、和解が有効であると認め、訴訟上の和解が成立したことにより訴訟は終了したとの判決（和解による訴訟終了判決）を言い渡した。これに対し、控訴審（Ｙのみ控訴）は、和解が無効であると認め、和解の無効を確認するとともに、Ｘ（原告・被控訴人）の申立事項（請求の趣旨）について、請求の一部認容判決を言い渡した。これに対し、最高裁は、和解の有効・無効を判断することなく、原判決を破棄し、Ｙの控訴を棄却した。その結果、最高裁判決の言渡しと同時に第1審判決が確定し、訴訟上の和解における訴訟終了効が生じることとなった。

　一般に、この事件で、Ｙ（被告）が**和解の無効を主張する方法**として、①和解をした裁判所に対して期日指定の申立てを行い、前訴を続行する方法、②和

解の無効確認を求める訴えを提起する方法、および、③請求異議の訴えを提起する方法が考えられる。Ｙは、①の方法を選択し、最高裁は、【判例⑦⑤】と同様に、①の方法を認めた。そして、①の場合、裁判所は、和解が有効であると認めると、訴訟上の和解が成立したことによって訴訟が終了したことを宣言する判決を言い渡すことになり、第１審はこの判決を言い渡したが、最高裁は、このような判決を、「**和解による訴訟終了判決**」という名称で呼ぶことを初めて明らかにした（**判旨②**）。

　最高裁が原判決を破棄する理由として挙げるのは、原判決の**処分権主義**違反（**判旨①**）と**不利益変更禁止の原則**違反（**判旨②**）である。

　第１に、本件訴訟の申立事項（請求の趣旨）は、建物明渡しと賃料相当損害金の支払を求めるものであり、和解の無効確認を求めるものではない。また、Ｙは、和解の無効を主張して期日指定を申し立てているが、和解の無効確認を求める反訴等の請求をしていない。裁判所は、当事者が申し立てていない事項（和解の無効確認）について、判決をすることができない（246条）にもかかわらず、控訴審は、判決の主文第２項において、和解が無効であることを確認する判決を言い渡したのである。最高裁は、これを**処分権主義**に違反すると指摘した。

　第２に、控訴裁判所は、不服申立ての限度でのみ、第１審判決の取消しと変更をすることができる（304条）。すなわち、控訴裁判所は、相手方の控訴または附帯控訴がない限り、控訴人Ｙに不利益となるように第１審判決を変更することができないのである。これを**不利益変更禁止の原則**という（→278頁）。本件では、Ｙのみが控訴し、Ｘは控訴も附帯控訴（293条→280頁）もしていないので、控訴審は、Ｙの不利益に第１審判決を変更することができない。ここでは、何と何を比較して、控訴人に不利益と判断するのかが問題となる。この点、最高裁は、比較の前提として、「和解による訴訟終了判決」について、訴訟が終了したこと（訴訟終了効）だけを既判力をもって確定する訴訟判決であることを明らかにした上で、「第１審の和解による訴訟終了判決（訴訟判決）の既判力」と「控訴審の一部請求認容判決（本案判決）の既判力」とを比較した。そうすると、Ｙにとって、「和解による訴訟終了判決」は、既判力をもって訴訟終了効が確定するだけであり、原告が請求する権利の存在については何ら確

定しないのに対し、「一部請求認容判決」は、既判力をもって原告が請求する権利の一部の存在が確定されてしまうという点で、Yに不利益となる。最高裁は、これを不利益変更禁止の原則に違反すると指摘した。すなわち、「第1審の和解による訴訟終了判決」に対して、被告のみが控訴した場合に、控訴裁判所の判決において一部でも原告の請求を認容する部分が含まれていると、不利益変更禁止の原則に違反することになるのである。

　最高裁は、控訴審判決について、不利益変更禁止の原則違反を指摘した上で、控訴裁判所のなすべき判決についても指摘した（**判旨②**）。一般に、控訴裁判所は、「第1審の和解による訴訟終了判決」に対し、訴訟終了原因がない（和解が無効である）と判断したときは、第1審において本案の判断（請求に理由があるかどうかの判断）がないことから、**審級の利益**（→ 275 頁）を確保するために、「和解による訴訟終了判決」を取り消して第1審に差し戻すことが原則となる（307条本文）。ただし、控訴裁判所が、第1審において攻撃防御が尽くされている等として、更に弁論をする必要がないと認めた場合は、控訴裁判所自らが本案の判断をすることも許される（307条但書）。本件控訴審は、民訴法307条但書に基づいて、差戻しを行うことなく、請求の一部認容・一部棄却判決を言い渡したものと解されるが、その結果、請求を一部認容した部分について、不利益変更禁止の原則に違反することとなったのである。

第11講
訴訟の終了Ⅱ：判決等による場合

<本講のポイント>

　本講では、訴訟事件が判決等の裁判で終わる場合について取り上げる。そもそも「裁判」とは、広く裁判機関が行う判断内容や判断行為をいう。その種類には、判決・決定・命令の3つがあるが、ここでは、その中で最も重要な「判決」に焦点を当てて説明していきたい。まず、判決の成立に関わる基礎知識や問題等を取り上げる（→Ⅰ）。次に、確定判決の重要な効力である既判力（→Ⅱ1）について、その基準時（→Ⅱ2）、客観的範囲（物的範囲→Ⅱ3）および主観的範囲（人的範囲→Ⅱ4）に関する原則や問題等を、順に述べていくこととする。

Ⅰ　判決の成立

1　判決の種類と判決事項
　(1)　**判決の種類**　判決には、大きく分けると、**終局判決**（その審級における手続を終結させる判決）と、**中間判決**（その審級における手続を終結させる効果をもたない判決。245条）がある。終局判決は、さらに、完結範囲に基づく区別から、**全部判決**（同一手続により判断されるべき事件のすべてについて判断する判決）と、**一部判決**（事件の一部についてのみ判断する判決）に分けられる。

　また、判断対象に基づく区別からは、**本案判決**（「本案」すなわち訴訟上の請求の当否に関する判決）と、**訴訟判決**に分けられる。訴訟判決は、訴えを不適法とする判決であり、本案判断の前提要件としての訴訟要件が欠ける場合に、不適法却下する旨の判決（**訴え却下判決**）である。請求棄却判決とは異なり、請求の当否につき判断しないとする判決であり、いわば「**門前払い判決**」である。なお、この訴訟要件には、個別に触れてきたように、たとえば、法律上の

争訟、管轄、当事者能力、当事者適格、訴えの利益、重複訴訟の禁止に触れないことなどがある。本案判決には、**請求認容判決**（請求に理由があるとして認容する判決）と、**請求棄却判決**（請求に理由がないとして棄却する判決）がある。

(2) **判決の成立と申立拘束主義**　判決は、裁判所による判決内容の確定、判決書の作成（252条・253条。ただし、調書判決〔254条〕の場合を除く）および判決の言渡し（250条）を経て成立する。判決の言渡しに関わる重要な原則として、**処分権主義**（→92頁）における**申立拘束主義**（申立事項と判決事項の一致）がある。すなわち、裁判所は、当事者が申し立てていない事項について、判決をすることができない（246条）。これは、裁判所が、原告の申立事項に拘束されることを意味しており、判決事項と申立事項が一致しなければならないことをいう。したがって、判決事項と申立事項が異なる場合や、判決事項が申立事項を超える場合は違法となる。

2　一部認容判決

　原告の求めた請求をすべて認容できない場合に、申立事項の範囲内であれば、その一部について認容する判決をすることは、民訴法246条違反とはならない。このような判決を、**一部認容判決**という。たとえば、原告が500万円の支払を求めたのに対して、250万円の支払を命じる判決のように、数量的に可分と考えられる申立事項の一部を認容し他を棄却する場合がある。これを、**量的一部認容判決**という。また、債務不存在確認訴訟において、債務の存在が明らかとなった場合も、（量的）一部認容判決がなされる（【判例㊲】→94頁）。

　これに対して、質的一部認容判決と呼ばれるものもある。その一例として、無条件の給付請求に対して、自己（原告）の債務の履行と引換えに、相手方（被告）に履行を命じる判決がある。これを**引換給付判決**といい、被告によって主張される、同時履行の抗弁（大判明治44（1911）年12月11日・民録17輯772頁）や、留置権の抗弁（最一小判昭和33（1958）年3月13日・民集12巻3号524頁等）が認められる場合になされる。このほかにも、建物の明渡請求に対して、一定額の立退料の支払と引換えに明渡しを命じる判決（**立退料判決**）がある。

【判例⑱】引換給付判決
――立退料判決は、どのようになされるか？
最一小判昭和 46（1971）年 11 月 25 日・民集 25 巻 8 号 1343 頁

〈**事案**〉　X（原告・被
控訴人・被上告人）は、
京都市屈指の繁華街に
ある建物の一部を Y
（被告・控訴人・上告
人）に賃貸し、そこで
Y は果物小売商を営ん

X（建物賃貸人）――――→ Y（建物賃借人）
　無条件の建物明渡請求（第 1 次請求）
　予備的に、300 万円の立退料と引換えに明渡しを請求
　　第 1 審：第 1 次請求棄却・予備的請求認容
　　第 2 審：立退料を 500 万円に増額
　　最高裁：上告棄却

でいた。契約は 2 年ごとに更新され、最後は、昭和 32（1957）年 12 月 31 日に、
期間を 2 年、賃料 1 か月 2 万 5000 円と約定されたが、X は適法な更新拒絶の意思
表示をしないまま、期間が満了した。
　本件建物は建築当時から粗末なものであり、相当に老朽化していたため、X は本
件建物を取り壊し、その跡地に近代的高層ビルを建て、自社系統 5 社を入居させる
こと等を計画し、昭和 34（1959）年 10 月 31 日に、Y に対し解約告知をして、明
渡しの交渉を行った。しかしながら、Y はこれに応じなかったため、昭和 38（1963）
年 6 月 5 日、X は、更新拒絶を理由とする本件店舗の明渡請求訴訟を提起した（な
お、X は、昭和 39（1964）年 6 月 11 日受付の準備書面により、請求原因を、解約
告知を理由とする本件店舗の明渡請求に変更している）。X は当初無条件の明渡し
を求めた（第 1 次請求）が、その後、予備的に、300 万円の立退料の提供を正当事
由の補強条件とし、これと引換えに本件店舗の明渡しを請求した。
　第 1 審は、第 1 次請求を棄却し、予備的請求を認容した。これに対して原審は、
まず、1 審が、無条件の明渡請求と立退料と引換えに明渡しを求める請求とを別個
の請求とみて前者を棄却したことにつき、これらの請求は 1 個の請求であり、第 1
次請求と予備的請求との関係に立つものではないから、立退料の提供を条件とする
明渡請求を認容するときは、明渡請求中その余の部分を棄却すべきであって、表現
の適切を欠くとする。そして、申立額を超える立退料の支払を命じることについて
は、「特に反対の意思がうかがわれない限り、解約申入をする者はその主張する金
額に必ずしもこだわることなく、一定の範囲内で裁判所にその決定を任せていると
考えるべきであ」るとして、X から 500 万円の支払を受けるのと引換えに、本件店
舗の明渡しを命じた。これに対して、立退料の額が低すぎる等の理由で Y が上告。

〈判旨〉　上告棄却。「原審の確定した諸般の事情のもとにおいては、ＸがＹに対して立退料として300万円もしくはこれと格段の相違のない一定の範囲内で裁判所の決定する金員を支払う旨の意思を表明し、かつその支払と引き換えに本件係争店舗の明渡を求めていることをもって、Ｘの右解約申入につき正当事由を具備したとする原審の判断は相当である。所論は右金額が過少であるというが、右金員の提供は、それのみで正当事由の根拠となるものではなく、他の諸般の事情と綜合考慮され、相互に補充しあって正当事由の判断の基礎となるものであるから、解約の申入が金員の提供を伴うことによりはじめて正当事由を有することになるものと判断される場合であっても、右金員が、明渡によって借家人の被るべき損失のすべてを補償するに足りるものでなければならない理由はないし、また、それがいかにして損失を補償しうるかを具体的に説示しなければならないものでもない。原審が、右の趣旨において500万円と引き換えに本件店舗の明渡請求を認容していることは、原判示に照らして明らかであるから、この点に関する原審の判断は相当であって、原判決に所論の違法は存しない。」

　この判例によれば、原告の申立額を超える立退料と引換えに明渡しを命じることは、一部認容として許される。そこで、原告の申立額を超えて、いかなる範囲までの立退料を命じることができるのかが問題となるが、この判例は、原告が申立額と「格段の相違のない一定の範囲内で裁判所の決定する金員を支払う旨の意思を表明し」と述べていることから、この範囲内であれば許される。申立額と「格段の相違のない」範囲内といえるかどうかは、具体的事例を通した検討が必要となるが、たとえばこの事例では、300万円の申立額に対して500万円の立退料が命じられ、本件と関連する別件訴訟（最三小判昭和46（1971）年12月7日・判時657号51頁）では、500万円の申立額に対して1000万円の立退料が命じられている。

　なお、（質的）一部認容判決の一種として、**留保付判決**もある。たとえば、相続人に対する給付訴訟において、相続人の限定承認が認められたときは、主文において、「相続財産の限度で」債務の支払を命じるべきであり（【判例83】→210頁）、給付訴訟において、不執行の合意が認められたときは、主文において、被告に債務の履行を命じるとともに、「強制執行をすることができないこと」を明らかにすべきとされる（最一小判平成5（1993）年11月11日・民集

47 巻 9 号 5255 頁）。これらのように、原告の請求を認めつつ、被告の責任を限
定するような判決を、**留保付判決**という。

3　判決の確定

　判決に対する不服申立てができなくなったとき、判決は**確定**する（116 条）。
たとえば、上訴が提起されることなく上訴期間（→ 276 頁）を経過した場合や、
最高裁判決が言い渡された場合等である。判決が確定すると、訴訟は終了する
（**訴訟終了効**）。そして、その判決は、もはや上訴等の通常の不服申立方法によ
って取り消すことができなくなる（**形式的確定力**）。さらに、確定判決における
主文中の判断について内容的な拘束力が生じる（**実質的確定力**。いわゆる**既判力**
のこと→ 203 頁）。また、給付判決の場合には、その給付義務を強制執行により
現実化する効力（**執行力**）が、形成判決の場合には、判決内容通りに法律関係
の変動を生じさせる効力（**形成力**）が生じる。

4　判決の瑕疵

　(1)　**判決の無効**　判決は、その手続や内容に瑕疵があっても、原則として、
これを当然に無効と解することはできない。判決として成立した以上、その瑕
疵は、判決の変更、上訴、再審等の手続による判決の取消事由として問題とな
るにすぎない。

　しかし、重大な瑕疵が存在するために、上記のような手続により取り消され
なくても、判決としての本来的効力（既判力、執行力、形成力）を、全部または
一部発揮できない場合がある（ただし、判決として成立していることから、その
審級を終了させる効力は有する）。これを**判決の無効**という。たとえば、実在し
ない者に対する判決（例、大判昭和 16（1941）年 3 月 15 日・民集 20 巻 191 頁）
等が挙げられる。

　(2)　**判決の騙取**　当事者が、相手方や裁判所を故意に欺いて確定判決を得る
ことを、**判決の騙取**という。判決の騙取に対する救済手段として、再審（→ 283
頁）を経ることなく、不法行為による損害賠償請求をすることができるかについ
ては、既判力との関係で議論がある。なぜならば、判決の騙取を理由に損害
賠償を認めることは、騙取判決における判断が誤りであると認めることを意味

するので、騙取判決の既判力に反することとなるからである。

【判例㊆】判決の騙取

——判決の騙取を理由に、損害賠償請求をすることができるか？

最三小判昭和 44（1969）年 7 月 8 日・民集 23 巻 8 号 1407 頁

〈事案〉 Y（被告・被控訴人・被上告人）は、X（原告・控訴人・上告人）に対して貸金等の返還を求めて訴えを提起した（前訴）が、後に、Xが和解金を支払うことにより、Yはその余の債務を免除し、訴えを取り下げる旨の裁判外の和解が成立した。Xは和解金を支払ったにもかかわらず、

```
前訴）  Y ―――――→ X
    ①貸金返還請求訴訟
    ②裁判外での和解が成立
    ③Yが訴えの取下げをせず、請求認容判決が確定
    ④Yによる強制執行
本訴）  X ―――――→ Y
    債務不存在確認・請求異議の訴え
        ↓訴えの変更（第2審）
    不法行為に基づく損害賠償請求
        第1審：請求棄却
        第2審：訴え変更後の請求を棄却
        最高裁：破棄差戻し
```

Yは訴えを取り下げず、自己の弁護士にも和解のことを伝えなかったため、第1回口頭弁論期日にX不出頭（欠席）のまま結審され、Yの請求認容判決がなされた。そこで、Xが再度Yに訴えの取下げを求めたところ、Yが心配には及ばないというので、Xは控訴せず、判決は確定した。この判決に基づいて、YがX所有の不動産につき強制競売を申し立てたので、Xは、Yに対し債務不存在確認と請求異議の訴えを提起して（本訴）、執行停止決定を得た。

　第1審は、既判力を理由にXの請求を棄却し、執行停止決定を取り消した。Yが強制競売手続を続行したので、Xはやむなく主文の金額をYに支払い、競売の申立てを取り下げさせた。そして、これはYの訴訟上および強制執行上の不法行為による損害であるとして、原審において不法行為による損害賠償請求に訴えを変更した。原審も、前訴判決は有効に確定しており、既判力の作用により、弁論終結前の状態に遡ってYのXに対する請求権の不存在を主張することはできず、有効な確定判決に基づく強制執行を違法ということはできないとして、Xの損害賠償請求を棄却した。Xが上告。

〈判旨〉　破棄差戻し。「判決が確定した場合には、その既判力によって右判決の対象となった請求権の存在することが確定し、その内容に従った執行力の生ずることはいうをまたないが、その判決の成立過程において、訴訟当事者が、相手方の権利を害する意図のもとに〔①〕、作為または不作為によって相手方が訴訟手続に関与することを妨げ、あるいは虚偽の事実を主張して裁判所を欺罔する等の不正な行為を行ない〔②〕、その結果本来ありうべからざる内容の確定判決を取得し、かつこれを執行した場合〔③〕においては、右判決が確定したからといって、そのような当事者の不正が直ちに問責しえなくなるいわれはなく、これによって損害を被った相手方は、かりにそれが右確定判決に対する再審事由を構成し、別に再審の訴を提起しうる場合であっても、なお独立の訴によって、右不法行為による損害の賠償を請求することを妨げられないものと解すべきである。」とした上で、本件事情の下では、前訴「確定判決の取得およびその執行にあたり、前示の如き正義に反する行為をした疑いがあるものというべきであ」り、この点について十分な説示をすることなく、単に確定判決の既判力のみからＸの本訴請求を排斥した原判決には違法があるとして、原判決を破棄し、さらに審理を尽くさせるため、原審へと差し戻した。（〔　〕は執筆者による。）

この判例によれば、上記要件①・②・③を満たす場合には、再審を経ずに損害賠償請求をすることができることになる。その後、最一小判平成10（1998）年9月10日・判時1661号81頁②事件（【判例⑩】→104頁）も、この判例の判断枠組みを踏襲した上で、当事者の一方の「行為が著しく正義に反し、確定判決の既判力による法的安定の要請を考慮してもなお容認し得ないような特別の事情がある場合に限って」許されるとしている（ただし、結論として損害賠償は認めていない。最三小判平成22（2010）年4月13日・裁時1505号12頁も同旨）。

Ⅱ　判決の効力

1　既判力

確定した終局判決の判断内容に与えられる後訴における通用力を、既判力という。既判力の作用により、後訴裁判所は、①前訴判断を前提として判断しなければならず（**積極的作用**）、②前訴判断と矛盾する事項については審理ができなくなり、当事者もまた、前訴判断と矛盾する主張立証ができなくなる（**消極**

的作用）。既判力は、通常、前訴の勝訴当事者に有利に働くが、不利に働く場合もある（**既判力の双面性**）。既判力の有無は、当事者の指摘がなくても裁判所が判断できる**職権調査事項**である。前訴判決の既判力が看過されて、これと矛盾する後訴判決がなされた場合には、後訴判決は、確定前であれば上訴により、確定後であれば再審（338 条 1 項 10 号）により、取り消される。

　既判力の範囲には、3 つの限界に関する問題がある。すなわち、①いつの時点における判断の通用力か（**時的限界の問題**→ 2）、②前訴判決中の判断のどの部分に通用力が認められるのか（**客観的範囲**〔**物的範囲**〕**の問題**→ 3）、③誰と誰との間で通用力が生じるのか（**主観的範囲**〔**人的範囲**〕**の問題**→ 4）である。

2　既判力の時的限界

（1）**既判力の基準時**　既判力は、**事実審の口頭弁論終結時**において生じる。この時点を既判力の**基準時**（**標準時**）という。これにより、前訴判決の既判力が作用する後訴において、当事者は、前訴の基準時「前」に生じた事由を主張して、既判力により確定された基準時における前訴判決の判断を争うことができなくなる（これに対し、基準時「後」に生じた事由に基づいて争うことは許される。民執 35 条 2 項）。

（2）**基準時後の形成権行使**　既判力の基準時に関して従来から論じられてきた問題として、**基準時後の形成権行使**の問題がある。すなわち、基準時前に形成原因が発生していたにもかかわらず、前訴でそれを主張しなかった場合に、基準時後に形成権を行使して、その効果を基準時後の新事由として後訴で主張できるのかという問題である。

　以下では、**取消権**および**建物買取請求権**を中心に見ていきたい。

【判例⑧】取消権
　──基準時後の取消権の行使は、既判力によって遮断されるか？
　最一小判昭和 55（1980）年 10 月 23 日・民集 34 巻 5 号 747 頁

〈事案〉　Ｙ（被告・被控訴人・被上告人）は、Ｘ（原告・控訴人・上告人）に対して、Ｘから本件土地を買い受け、所有権を取得したとして、所有権確認および所有権移

転登記手続請求訴訟を
提起した（前訴）。そ
して、1 審での請求認
容判決が、控訴・上告
を経て確定したため、
Y は、本件土地につい
て Y 名義の所有権移
転登記を経由した。と
ころが、その後、X は、
Y に対し、第 1 次的請
求として、本件土地の

```
前訴）Y ──────→ X
        本件土地の所有権確認・所有権移転登記手続請求
        ⇒請求認容（確定）

本訴）X ──────→ Y
        Y の所有権移転登記の抹消登記手続請求
        （前訴判決確定後に詐欺による取消権を行使）
                    第 1 審：請求棄却
                    第 2 審：控訴棄却
                    最高裁：上告棄却
```

所有権に基づき Y の所有権移転登記の抹消登記手続を求め（本訴。第 2 次的請求
は省略）、その請求原因として、Y の詐欺を理由に、本件訴状により本件売買契約
の承諾の意思表示を取り消した等と主張した。

　第 1 審・原審ともに、X の主張は、前訴判決の既判力に抵触し許されないとして、
X の請求を棄却した。X が上告。

〈判旨〉　上告棄却。「売買契約による所有権の移転を請求原因とする所有権確認訴
訟が係属した場合に、当事者が右売買契約の詐欺による取消権を行使することがで
きたのにこれを行使しないで事実審の口頭弁論が終結され、右売買契約による所有
権の移転を認める請求認容の判決があり同判決が確定したときは、もはやその後の
訴訟において右取消権を行使して右売買契約により移転した所有権の存否を争うこ
とは許されなくなるものと解するのが相当である。
　これを本件についてみるに、原審が適法に確定したところによれば、Y を原告と
し X を被告とする…事件において Y が X から本件売買契約により本件土地の所有
権を取得したことを認めて Y の所有権確認請求を認容する判決があり、右判決が
確定したにもかかわらず、X は、右売買契約は詐欺によるものであるとして、右判
決確定後…これを取り消した旨主張するが、前訴において X は、右取消権を行使し、
その効果を主張することができたのにこれをしなかったのであるから、本訴におけ
る X の上記主張は、前訴確定判決の既判力に抵触し許されないものといわざるを
えない。」

　この判例によれば、基準時前に行使できた詐欺を理由とする取消権を、基準
時後に行使してその効果を後訴で主張することは、前訴判決の既判力に抵触し

許されないことになる。また、判例は、手形の白地補充権についても、基準時後の行使によるその効果の主張は、特段の事情のない限り、前訴判決の既判力により遮断されるとする（最三小判昭和57（1982）年3月30日・民集36巻3号501頁）。

【判例㉛】建物買取請求権
——基準時後の建物買取請求権の行使は、既判力によって遮断されるか？
最二小判平成7（1995）年12月15日・民集49巻10号3051頁

```
              賃貸                    転貸
      Y ─────→ A（後にX₁が相続）─────→ X₂（建物所有）
  （土地賃貸人）（土地賃借人）              （土地転借人）
前訴）  Y ─────→ A・X₂
      建物収去土地明渡し等⇒請求認容（確定）
本訴）X₁・X₂ ─────→ Y
      請求異議の訴え
  （前訴判決確定後に建物買取請求権を行使）
                              第1審：一部認容
                              第2審：控訴棄却
                              最高裁：上告棄却
```

〈事案〉　本件土地の賃貸人Y（被告・被控訴人兼控訴人・上告人）は、賃借人Aと、Aから本件土地を転借し、本件土地上に複数の建物を所有しているX₂（原告・控訴人兼被控訴人・被上告人）に対して、建物収去土地明渡し等を求めて訴えを提起したところ、請求認容判決がなされて確定した（前訴）。その後、X₁（Aの共同相続人4名。原告・控訴人兼被控訴人・被上告人）とX₂が、建物買取請求権（借地4条2項。〔現〕借地借家13条1項・3項）を行使した上、本件各建物と本件土地をすでにYに明け渡したと主張して、Yに対し請求異議の訴えを提起した。本件では、特に、前訴判決の基準時後になされた建物買取請求権の行使の効果を、請求異議事由として主張することができるかが争点となった。

　第1審・原審ともにこれを認めた上、本件各建物の一部を除き明渡しが完了しているとして、Xらの請求を一部認容した。Yが上告。

〈判旨〉　上告棄却。「借地上に建物を所有する土地の賃借人が、賃貸人から提起された建物収去土地明渡請求訴訟の事実審口頭弁論終結時までに借地法 4 条 2 項（現、借地借家 13 条 1 項・3 項）所定の建物買取請求権を行使しないまま、賃貸人の右請求を認容する判決がされ、同判決が確定した場合であっても、賃借人は、その後に建物買取請求権を行使した上、賃貸人に対して右確定判決による強制執行の不許を求める請求異議の訴えを提起し、建物買取請求権行使の効果を異議の事由として主張することができるものと解するのが相当である。けだし、(1)建物買取請求権は、前訴確定判決によって確定された賃貸人の建物収去土地明渡請求権の発生原因に内在する瑕疵に基づく権利とは異なり、これとは別個の制度目的及び原因に基づいて発生する権利であって、賃借人がこれを行使することにより建物の所有権が法律上当然に賃貸人に移転し、その結果として賃借人の建物収去義務が消滅するに至るのである、(2)したがって、賃借人が前訴の事実審口頭弁論終結時までに建物買取請求権を行使しなかったとしても、実体法上、その事実は同権利の消滅事由に当たるものではなく（最二小判昭和 52（1977）年 6 月 20 日・集民 121 号 63 頁）、訴訟法上も、前訴確定判決の既判力によって同権利の主張が遮断されることはないと解すべきものである、(3)そうすると、賃借人が前訴の事実審口頭弁論終結時以後に建物買取請求権を行使したときは、それによって前訴確定判決により確定された賃借人の建物収去義務が消滅し、前訴確定判決はその限度で執行力を失うから、建物買取請求権行使の効果は、民執法 35 条 2 項所定の口頭弁論の終結後に生じた異議の事由に該当するものというべきであるからである。」

この判例によれば、前訴の基準時前に存在していた建物買取請求権を基準時後に行使して、その効果を請求異議の事由として主張することは、既判力に抵触することなく許されることになる。その結果、建物収去義務が消滅し、建物収去土地明渡判決（前訴判決）は、その限度で執行力を失うことになる。また、判例は、**相殺権**についても、既判力による遮断を否定し、基準時後に相殺の意思表示をして、その効果を請求異議の事由として主張することは許されるとする（最二小判昭和 40（1965）年 4 月 2 日・民集 19 巻 3 号 539 頁）。

3　既判力の客観的範囲（物的範囲）

(1)　**意義**　既判力は、原則として、**判決主文**に包含される判断にのみ生じる（114 条 1 項）。ここでいう判決主文（253 条 1 項 1 号）とは、訴状の**請求の趣旨**（133

条2項2号）に対応するものであり、請求の趣旨は、**訴訟上の請求（訴訟物）**であるため、結局、既判力は訴訟物として主張された権利義務関係の存否についての判断に生じるということになる（物的範囲にいう「物」とは訴訟物をいう。後述の「人」的範囲と対比できる）。したがって、判決理由中の判断に既判力は生じない。たとえば、所有権に基づく登記請求訴訟の確定判決の既判力は、その事件で訴訟物とされた登記請求権の有無を確定するにとどまり、判決の理由となった所有権の存否の判断を確定するものではない（【判例⑧】参照）。

　ただし、例外的に、**相殺の抗弁**については、判決理由中の判断であっても既判力が生じることが明文で認められている（114条2項）。

　(2)　**争点効**　学説上、判決理由中の判断についての拘束力として、**争点効**が提唱されている。争点効とは、前訴で当事者が主要な争点として争い、かつ、裁判所がこれを審理して下したその争点についての判断に生じる通用力で、同一の争点を主要な先決問題とした別異の後訴請求の審理において、その判断に反する主張立証を許さず、これと矛盾する判断を禁止する効力をいう。その根拠は、信義則または当事者間の公平にあるとされる。争点効を認めるか否かについては、学説上争いがあり、次の判例は否定する。

【判例⑧】争点効
──争点効の理論は、判例によって認められるか？
最三小判昭和44（1969）年6月24日・判時569号48頁

別件訴訟）　　Y（買主）　登記 ─────→ X（売主）　建物
　　　　　　　　　　本件建物の明渡請求等（売買契約を理由とする）
　　　　　　　　　　⇒請求認容（確定）…X主張の詐欺取消しを否定
本件訴訟）　　X ───── Y
　　　　　　　　　　本件不動産の所有権移転登記の抹消登記手続請求（理由：詐欺取消し）
　　　　　　　　　　　　　　　　第1審：請求棄却
　　　　　　　　　　　　　　　　第2審：原判決取消し・請求認容
　　　　　　　　　　　　　　　　最高裁：上告棄却

〈事案〉　X（原告・控訴人・被上告人）は、本件土地と建物（以下本件不動産）を

Y（被告・被控訴人・上告人）へと売り渡し、所有権移転登記を行ったが、その後、この売買契約は詐欺により取り消されたと主張して、所有権移転登記の抹消登記手続請求訴訟を提起した（本件訴訟）。これを受けて、Y も X に対して、売買契約の履行として、まだ明け渡されていない本件建物の明渡し等を求めて訴えを提起した（別件訴訟）。

　両訴訟とも、第 1 審では、詐欺は認められないとして、Y 勝訴の判決がなされた。控訴審では、まず別件訴訟において、詐欺は認められないとされてそのまま Y 勝訴の判決がなされ、上告を経て（上告棄却）、確定した。その 3 か月後、本件訴訟において、原審は、X の詐欺による取消しの主張を認め、請求認容判決を言い渡した。これに対して、Y が、すでに別件訴訟において、X の詐欺による取消しの主張は排斥され、本件不動産は Y の所有であることが確定しているとして上告。

〈判旨〉　上告棄却。「…別件訴訟の確定判決は、X 主張の右契約の詐欺による取消の抗弁を排斥して、Y の請求原因を全部認容したものである。されば、右確定判決は、その理由において、本件売買契約の詐欺による取消の抗弁を排斥し、右売買契約が有効であること、現在の法律関係に引き直していえば、本件不動産が Y の所有であることを確認していても、訴訟物である本件建物の明渡請求権…の有無について既判力を有するにすぎず、本件建物の所有権の存否について、既判力およびこれに類似する効力（いわゆる争点効、以下同様とする。）を有するものではない。一方、本件訴訟における X の請求原因は、右本件不動産の売買契約が詐欺によって取り消されたことを理由として、本件不動産の所有権に基づいて、すでに経由された前叙の所有権移転登記の抹消登記手続を求めるというにあるから、かりに、本件訴訟において、X の右請求原因が認容され、X 勝訴の判決が確定したとしても、訴訟物である右抹消登記請求権の有無について既判力を有するにすぎず、本件不動産の所有権の存否については、既判力およびこれに類似する効力を有するものではない。以上のように、別件訴訟の確定判決の既判力と本件訴訟において X 勝訴の判決が確定した場合に生ずる既判力とは牴触衝突するところがなく、両訴訟の確定判決は、ともに本件不動産の所有権の存否について既判力およびこれに類似する効力を有するものではないから、論旨は採るをえない。」

　この判例は、既判力に類似の効力（**争点効**）を否定した（その後の同旨の判例として、最一小判昭和 48（1973）年 10 月 4 日・判時 724 号 33 頁等）。その結果、詐欺の存否につき、別件訴訟と本件訴訟で判断が分かれることとなり、同一不

動産につき、登記は X に、占有は Y に帰属することになったが、この判例（判旨引用後の部分）によれば、両訴訟の確定判決は、ともに本件不動産の所有権の存否につき既判力およびこれに類似する効力を有するものではないから、改めて本件不動産の所有権確認訴訟を提起することができるとされる（その後、実際に、Y からは所有権確認訴訟〔第 3 訴訟〕が、X からは所有権確認および建物明渡請求訴訟〔第 4 訴訟〕が提起され、最終的に第 3・第 4 訴訟ともに Y の詐欺が認められて X 勝訴で決着した）。

(3) **既判力に準ずる効力**　判例は、法定された場合を除き、訴訟物以外の事項についての判断には既判力を認めず、判決理由中の判断に関する既判力に類似の効力（争点効）も否定するが、判決主文における「**既判力に準ずる効力**」を認めたものがある。

【判例㊷】既判力に準ずる効力
——判決主文中の訴訟物以外の事項についての判断に拘束力は生じるか？
最二小判昭和 49（1974）年 4 月 26 日・民集 28 巻 3 号 503 頁

前訴）　X（A の破産管財人）─────▶ B（後に Y₁ が相続財産管理人として受継）
　　　　　　　　　　　　　価額の償還請求
　　　　　　　　　⇒限定承認の存在を肯定、相続財産の限度で支払を命じる判決が確定
本訴）　X ─────▶ Y₁ 〜 Y₄（B の共同相続人）
　　　　無留保での価額の償還請求（法定単純承認を理由とする）
　　　　　　　　　　　　　　　　　　　　　第 1 審：訴え却下
　　　　　　　　　　　　　　　　　　　　　第 2 審：控訴棄却
　　　　　　　　　　　　　　　　　　　　　最高裁：上告棄却

〈事案〉　A の破産管財人である X（原告・控訴人・上告人）は、本訴に先立ち、B（Y₁ 〜 Y₄ の被相続人）に対して、否認権の行使を理由として、本件建物の返還に代わる価額の償還等を求める訴えを提起した（前訴）。前訴係属中に B が死亡したので、相続財産管理人に選任された Y₁ が訴訟を受継し、限定承認を主張したところ、これが認められ、「相続財産の限度で支払え」との判決がなされて確定した（なお、X は前訴の控訴審において自ら留保付判決を求めていた）。前訴の上告審係属中に、

　Xは、Y₁〜Y₄（被告・被控訴人・被上告人）が、限定承認の申述にあたり、相続財産の一部を隠匿し、悪意でこれを財産目録中に記載しなかったので、限定承認は無効であり、単純承認が擬制される（民 921 条 3 号）と主張して、Y らに対し、償還金等を相続財産の限度にかかわらず支払えとの判決を求めて本訴を提起した。

　第 1 審・原審ともに、前訴判決の基準時前までに存在した限定承認の無効を認めることは、前訴判決の既判力により許されないので、本訴は訴えの利益を欠くとして訴えを却下した。Xが上告。

〈**判旨**〉　上告棄却。「被相続人の債務につき債権者より相続人に対し給付の訴^うったえ^が提起され、右訴訟において該債務の存在とともに相続人の限定承認の事実も認められたときは、裁判所は、債務名義上相続人の限定責任を明らかにするため、判決主文において、相続人に対し相続財産の限度で右債務の支払を命ずべきである。

　ところで、右のように相続財産の限度で支払を命じた、いわゆる留保付判決が確定した後において、債権者が、右訴訟の第 2 審口頭弁論終結時以前に存在した限定承認と相容^あいい^れない事実（たとえば民法 921 条の法定単純承認の事実）を主張して、右債権につき無留保の判決を得るため新たに訴を提起することは許されないものと解すべきである。けだし、前訴の訴訟物は、直接には、給付請求権即ち債権（相続債務）の存在及びその範囲であるが、限定承認の存在及び効力も、これに準ずるものとして審理判断されるのみならず、限定承認が認められたときは前述のように主文においてそのことが明示されるのであるから、限定承認の存在及び効力についての前訴の判断に関しては、既判力に準ずる効力があると考えるべきであるし、また民訴法 545 条 2 項〔現、民執 35 条 2 項〕によると、確定判決に対する請求異議の訴は、異議を主張することを要する口頭弁論の終結後に生じた原因に基づいてのみ提起することができるとされているが、その法意は、権利関係の安定、訴訟経済及び訴訟上の信義則等の観点から、判決の基礎となる口頭弁論において主張することのできた事由に基づいて判決の効力をその確定後に左右することは許されないとするにあると解すべきであり、右趣旨に照らすと、債権者が前訴において主張することのできた前述のごとき事実を主張して、前訴の確定判決が認めた限定承認の存在及び効力を争うことも同様に許されないものと考えられるからである。

　そして、右のことは、債権者の給付請求に対し相続人から限定承認の主張が提出され、これが認められて留保付判決がされた場合であると、債権者がみずから留保付で請求をし留保付判決がされた場合であるとによって異なるところはないと解すべきである。」

....

212

　この判例によれば、限定承認の存在および効力は、給付訴訟における訴訟物とはならないものの、その判断については「既判力に準ずる効力」があるとされる。その結果、前訴の基準時前に存在した事実を主張して、前訴判決の主文中で認められた限定承認の存在および効力を争うことは、「前訴の確定判決に牴触し、またこれに遮断されて許され」ないとされる。

　(4)　**信義則による後訴の遮断**　判例は、既判力に準ずる効力を認めた後、さらに、前訴と訴訟物を異にする後訴について、信義則による遮断を認めるに至っている。

【判例㊹】信義則の後訴遮断効
——信義則によって後訴は遮断されるか？
最一小判昭和51（1976）年9月30日・民集30巻8号799頁

〈**事案**〉　本件農地は、もともとＡ（Ｘらの先代）所有であったところ、昭和23（1948）年6月に、自作農創設特別措置法による買収処分があり、同24（1949）年7月にＢ（Ｙらの先代）へと売り渡されたものである。Ａの死後、相続人の1人であるＸ₁が、Ｂとの間で本件農地につき買戻契約が成立し

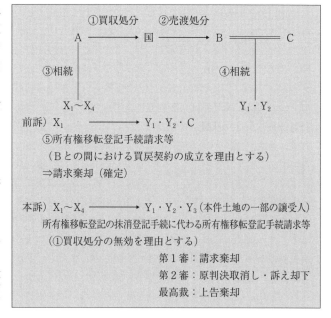

たと主張して、Ｙ₁・Ｙ₂（Ｂの子）とＣ（Ｂの妻。前訴係属中に死亡）に対して、農地法所定の許可申請手続および許可を条件とする所有権移転登記手続等を求める

訴えを提起した（前訴）が、請求棄却判決がなされて確定した（なお、買戻契約が無効なものとされた場合の予備的請求としてなされていた、買戻代金の不当利得返還請求については認容されている）。ところが、その後、X_1～X_4（原告・控訴人・上告人）は、本件農地の買収処分の無効を理由として、Y_1・Y_2と前訴係属中に Y らから土地の一部を譲り受けた Y_3（被告・被控訴人・被上告人）に対して、所有権移転登記の抹消登記手続に代わる所有権移転登記手続等を求めて本訴を提起した。

　第 1 審は、Y らの取得時効を認めて X らの請求を棄却したが、原審は、本訴の提起は信義則に反し許されないと判断し、1 審判決を取り消して、訴えを却下した。X らが上告。

〈**判旨**〉　上告棄却。「…ところで、X_1 は、前訴においても前記買収処分が無効であることを主張し、買収処分が無効であるため本件各土地は当然その返還を求めうべきものであるが、これを実現する方法として、土地返還約束を内容とする、実質は和解契約の性質をもつ前記売買契約を締結し、これに基づき前訴を提起したものである旨を一貫して陳述していたこと、…X_1 は、本訴における主張を前訴で請求原因として主張するにつきなんら支障はなかったことが、明らかである。右事実関係のもとにおいては、前訴と本訴は、訴訟物を異にするとはいえ、ひっきょう、右 A の相続人が、右 B の相続人及び右相続人から譲渡をうけた者に対し、本件各土地の買収処分の無効を前提としてその取戻を目的として提起したものであり、本訴は、実質的には、前訴のむし返しというべきものであり〔①〕、前訴において本訴の請求をすることに支障もなかったのにかかわらず〔②〕、さらに X らが本訴を提起することは、本訴提起時にすでに右買収処分後約 20 年も経過しており、右買収処分に基づき本件各土地の売渡をうけた右 B 及びその承継人の地位を不当に長く不安定な状態におくことになること〔③〕を考慮するときは、信義則に照らして許されないものと解するのが相当である。」（〔　〕は執筆者による。）

この判例によれば、前訴と訴訟物が異なる後訴であっても、信義則違反を基礎づける事情（①②③を参照）がある場合には、訴えは却下されることになる。

　当初、信義則による後訴の遮断は本件限りの処理であり、この判例の射程範囲は限定されると解されていたが、その後も、信義則を理由に後訴を遮断する判例が見られ（【判例86】等→ 216 頁）、今では判例法理として定着したと評されている。

(5)　**一部請求後の残部請求**　既判力や信義則による後訴の遮断に関わる問題

として、数量的に可分な債権の一部を請求する訴えを提起し、その確定判決を取得した後に、残部を請求することが許されるかという問題がある。学説上様々な見解が主張されているが、判例は、一部であることの明示がない場合とある場合とで分けて考えている。

【判例(85)】一部であることの明示がない場合
――後訴において、前訴が一部請求であったことの主張は許されるか？
最二小判昭和32（1957）年6月7日・民集11巻6号948頁

前訴）X ――――→ $Y_1 \cdot Y_2$
45万円の支払請求
⇒全部認容（確定）
（本判決は、分割債務として、各自22万5000円の支払をなすべき旨の判決と理解）

本訴）X ――――→ $Y_1 \cdot Y_2$
前訴で認められた部分の残余の支払請求
（本件債務は連帯債務であり、前訴はその一部についてのみ支払を求めたものであることを理由とする）

第1審：請求棄却
第2審：原判決取消し・請求認容
最高裁：原判決破棄・控訴棄却

〈事案〉 X（正確には先代だが省略する。原告・控訴人・被上告人）は、前訴で、$Y_1 \cdot Y_2$（被告・被控訴人。Y_1のみ上告人）に対して、契約に基づく損害金45万円の支払を求める訴えを提起し、「YらはXに対し45万円を支払え」との確定判決を取得した（本判決は、これを、「分割債務」としてYらが各自22万5000円の支払をなすべき旨の判決と解する）。Y_1は、22万5000円を支払ったが、Y_2は支払わず、資力もない状況にあった。そこで、Xは、$Y_1 \cdot Y_2$を被告として、Yらの債務は「連帯債務」であったとし、前訴で45万円の連帯債務中の2分の1にあたる22万5000円についてのみ支払を求めたのであるから、本訴においてさらに残余の22万5000円を連帯して支払うことを求めるとした。

第1審は、前訴確定判決の既判力に反するとして請求を棄却したが、原審は、前訴の確定判決は、45万円の連帯債務の2分の1（各自22万5000円の債務を負担する部分）につきなされたもので、その既判力はこの範囲にとどまるから、残余22

万5000円ずつの債務の履行を求める本訴請求は理由があるとして、請求を認容した。
Y₁のみが上告。

〈**判旨**〉　原判決破棄・控訴棄却。「…本来可分給付の性質を有する金銭債務の債務
者が数人ある場合、その債務が分割債務かまたは連帯債務かは、もとより二者択一
の関係にあるが、債権者が数人の債務者に対して金銭債務の履行を訴求する場合、
連帯債務たる事実関係を何ら主張しないときは、これを分割債務の主張と解すべき
である。そして、債権者が分割債務を主張して一旦確定判決をえたときは、更に別
訴をもって同一債権関係につきこれを連帯債務である旨主張することは、前訴判決
の既判力に牴触し、許されない…。」

　「…Ｘは、本訴において、右45万円の債権は連帯債務であって前訴はその一部請
求に外ならないから、残余の請求として、Ｙらに対し連帯して22万5000円の支払
を求めるというのである。そしてＹらが45万円の連帯債務を負担した事実は原判
決の確定するところであるから、前訴判決が確定した各自22万5000円の債務は、
その金額のみに着目すれば、あたかも45万円の債務の一部にすぎないかの観もな
いではない。しかしながら、Ｘは、前訴において、分割債務たる45万円の債権を
主張し、Ｙらに対し各自22万5000円の支払を求めたのであって、連帯債務たる
45万円の債権を主張してその内の22万5000円の部分（連帯債務）につき履行を
求めたものでないことは疑がないから、前訴請求をもって本訴の訴訟物たる45万
円の連帯債務の一部請求と解することはできない。のみならず、…Ｘは、前訴にお
いて、Ｙらに対する前記45万円の請求を訴訟物の全部として訴求したものである
ことをうかがうに難くないから、その請求の全部につき勝訴の確定判決をえた後に
おいて、今さら右請求が訴訟物の一部の請求にすぎなかった旨を主張することは、
とうてい許されない」として、原判決中Y₁に関する部分を破棄し、Ｘの控訴を棄
却した。

　この判例によれば、前訴の請求が結果的に見れば一部請求であった場合でも、
前訴における原告の主張から全部請求であったと見られるならば、後訴におい
て前訴請求が訴訟物の一部の請求にすぎなかった旨を主張することは許されな
くなる。したがって、前訴で一部請求であることが明示されていなかった場合
には、残部請求は許されないことになる。

【判例⑧】一部であることの明示がある場合
——明示的一部請求棄却後の残部請求は、どのように取り扱われるか?

最二小判平成 10（1998）年 6 月 12 日・民集 52 巻 4 号 1147 頁

〈事案〉 X（原告・控訴人・被上告人）は、Y（被告・被控訴人・上告人）から、大規模宅地開発のための用地買収等の業務の委託を受け、その報酬の一部として、Y が本件土地を宅地造成して販売する際にその 1 割を X

```
前訴）X ───────→ Y
        12 億円の債権のうち、1 億円の支払請求
        ⇒請求棄却（確定）

本訴）X ───────→ Y
        前訴で請求した 1 億円を除く残額の支払請求
        第 1 審：訴え却下
        第 2 審：原判決取消し・差戻し
        最高裁：原判決破棄・控訴棄却
```

に販売または斡旋させる旨の合意（本件合意）をした。しかし、Y は、本件土地の宅地造成を行わず、第三者に本件土地を売却したため、X・Y 間において報酬の支払等をめぐる紛争が生じた。そこで、X は、Y に対し、前訴において、主位的請求として、商法 512 条に基づく報酬請求権を、予備的請求として、民法 130 条により本件合意に基づく報酬請求権を取得したと主張して、それぞれ 12 億円の報酬請求権のうち 1 億円の支払を求めたが、各請求を棄却する旨の判決がなされて確定した。その後、X は、主位的請求として、本件合意に基づく報酬請求権について、予備的請求として、商法 512 条に基づく報酬請求権について、それぞれ前訴で請求した 1 億円を除く残額が 2 億 9830 万円であると主張して、その支払を求める本訴を提起した（他の予備的請求については省略）。

第 1 審は、訴訟手続上の信義則ないし公平の見地から、X の各訴えを却下したが、原審は、明示の一部請求訴訟の確定判決の既判力は残部に及ばないこと、および、本訴が前訴の蒸し返しであり、X による本訴の提起が信義則に反するとの特段の事情を認めるに足りる的確な証拠はないことから、本訴における各請求は適法であるとして、1 審判決を取り消し、差し戻す旨の判決をした。Y が上告。

〈判旨〉 原判決破棄・控訴棄却。「一個の金銭債権の数量的一部請求は、当該債権が存在しその額は一定額を下回らないことを主張して右額の限度でこれを請求するものであり、債権の特定の一部を請求するものではないから、このような請求の当

否を判断するためには、おのずから債権の全部について審理判断することが必要に
なる。すなわち、裁判所は、当該債権の全部について当事者の主張する発生、消滅
の原因事実の存否を判断し、債権の一部の消滅が認められるときは債権の総額から
これを控除して口頭弁論終結時における債権の現存額を確定し（最三小判平成6(1994)
年11月22日・民集48巻7号1355頁）、現存額が一部請求の額以上であるときは
右請求を認容し、現存額が請求額に満たないときは現存額の限度でこれを認容し、
債権が全く現存しないときは右請求を棄却するのであって、当事者双方の主張立証
の範囲、程度も、通常は債権の全部が請求されている場合と変わるところはない。
数量的一部請求を全部又は一部棄却する旨の判決は、このように債権の全部につい
て行われた審理の結果に基づいて、当該債権が全く現存しないか又は一部として請
求された額に満たない額しか現存しないとの判断を示すものであって、言い換えれ
ば、後に残部として請求し得る部分が存在しないとの判断を示すものにほかならな
い。したがって、右判決が確定した後に原告が残部請求の訴えを提起することは、
実質的には前訴で認められなかった請求及び主張を蒸し返すものであり、前訴の確
定判決によって当該債権の全部について紛争が解決されたとの被告の合理的期待に
反し、被告に二重の応訴の負担を強いるものというべきである。以上の点に照らす
と、金銭債権の数量的一部請求訴訟で敗訴した原告が残部請求の訴えを提起するこ
とは、特段の事情がない限り、信義則に反して許されないと解するのが相当である。」

　かつて判例は、一部請求の訴訟物は明示された一部に限定されるとの立場よ
り、明示の一部請求についての確定判決の既判力は残部の請求に及ばないとし
て、残部請求を適法とした（最二小判昭和37(1962)年8月10日・民集16巻8
号1720頁）。このように解すると、明示の一部請求である場合、その認容・棄
却を問わず、残部請求は既判力により遮断されないことになるが、一部請求が
棄却された場合にまで残部請求を適法としてよいかが問題となる。本判決は、
これに答えたものであり、この判例によれば、明示の一部請求が棄却された後
の残部請求は、特段の事情がない限り、信義則に反して訴え却下となる。

　(6)　**基準時後の事情の変更と一部請求理論**　判例の中には、明示の一部請求
とはいえないような事案において、事後的に前訴が一部請求であったと評価し
て、追加請求を認めたものが存在する。

　①**「後遺症」に関する判例**　不法行為により生じた身体傷害を理由とする
損害賠償を認める判決を取得した原告が、その基準時後に判明した後遺症に基

づく損害賠償請求訴訟を提起できるということについては、判例・学説ともに異論はない。しかしながら、1個の不法行為から生じた身体傷害を理由とする損害については、その請求権は1個であり、訴訟物も1個と解する立場（【判例㊱】→93頁）によると、上記のような前訴と後遺症に基づく後訴の訴訟物は同一と解される。その結果、前訴判決の既判力が後訴に及び、後訴は許されないことになるため、既判力論との関係で、後訴を許容する理論構成をどう考えるのかが問題となり、議論の対立がある。

【判例(87)】後遺症
――後遺症に基づく損害賠償請求は、既判力により遮断されるか？
最三小判昭和42（1967）年7月18日・民集21巻6号1559頁

前訴）X ──→ Y
　不法行為に基づく損害賠償請求⇒一部認容（確定）
本訴）X ──→ Y
　前訴基準時後に生じた後遺症に基づく損害賠償請求
　　第1審：請求棄却
　　第2審：原判決変更・一部認容
　　最高裁：上告棄却

〈事案〉 X（原告・控訴人・被上告人）は、Y（被告・被控訴人・上告人）の子と遊んでいるうち同人と喧嘩し、自宅に逃げ帰ろうとした際、Yが所持保管する硫酸入りのかめに突き当たった。そのため、かめが割れて硫酸が流出し、Xはこれを足部等に浴びて火傷を負った。Xは、この事故は硫酸を所持管理する者としての過失に基づくとして、Yの不法行為を理由に、治療費20万円、逸失利益50万円、慰謝料30万円を求めて訴えを提起したが、慰謝料30万円のみを認容する判決がなされて確定した（前訴）。その後、Xの後遺症が悪化したことから、入院の上、2回にわたる皮膚移植手術を受けたが、完全に治癒するには至らなかった。そこで、Xは、Yに対して、その治療費として支出した約32万円の損害賠償請求訴訟を提起した（本訴）。以下では、本訴請求が前訴の確定判決の既判力により遮断されるか否かの問題のみを取り上げる。

第1審は、本訴は前訴の確定判決の既判力に抵触し許されないとして、請求を棄却したが、原審は、本訴に対しては前訴の確定判決の既判力は及ばないとして、原判決を変更し、請求を一部認容した。Yが上告。

〈**判旨**〉　上告棄却。「一個の債権の一部についてのみ判決を求める旨を明示して訴が提起された場合には、訴訟物は、右債権の一部の存否のみであって全部の存否ではなく、従って、右一部の請求についての確定判決の既判力は残部の請求に及ばないと解するのが相当である（最二小判昭和 37（1962）年 8 月 10 日・民集 16 巻 8 号 1720 頁参照）。ところで、記録によれば、所論の前訴…における X の請求は、X 主張の本件不法行為により惹起された損害のうち、右前訴の最終口頭弁論期日…までに支出された治療費を損害として主張しその賠償を求めるものであるところ、本件訴訟における X の請求は、前記の口頭弁論期日後にその主張のような経緯で再手術を受けることを余儀なくされるにいたったと主張し、右治療に要した費用を損害としてその賠償を請求するものであることが明らかである。右の事実によれば、所論の前訴と本件訴訟とはそれぞれ訴訟物を異にするから、前訴の確定判決の既判力は本件訴訟に及ばないというべきであり、原判決に所論の違法は存しない。」

この判例によれば、後訴を許容する理論構成として、明示の一部請求理論が用いられることになる。すなわち、前訴を一部請求と評価し、前訴基準時において予想し得なかった後遺症に基づく後訴を残部請求と評価することで、後訴は前訴の確定判決の既判力に抵触することなく許されることになる。

②**将来の損害に関する判例**　不動産の明渡しとともに、不動産の明渡しに至るまでの賃料相当の損害金の支払（将来給付の訴え）を認める判決が確定した後で、経済的事情の変更により、認容額が適正賃料額と比較して不相当となった場合に、その差額を追加請求することができるかが問題となる。前訴の基準時後における経済的事情の変更による差額の発生は、後遺症事例とは異なり、損害自体に変化があったというものではなく、損害額の算定の基礎に変更が生じたにすぎず、前訴判決の既判力を排除する新たな事情の発生とみることが難しいことから、その差額を求める追加請求は、前訴判決の既判力に抵触する可能性があるからである。

【**判例⑧⑧**】**追加請求の可否**
　　——前訴認容額との差額を求める追加請求は、既判力によって遮断されるか？
最一小判昭和 61（1986）年 7 月 17 日・民集 40 巻 5 号 941 頁

〈**事案**〉 X（原告・控訴人・被上告人）の所有土地について仮換地（かりかんち）が指定されたところ、Y（被告・被控訴人・上告人）の所有建物の一部が本件仮換地にまたがって建っていたので、Xは、これを不法占拠であるとして、建物収去土地明渡しと、

```
前訴）X ─────────→ Y
          建物収去土地明渡し
       明渡しに至るまでの賃料相当損害金の支払請求
      ⇒明渡し・一定限度で損害金の支払を認容（確定）
本訴）X ─────────→ Y
          前訴認容額との差額の支払請求
        理由①前訴基準時後の特別事情による損害
        理由②前訴基準時後の経済的事情の変更
           第1審：請求棄却
           第2審：変更
           最高裁：一部破棄自判・一部上告棄却
```

昭和45（1970）年5月16日から明渡しに至るまで月5万円の割合による賃料相当損害金の支払を求める訴えを提起した（前訴）。昭和53（1978）年4月12日に口頭弁論が終結し、建物収去土地明渡しおよび昭和52（1977）年1月1日から明渡しに至るまで月4万7,800円の限度で認容する旨の判決が確定した。ところが、Yは、その後も本件土地の占有を続け、本件建物部分を第三者に賃貸している。そこで、Xは、前訴基準時後の特別事情による損害（駐車場に使用して得べかりし利益の損害）を主張して、前訴認容額との差額の支払を求める本訴を提起した。

　第1審は請求を棄却したため、Xが控訴し、昭和55（1980）年4月1日以降の請求額を拡張するとともに、これらと同一の請求金額につき、前訴確定判決後に生じた経済的事情の変更により前訴認容額が著しく不相当となり、当事者間の衡平（こうへい）を甚だしく害する事情があることを理由とした差額請求等を選択的に追加した。原審は、①昭和54（1979）年2月1日から同55（1980）年3月31日までの分については、前訴で請求されていなかった特別事情による損害の賠償請求であるとして一部認容し、②翌4月1日以降の分については、前訴請求が一応損害の全額を請求する趣旨であったとしても、前訴確定判決後の事情の変更により相当賃料額が昂騰（こうとう）したときはその差額を請求できるとして、Xの請求を認容した。Yが上告。

〈**判旨**〉 一部破棄自判・一部上告棄却。まず、①の特別事情による損害に関する部分につき、不法占拠により土地の使用収益を妨げられたことによる損害賠償請求権は、通常損害と特別損害を通じて1個の請求権であり、いずれか一方についてのみ判決を求める旨が明示されていない場合には、一部請求であることが明示されているのと同視しうる特段の事情がない限り、前訴判決の既判力はその請求権全部に及

び、新訴を提起して、前訴請求を一部請求であったと主張し、他の一方の損害の賠
償を求めることはできないとして、原判決を破棄し、自判（控訴棄却）した。
　次に、控訴審で選択的に主張された確定判決後の事情の変更による差額請求につ
き、「従前の土地の所有者が仮換地の不法占拠者に対し、将来の給付の訴えにより、
仮換地の明渡に至るまでの間、その使用収益を妨げられることによって生ずべき損
害につき毎月一定の割合による損害金の支払を求め、その全部又は一部を認容する
判決が確定した場合において、事実審口頭弁論の終結後に公租公課の増大、土地の
価格の昂騰により、又は比隣の土地の地代に比較して、右判決の認容額が不相当と
なったときは、所有者は不法占拠者に対し、新たに訴えを提起して、前訴認容額と
適正賃料額との差額に相当する損害金の支払を求めることができるものと解するの
が相当である。けだし、土地明渡（あけわたし）に至るまで継続的に発生すべき一定の割合によ
る将来の賃料相当損害金についての所有者の請求は、当事者間の合理的な意思並び
に借地法 12 条の趣旨とするところに徴すると、土地明渡が近い将来に履行される
であろうことを予定して、それに至るまでの右の割合による損害金の支払を求める
とともに、将来、不法占拠者の妨害等により明渡が長期にわたって実現されず、事
実審口頭弁論終結後の前記のような諸事情により認容額が適正賃料額に比較して不
相当となるに至った場合に生ずべきその差額に相当する損害金については、主張、
立証することが不可能であり、これを請求から除外する趣旨のものであることが明
らかであるとみるべきであり、これに対する判決もまたそのような趣旨のもとに右
請求について判断をしたものというべきであって、その後前記のような事情により
その認容額が不相当となるに至った場合には、その請求は一部請求であったことに
帰し、右判決の既判力は、右の差額に相当する損害金の請求には及ばず、所有者が
不法占拠者に対し新たに訴えを提起してその支払を求めることを妨げるものではな
いと考えられるからである。」とする。そして、X の差額の追加請求のうち、昭和
55（1980）年 3 月 31 日までの分については、未だ前訴認容額が不相当となったと
はいえないとして請求を棄却し、同年 4 月 1 日以降の分については、原判決を支持
して上告を棄却した。

　この判例によれば、前訴基準時後に「公租公課の増大、土地の価格の昂騰（こうとう）に
より、又は比隣（ひりん）の土地の地代に比較して、右判決の認容額が不相当となったと
き」は、その差額の追加請求をすることができることになる。判例によれば、
このような場合には、前訴請求は一部請求であったことになり、その判決の既
判力は、残部請求となる追加請求には及ばないとされるからである。

4 既判力の主観的範囲（人的範囲）

(1) **既判力の相対性の原則**　**既判力の主観的範囲**は、誰と誰との間に既判力が及ぶかに関わる問題である。確定判決の既判力は、原則として対立する当事者間にのみ及ぶ（115条1項1号）。これを既判力の**相対性の原則**という。この原則の根拠としては、民事訴訟自体が対立する当事者間の紛争を解決する手続であるため、当事者間にのみ既判力を及ぼせば十分であること、さらに二当事者対立構造の手続過程で、処分権主義や弁論主義のもと手続を保障された当事者のみが判決に服すべきことが挙げられる。

(2) **既判力の相対性の原則の例外**　しかし、相対性の原則を貫くと、関連する紛争について矛盾した判断がなされ、社会生活上容認し難い混乱が生じるなど、紛争解決の実効性の確保が不十分になる場合が考えられる。そこで、一定の場合には、既判力の相対性の原則の例外として、第三者（当事者以外の者）についても既判力が及ぶことが法律上規定されている。

　既判力が第三者に及ぶ場合として、民訴法115条1項2号から4号は、訴訟担当の場合の被担当者、口頭弁論終結後の承継人、請求の目的物の所持者について定める。なお、民訴法115条以外にも、法の規定により、特別に判決効が及ぶとされる場合や、広く一般の第三者に判決効（**対世効**）が及ぶ場合もある。さらに、解釈上、第三者に対して既判力ないしそれに類する効力（**反射効**（→ 225頁））が認められるか否かという問題や、法人格否認の法理に基づく判決効の拡張が認められるか否かという問題もある。このように、既判力が第三者に及ぶ場合には、既判力を及ぼされる**第三者の手続保障**をどのように確保し、この者に対する既判力の拡張をどのように正当化するのかが議論される。

(3) **訴訟担当の場合の被担当者**　民訴法115条1項2号は、他人のために原告または被告となった者が受けた確定判決の既判力はその他人に対しても効力を有すると定める。これは、訴訟担当が行われる場合に、訴訟担当者が当事者として受けた判決の効力が、権利義務の帰属主体である被担当者にも及ぶことを規定したものである。

(4) **口頭弁論終結後の承継人**　民訴法115条1項3号は、当事者または訴訟担当における被担当者の口頭弁論終結後の承継人に対しても既判力が及ぶことを定めている。ここでいう口頭弁論終結時とは既判力の基準時となる**事実審の**

口頭弁論終結時のことであり、同条１項３号は、それ以後に承継があった場合に適用される（訴訟係属成立後かつ口頭弁論終結より前に承継があった場合は、訴訟承継の問題となる。→ 271 頁）。本号の拡張根拠としては、前主の手続保障、当事者間における紛争解決への期待、紛争解決の実効性の確保および既判力によって確定された権利関係の安定性確保の必要等があげられる。

　ここにいう**承継人**には、一般承継人も特定承継人も含まれる。後者につき、基準時後に、前訴当事者から訴訟物たる権利関係を譲り受けた者が承継人にあたることについては争いがない。また、土地賃貸借契約終了に基づく建物収去土地明渡請求訴訟の被告から基準時後に当該建物を賃借した第三者のように、基準時後に前訴の訴訟物から発展ないし派生したと見られる権利関係を譲り受けた者も、承継人と扱ってよいとされている。

　問題は、これらの承継人が前訴当事者から何を承継した場合に、同条１項３号の承継人とみるかである。かつては当事者適格を承継した者と説明されていたが、訴訟物たる権利関係に関わる地位、すなわち「**紛争の主体たる地位**」を承継した者とする見解も有力である（訴訟承継に関する判例において「紛争の主体たる地位」という表現を用いるものとして、最三小判昭和 41（1966）年３月 22 日・民集 20 巻３号 484 頁〔【判例⑩】→ 272 頁〕がある。）。

　さらに、承継人とされる第三者が、前主とは無関係に、相手方に対して実体法上自己に固有の防御方法を有する場合の取扱いが問題となる。たとえば、通謀虚偽表示を理由とした抹消登記請求訴訟で敗訴した被告から移転登記を受けた第三者が善意を主張するような場合等である。このような場合に、第三者による固有の防御方法の主張が許されることについては争いがない。しかし、問題は、これを既判力の拡張との関係でどのように説明するかである。つまり、これは、固有の防御方法を有する第三者を承継人に含むか否かという**承継人の範囲をめぐる問題**でもある。学説上、**実質説**と**形式説**（多数説）が対立する。前者は固有の防御方法をもつ第三者はそもそも既判力の拡張を受ける承継人に当たらないとする見解であり、後者はそのような第三者も形式的には既判力の拡張を受ける承継人に当たるが、固有の防御方法の提出は認める見解である。

【判例⑧⑨】口頭弁論終結後の承継人
——口頭弁論終結後の承継人か否かは、どのように判断されるか？
最一小判昭和 48（1973）年 6 月 21 日・民集 27 巻 6 号 712 頁

〈事案〉 本件土地は A の所有名義で登記がされていた。Y（被告・控訴人・上告人）は、この登記は A と Y の通謀虚偽表示によるものであり、本件土地は Y の所有に属すると主張し、A を被告として、所有権に基づく本件土地の所有権移転登記手続請求訴訟を提起した（前訴）。前訴は、A 欠席のまま Y が勝訴し確定した。X（原告・被控訴人・被

（前訴）Y ⟶ A
所有権移転登記手続請求訴訟
⇒A欠席のままYの勝訴確定
（本訴）X ⟶ Y
土地所有権確認・所有権移転登記手続請求訴訟
第1審：請求認容
第2審：控訴棄却
最高裁：上告棄却

上告人）は、A に対する本件土地の不動産強制競売手続において上記の事情について善意で、昭和 43（1968）年 6 月に本件土地を競落し、同年 7 月にその旨の所有権移転登記を経由した。そこで、Y は、X が前訴の口頭弁論終結後の承継人であるとして、A に対する確定判決に基づき X に対する承継執行文の付与を受け、X から Y への所有権移転登記を得た。これに対して、X は、上記通謀虚偽表示につき善意であって Y・A 間の判決効を受けず、承継執行文の付与は違法であり、Y の経由した登記も無効であると主張して、Y に対して、本件土地の所有権確認と真正な登記名義の回復のため所有権移転登記手続請求訴訟を提起した（本訴）。

　第 1 審および原審は、X は民法 94 条 2 項の善意の第三者に該当するとし、Y は X に対して承継執行文の付与を得て強制執行をすることができなかったとして、X の請求を認容した。Y が上告。

〈判旨〉 上告棄却。「Y は、本件土地につき A 名義でなされた前記所有権取得登記が、通謀虚偽表示によるもので無効であることを、善意の第三者である X に対抗することはできないものであるから、X は本件土地の所有権を取得するに至ったものであるというべきである。このことは Y と A との間の前記確定判決の存在によって左右されない。そして、X は A の Y に対する本件土地所有権移転登記義務を承継するものではないから、Y が、右確定判決につき、A の承継人として X に対する承継執行文の付与を受けて執行することは許されないといわなければならない。」

　この判例によれば、前訴の訴訟物についての義務を承継した第三者が、前訴原告を被告として提起した後訴において、承継された義務に関する自己固有の防御方法を主張することは許される。その上で、この判例は債務名義成立後に債務名義に記載された義務を承継した者に、承継人固有の防御方法を顧慮することなく付与された承継執行文に基づく強制執行が違法であることを明らかにした。この判例は、実質説に立つとされる。

　(5)　**請求の目的物の所持者**　民訴法 115 条 1 項 4 号は、当事者または訴訟担当の場合の被担当者およびそれらの口頭弁論終結後の承継人のために請求の目的物を所持している第三者にも既判力が拡張することを定める。たとえば、受寄者、管理人、家族、同居者等がそれにあたる。

　(6)　**その他の第三者に対する判決効の拡張：対世効**　民訴法 115 条以外にも、法の規定により特定の第三者に対して特別に判決効が及ぶとされる場合（民執 157 条 3 項、破 131 条 1 項、民再 111 条 1 項等）もあるが、広く一般の第三者に判決効が及ぶ場合（人訴 24 条 1 項、会 838 条、行訴 32 条等）もある。後者のような一般の第三者に拡張される判決効を対世効という。

　(7)　**反射効の成否**　さらに、当事者が既判力を受けることにより、当事者の一方と実体法上特別な関係（依存関係あるいは従属的関係）を有する第三者が有利または不利な影響を及ぼされるか否かという問題がある。このような既判力の第三者への作用を、**反射効**という。

　反射効が認められると、たとえば、債権者の主債務者に対する債務の履行請求訴訟において、主債務者の勝訴判決が確定した場合に、保証債務の付従性（民 448 条 1 項）から、保証人も債権者による保証債務履行請求訴訟において主債務者の勝訴判決を自己に有利に援用できることになる。以下では、反射効に関する判例として、保証債務および連帯債務関係に関するものを取り上げる。

【判例⑨⓪】反射効 1
　──保証債務に関する事例において、反射効は認められるか？
　最一小判昭和 51（1976）年 10 月 21 日・民集 30 巻 9 号 903 頁

〈事案〉 Y（被告・控訴人・被上告人）は、昭和 38（1963）年 1 月、X（原告・被控訴人・上告人）および C の連帯保証の下に、A に対し金 150 万円を貸し付けた。A はその弁済をしないまま昭和 40（1965）年 2 月に死亡し、その妻子 4

```
前訴）Y ⟶ B ら（A の相続人・主債務者）
        X・C（連帯保証人）
    主債務および保証債務の履行請求訴訟
    ⇒X・C は請求原因事実を認めたが、B は争い弁論分離
    ・X と C に対しては、Y の勝訴確定
    ・B らに対しては、B らの勝訴確定
本訴）X ⟶ Y
    B らの勝訴判決を援用した請求異議訴訟
        第 1 審：請求認容
        第 2 審：取消し・請求棄却
        最高裁：上告棄却
```

名（B ら）が相続承継した。Y は、相続人 B ら、X および C に対して、主債務および保証債務の履行請求訴訟を提起した（前訴）。X と C は請求原因事実を認めたが、B らは争ったため弁論が分離された。その後、X と C に対しては、Y の請求認容判決が昭和 41（1966）年 11 月に確定した。他方、B らに対しては、審理の結果、Y の請求棄却判決が昭和 45（1970）年 8 月に確定した。同年 12 月に、Y は X に対して強制執行を開始したが、X は B らの勝訴判決を援用して請求異議訴訟を提起した（本訴）。

　第 1 審は、B らの勝訴判決の確定は保証人敗訴判決の事実審口頭弁論終結後に生じた事由（民執法 35 条 2 項）であり、保証人はこれを援用して請求異議訴訟により前訴確定判決の執行力の排除を請求できるとして、X の請求を認容した。これに対し、Y が控訴。原審は、B らの勝訴判決が確定したとしても、その前に保証人敗訴判決が確定しているときは、保証人は主債務者勝訴の確定判決を援用して保証債務の履行請求を拒絶できないとして第 1 審判決を取り消し、X の請求を棄却した。X が上告。

〈判旨〉　上告棄却。「一般に保証人が、債権者からの保証債務履行請求訴訟において、主債務者勝訴の確定判決を援用することにより保証人勝訴の判決を導きうると解せられるにしても、保証人がすでに保証人敗訴の確定判決を受けているときは、保証人敗訴の判決確定後に主債務者勝訴の判決が確定しても、同判決が保証人敗訴の確定判決の基礎となった事実審口頭弁論終結の時までに生じた事実を理由としてされている以上、保証人は右主債務者勝訴の確定判決を保証人敗訴の確定判決に対する請求異議の事由にする余地はないものと解すべきである。けだし、保証人が主債務

者勝訴の確定判決を援用することが許されるにしても、これは、右確定判決の既判力が保証人に拡張されることに基づくものではないと解すべきであり、また、保証人は、保証人敗訴の確定判決の効力として、その判決の基礎となった事実審口頭弁論終結の時までに提出できたにもかかわらず提出しなかった事実に基づいてはもはや債権者の権利を争うことは許されないと解すべきところ、保証人敗訴判決の確定後において主債務者勝訴の確定判決があっても、その勝訴の理由が保証人敗訴判決の基礎となった事実審口頭弁論の終結後に生じた事由に基づくものでない限り、この主債務者勝訴判決を援用して、保証人敗訴の確定判決に対する請求異議事由とするのを認めることは、実質的には前記保証人敗訴の確定判決の効力により保証人が主張することのできない事実に基づいて再び債権者の権利を争うことを容認するのとなんら異なるところがないといえるからである。」

　この判例によれば、主債務者勝訴判決の確定前に、保証人敗訴判決が確定していた場合には、敗訴確定判決を受けた保証人が主債務者勝訴の確定判決を自己に有利に援用して請求異議事由とすることはできないことになる。この判例は、判旨の冒頭部分において保証人が主債務者勝訴の確定判決を援用して債権者からの保証債務の履行請求を棄却に導く余地があるとし、かつ、「保証人が主債務者勝訴の確定判決を援用することが許されるにしても、これは、右確定判決の既判力が保証人に拡張されることに基づくものではないと解すべき」と明言したことから、一見すると反射効に好意的な態度を示したかのように見えるとの見解もある。しかし、その根拠は示されておらず、結論として反射効は認められていない。

【判例⑨1】反射効 2

──不真正連帯債務に関する事例において、反射効は認められるか？

最一小判昭和 53（1978）年 3 月 23 日・判時 886 号 35 頁

〈事案〉　A 運転の自動車と B 社が運行の用に供している C 運転の自動車が国道上で衝突し、A が死亡した。A の遺族である X ら（原告・被控訴人・上告人）は、B および道路管理の瑕疵につき責任を負う Y（国。被告・控訴人・被上告人）を共同被告として損害賠償請求訴訟を提起した。第 1 審において、B が同一事故により A

に対して取得した損害
賠償請求権を自働債権
とする相殺(そうさい)の抗弁を主
張したところ、第1審
は、その一部を認め、
Ｘらの取得した損害賠
償請求権の額から反対
債権の額を控除した残
額についてＸらのＢ

```
Ｘ（Ａの遺族）──→ Ｂ・Ｙ（共同被告）
   損害賠償請求訴訟
   ⇒Ｂの相殺の抗弁は一部認められ、ＸＢ間の判決確定
   ・Ｙは、Ｂとの不真正連帯債務関係を理由に、
     ＸＢ間の判決を自己に有利に援用できると主張
                         第1審：請求認容
                         第2審：一部変更
                         最高裁：破棄差戻し
```

社に対する請求を認容し、Ｘ・Ｂ間の判決が確定した。他方、Ｘ・Ｙ間では、上記
相殺の主張がされなかったため、ＸらのＹに対する請求認容額は上記相殺分だけ
高額となった。これに対して、Ｙは、Ｂと不真正連帯債務関係にあることを理由に、
Ｂの相殺によりＹの債権額も反対債権の額だけ消滅したと主張して控訴した。原
審は、Ｂの反対債権の存在を認定することなく、直ちにＹの認容額をＢと同額に
減額した。Ｘらが上告。

〈判旨〉 破棄差戻し。「不真正連帯債務者中の1人と債権者との間の確定判決は、
他の債務者にその効力を及ぼすものではなく、このことは、民訴法199条2項〔現、
114条2項〕により確定判決の既判力が相殺のために主張された反対債権の存否に
ついて生ずる場合においても同様であると解すべきである。もとより、不真正連帯
債務者の1人と債権者との間で実体法上有効な相殺がなされれば、これによって債
権の消滅した限度で他の債務者の債務も消滅するが、他の債務者と債権者との間の
訴訟においてこの債務消滅を認めて判決の基礎とするためには、右相殺が実体法上
有効であることを認定判断することを要し、相殺の当事者たる債務者と債権者との
間にその相殺の効力を肯定した確定判決が存在する場合であっても、この判決の効
力は他の債務者と債務者との間の訴訟に及ぶものではないと解すべきであるから、
右認定判断はこれを省略することはできない。」

　この判例は、不真正連帯債務関係について連帯債務者の1人に対する相殺を
理由としてなされた請求棄却判決の効力を他の連帯債務者が自己に有利に援用
することはできないと判示し、反射効を否定したものである。近年は、反射効
について明文の規定がないこと、実体法上別個の権利関係が訴訟物となるとき
はそれぞれについて手続保障を与えるべきであることなどの理由から反射効を

否定する見解が有力になりつつある。

(8)　**法人格否認の法理と判決効の拡張**　法人格否認の法理とは、法人格が形骸にすぎない場合（形骸事例）と法人格が濫用された場合（濫用事例）について、事件限りで法人格を否定する法理である。現在、若干の反対説はあるものの、判例（最一小判昭和 44（1969）年 2 月 27 日・民集 23 巻 2 号 511 頁）・学説上、実体法律関係の場面では法人格否認の法理の適用が認められている。これに対して、訴訟法律関係において法人格否認の法理を適用して、既判力や執行力を拡張できるか否かという問題については議論がある。

【判例㊾】法人格否認の法理と判決効の拡張
　　――判決効の拡張のために、法人格否認の法理を用いることができるか？
　最一小判昭和 53（1978）年 9 月 14 日・判時 906 号 88 頁

〈**事案**〉　X（原告・控訴人・被上告人）は、A 会社に対して損害賠償請求訴訟を提起した（前訴）。第 1 審では X が勝訴し A 社が控訴したが、その頃 A 社は経営困難に陥っており、この前訴については A 社敗訴が予測された。そこで、A 社の代表取締役 B は、債務の履行を事実上免れる意図のもとに、B の義兄 C らから融資を得て Y 会社

```
前訴）X ──→ A
　　　損害賠償請求訴訟
　　　⇒X勝訴確定
本訴）X ──→ Y（Aを無償譲受け）
　　　執行文付与の訴え提起
　　　　第 1 審：請求棄却
　　　　第 2 審：取消し・請求認容
　　　　最高裁：破棄差戻し
```

（被告・被控訴人・上告人）を設立した。Y 社は、A 社から営業や資産を無償で譲り受け、A 社の従業員や事業場も引き継いだため、A 社は有名無実の存在となった。その後、前訴については、原審で X の勝訴が確定した。X は、A 社と Y 社は実質的に同一の法人格であるから、A 社に対する確定判決の執行力が Y 社にも及ぶとして、Y 社を被告として執行文付与の訴えを提起した（本訴）。

　第 1 審は、X の請求を棄却したため X が控訴した。原審は、債務の支払を免れる意図の下に新会社を設立した場合には旧会社と新会社は実質において同一であり新会社は設立されていないと解すべきであるとして、X の請求を認容した。Y 社が上告。

〈**判旨**〉 破棄差戻し。「Y 会社が A 会社とは別個の法人として設立手続、設立登記を経ているものである以上、上記のような事実関係から直ちに両会社が全く同一の法人格であると解することは、商法〔現、会社法〕が、株式会社の設立の無効は一定の要件の下に認められる設立無効の訴のみによって主張されるべきことを定めていること（同法 428 条〔現、会社 828 条 1 項 1 号〕）及び法的安定の見地からいって是認し難い。

　もっとも、右のように Y 会社の設立が A 会社の債務の支払を免れる意図の下にされたものであり、法人格の濫用と認められる場合には、いわゆる法人格否認の法理により X は自己と A 会社間の前記確定判決の内容である損害賠償請求を Y 会社に対しすることができるものと解するのが相当である。しかし、この場合においても、権利関係の公権的な確定及びその迅速確実な実現をはかるために手続の明確、安定を重んずる訴訟手続ないし強制執行手続においては、その手続の性格上 A 会社に対する判決の既判力及び執行力の範囲を Y 会社にまで拡張することは許されないものというべきである（最一小判昭和 44（1969）年 2 月 27 日・民集 23 巻 2 号 511 頁参照）。」

　この判例によれば、実体法律関係に関する損害賠償請求については法人格否認の法理の適用が認められるが、訴訟法律関係に関する既判力および執行力の範囲の拡張については、「権利関係の公権的な確定及びその迅速確実な実現をはかるために手続の明確、安定を重んずる」必要があるため、「その手続の性格上」許されないこととなる。判例は、実体法律関係に関しては法人格否認の法理の適用を肯定するが、訴訟法律関係、つまり、判決効の主観的範囲の拡張の場面では、法人格否認の法理の適用は認められないとの立場を明らかにしている。

5　判決等の修正

　判決等の修正について、判決確定前と判決確定後に分けて見ていく。

(1)　判決の確定前における判決の修正　判決の確定前における修正手続（ここでいう修正には、取消し、変更、訂正等を含む）には、通常の不服申立てとしての①**上訴**（281 条以下→ 275 頁）や②**異議**（357 条・367 条 2 項・378 条）があるが、裁判所の自己拘束力等の例外として、③**判決の変更**（256 条）、および、

④**判決の更正**（257 条）もある。

　(2)　判決の確定後における判決の修正　判決の確定後における修正手続には、
①判決の更正（257 条→ **2**(1)④）、②確定判決の変更の訴え（117 条）、③特別の
不服申立ての手続としての再審の訴え（338 条以下→ 282 頁）、④判例により認
められた追加請求（【判例⑱】→ 219 頁）、⑤民事執行法上認められた債務名義
の修正手続としての請求異議の訴え（民執 35 条）、⑥法的観点指摘義務違反に
よる既判力の縮小（最二小判平成 9（1997）年 3 月 14 日・判時 1600 号 89 頁①事件
の反対意見参照）、⑦期待可能性による既判力の調整、および、⑧判決の騙取の
場合等、再審の訴え等を経ないでする損害賠償請求（【判例⑲】→ 202 頁）がある。

第 12 講
複雑訴訟 I：複数請求訴訟

〈本講のポイント〉
　これまでは、おおむね原告 1 人・被告 1 人でその間の訴訟物（訴訟上の請求）が 1 個という事件に関する民事訴訟手続について説明してきたが、本講と次講では、より複雑な訴訟手続の規律について説明する。まず、本講では、原告・被告間の請求が複数ある場合について説明し、次に、次講で、当事者等が多数になる場合について説明する。
　複数請求訴訟には、請求の併合（→I）、訴えの変更（→II）、反訴（→III）および中間確認の訴え（→IV）がある。以下、判例を交えて説明する。

　複雑訴訟とは、1 つの訴訟において複数の請求が審理される場合と、1 つの訴訟に 3 人以上の者が登場する場合がある。前者を**複数請求訴訟**といい、後者を**多数当事者訴訟**という。本講では、前者を扱う。
　複数請求訴訟とは、同一当事者間（原告 1 人・被告 1 人の間）の訴訟において、複数の請求が審理判断の対象とされる場合をいう。複数請求訴訟は、訴訟を複雑化する可能性を含んでいる一方で、当事者の訴訟追行上の負担を軽減するだけでなく、審理判断の重複を回避し、裁判の矛盾を生じさせないという点で裁判所にとっても利点がある。
　複数請求訴訟には、請求の併合（→I）、訴えの変更（→II）、反訴（→III）および中間確認の訴え（→IV）がある。この 4 つの手続は、訴訟の最初から併合されている場合（請求の原始的複数）と訴訟中に併合される場合（請求の後発的複数）とに分けることができる。請求の併合は、原告が最初から 1 つの訴訟で数個の請求を提起することにより生じるため、前者にあたる。これに対し、訴えの変更、反訴、中間確認の訴えは、後者にあたる（〈**表 10**〉）。

〈表 10〉複雑訴訟

Ⅰ　請求の併合

1　請求の併合の意義

　請求の併合とは、同一の原告が同一の被告に対し1つの訴えをもって複数の請求（訴訟物）を提示する訴えの形式をいう（136条）。請求の併合は、訴え提起に際し1つの訴状に複数の請求を記載して提出する訴訟形態であり、伝統的に訴えの客観的併合とも呼ばれる。請求の併合は、当事者間に複数の請求が存在する場合に、これを1つの訴訟手続によって処理することにより、紛争の一挙的かつ広範な解決を可能にする。

2　請求の併合の要件

　請求の併合の要件は、請求の併合が生じ得る訴訟における一般的な要件である。それゆえ、訴えの変更、反訴および中間確認の訴えにおいても必要となる前提要件である。併合の要件は、①併合される複数の請求が同種の訴訟手続で審理されるもの（**同種の手続**）であること、②各請求について受訴裁判所が管轄権を有することである。

　同種の手続の要件が設けられている理由としては、民事手続には様々な手続が存在するが、訴訟手続で異種の手続（例、人事訴訟、行政訴訟等）による請求を併合すれば、弁論や証拠調べの基本原則の違いに応じて異種の手続を設けた趣旨に反するからとされている（350条・367条2項・368条・351条・369条参照）。ただし、関連性が高い一定の請求については、当事者の利便性を考慮して、例外として明文により併合審理が認められる（人訴17条、行訴16条等）。たとえば、人事訴訟により審理される婚姻取消しまたは離婚の訴えに、家事審判事項であ

る**附帯処分**<ruby>附帯<rt>ふたい</rt></ruby>（子の監護者の指定その他の子の監護に関する処分、財産の分与に関する処分または年金分割に関する処分）の申立てや親権者の指定の申立てを併合することも認められる（人訴 32 条）。

【判例㉝】離婚の訴えと併合審理
——離婚までの監護費用分担の申立ては、附帯処分に含まれるか？
最二小判平成 19（2007）年 3 月 30 日・判時 1972 号 86 頁

X ──────→ Y
〔本訴〕離婚請求訴訟（附帯処分として、財産分与の申立て・監護費用分担の申立て）

　　　←──────
　　　〔反訴〕離婚請求訴訟

　　　　　　　　　　　　第 1 審：X・Y の請求認容
　　　　　　　　　　　　第 2 審：一部控訴棄却・一部破棄自判
　　　　　　　　　　　　最高裁：一部破棄差戻し・一部棄却

〈事案〉　妻 X（本訴原告兼反訴被告・被控訴人・上告人）と夫 Y（本訴被告兼反訴原告・控訴人・被上告人）は、平成 12（2000）年 10 月に婚姻の届出をした。平成 13（2001）年 7 月、X は、X・Y 間の長男 A を懐胎中に Y と別居した。同年 10 月、X は、A を出産し X の実家において A を監護していた。X は、Y を被告として離婚の訴えを提起するとともに、附帯処分として財産分与の申立ておよび監護費用分担の申立てをした。監護費用分担の申立てについては、A の出生 1 年後の月（X が復職した月）から A が成年に達する月までの A の監護費用の支払を請求した。これに対し、Y は、離婚等の反訴を提起した。

　第 1 審は、本訴反訴の各離婚請求をいずれも認容し、A の親権者を X と定め、財産分与の額を定めて Y に支払を命じた。さらに、A の監護費用のうち Y が負担すべき額について、A が出生した平成 13（2001）年 10 月から第 1 審口頭弁論終結時の前月である平成 16（2004）年 11 月までの間の未払監督費用の合計を 150 万円と定め、平成 16（2004）年 12 月から A が成年に達するまで 1 か月 8 万円の支払を Y に命じた。これに対して、Y が控訴。原審は、離婚の効力が生ずる原判決確定日から長男が成年に達するまでの監護費用についてはその分担額を 1 か月 8 万円と定め Y に対しその支払を命じたが、A の出生 1 年後の月から離婚までの A の監護費

用分担の申立てについては附帯処分として認められないとして、第1審判決を変更し、申立てを不適法却下した。Xが上告。

〈判旨〉 一部破棄差戻し・一部棄却。「離婚の訴えにおいて、別居後単独で子の監護に当たっている当事者から他方の当事者に対し、別居後離婚までの期間における子の監護費用の支払を求める旨の申立てがあった場合には、民法771条、766条1項が類推適用されるものと解するのが相当である（最一小判平成9（1997）年4月10日・民集51巻4号1972頁参照）。そうすると、当該申立ては、人事訴訟法32条1項所定の子の監護に関する処分を求める申立てとして適法なものであるということができるから、裁判所は、離婚請求を認容する際には、当該申立ての当否について審理判断しなければならないものというべきである。」

この判例によれば、別居後離婚までの期間における子の監護費用の分担を求める申立ては、人事訴訟法32条1項の附帯処分の申立てに含まれることになる。

II　訴えの変更

1　訴えの変更の意義

訴えの変更とは、原告が訴訟係属中に新請求の審理判断を求めることをいう（143条）。これによって変更されるのは、訴えの内容となる請求（訴訟物）であるため、当事者の同一性が前提となる。訴えの変更は、旧請求に関して提出された主張・立証を変更後の新請求に関しても継続的に利用できることを認めることにより、紛争解決、権利実現の実効性・迅速性および訴訟経済等を実現し、原告による新訴提起のわずらわしさを避けることを可能にする。

訴えの変更には、旧請求を維持しながら新請求を追加して旧請求との併合審理を求める**訴えの追加的変更**と旧請求に代えて新請求の審理判断を求める**訴えの交換的変更**が存在する。たとえば、土地の所有権確認請求訴訟の審理において、その確認対象を拡張する場合や明渡請求訴訟を追加する場合等を訴えの追加的変更という。他方、たとえば、建物の明渡請求訴訟の審理の中で、すでに当該建物が被告の過失により滅失していることが判明した場合に損害賠償請求訴訟に切り替える場合等を訴えの交換的変更という。しかし、訴えの交換的変

更という概念の定立に否定的な学説も有力であり、次の判例も、そのような場合には、訴えの変更の要件に加え、被告の同意等、訴えの取下げの要件（261条2項→184頁）を必要とする。

【判例㉔】訴えの交換的変更
――訴えの交換的変更は、どのような手続によるべきか？
最一小判昭和 32（1957）年 2 月 28 日・民集 11 巻 2 号 374 頁

〈事案〉　X（国。原告・被控訴人・被上告人）は、昭和 25（1950）年 12 月に国税滞納処分として差し押さえられた A の Y（被告・控訴人・上告人）に対する貸金債権について、A に代位して金 71万 3626 円の支払を求めた。
　第 1 審は、この貸金債権の存在を認め、X の請求を認容した。Y

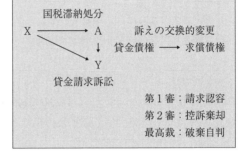

が控訴。原審において、X は、新たに滞納処分として昭和 28（1953）年 10 月に差し押さえられた A の Y に対する求償債権につき、A に代位して金 71 万 3626 円の支払を求めるとの請求に変更する一方で、第 1 審で認容された貸金債権請求の主張を撤回する旨を陳述した。Y はこれに異議を述べたが、原審は訴えの変更を許し、求償債権の存在を認めた上で、Y の控訴を棄却した。Y が上告。

〈判旨〉　破棄自判。「第 1 審判決が訴訟物として判断の対象としたものは……貸金債権であり、原審の認容した求償債権ではない。この両個の債権はその権利関係の当事者と金額とが同一であるというだけでその発生原因を異にし全然別異の存在たることは多言を要しない。そして本件控訴はいうまでもなく第 1 審判決に対してなされたものであり、原審の認容した求償債権は控訴審ではじめて主張されたものであって第 1 審判決には何等の係りもない。原審が本件訴の変更を許すべきものとし、また求償債権に基づく新訴請求を認容すべしとの見解に到達したからとて、それは実質上初審としてなす裁判に外ならないのであるから第 1 審判決の当否、従って本件控訴の理由の有無を解決するものではない。それ故原審は本件控訴を理由なきものとなすべきいわれはなく、単に新請求たる求償債権の存在を確定し『Y は X に

対し金71万3626円を支払わなければならない』旨の判決をなすべかりしものなのである。」「元来、請求の原因を変更するというのは、旧訴の繋属中原告が新たな権利関係を訴訟物とする新訴を追加的に併合提起することを指称するのであり、この場合原告はなお旧訴を維持し、新訴と併存的にその審判を求めることがあり、また旧訴の維持し難きことを自認し新訴のみの審判を求めんとすることがある。しかし、この後者の場合においても訴の変更そのものが許さるべきものであるというだけでは、これによって当然に旧訴の訴訟繋属が消滅するものではない。けだし訴の変更の許否ということは旧訴の繋属中新訴を追加的に提起することが許されるか否かの問題であり、一旦繋属した旧訴の訴訟繋属が消滅するか否かの問題とは係りないところだからである。もし原告がその一方的意思に基づいて旧訴の訴訟繋属を消滅せしめんとするならば、法律の定めるところに従いその取下をなすか、或はその請求の抛棄をしなければならない。」

この判例によれば、訴えの変更とは、本来、新たな請求に係る訴えを追加的に併合提起すること（つまり、**訴えの追加的変更**）をいい、旧請求に係る訴訟係属を消滅させるためにはその請求に係る訴えを取り下げるか請求を放棄する必要があるとする。

Ⅲ　反訴

1　反訴の意義

反訴とは、係属中の訴訟手続を利用して被告が原告を相手方として提起する訴えをいう（146条）。反訴との関係で、係属する訴訟を**本訴**といい、反訴を提起する者を反訴原告といい、その相手方を反訴被告という。反訴は、原告に請求の併合や訴えの変更の途が認められることとの公平を図り、被告にも本訴手続を利用する途を認める。また、関連した請求を同一手続で審判することによって、審判の重複や裁判の不統一を避けることを可能にする。

2　反訴の要件

反訴の要件は、請求の併合の要件に付加される特別の要件である。これには、①反訴請求が本訴請求またはその防御方法と関連すること（146条1項本文）、

②本訴における事実審の口頭弁論終結前の反訴提起であること（同項本文）、③反訴請求が他の裁判所の専属管轄に属しないこと（同項1号）、④反訴の提起により著しく訴訟手続の遅滞を生じないこと（同項2号）、および、⑤反訴禁止の規定が存在しないこと（同条3項）がある。

以下では、①の要件と関連するものとして、2つの判例に触れる。

【判例⑨⑤】反訴における関連性の要件1
——占有の訴えにおいて、本権（所有権）に基づく反訴は認められるか？
最一小判昭和40（1965）年3月4日・民集19巻2号197頁

〈事案〉　X（本訴原告兼反訴被告・控訴人・上告人）は、Aから本件土地を買い受け、X所有の本件建物を本件土地上に移築して修補工事をしていたところ、Y（本訴被告兼反訴原告・被控訴人・被上告人）が本件土地に侵入

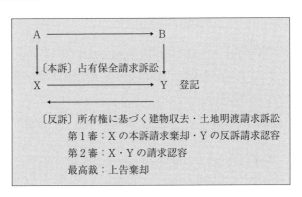

して工事の施工を阻止したとして、Yに対して占有権に基づき妨害の停止を求めて訴えを提起した。これに対し、Yは、本件土地は、AからB、BからYに直接所有権移転登記がなされたものであり、Xは権原なくして本件土地上に本件建物を移築して本件土地を不法に占拠していると主張して、所有権に基づき建物収去・土地明渡を求めて反訴を提起した。

第1審は、Xの占有は現に妨害されていないとして本訴請求を棄却し、他方、本件では登記を有するYの権利が優先するとして反訴請求を認容した。Xが控訴。原審において、Xは本案前の抗弁を撤回した。原審は、本訴は妨害の停止を求めるものではなく、将来受けるおそれのある占有の妨害の予防を求めるものであるから、占有保持の訴えではなく占有保全の訴えであるとした上で、Xの本訴請求を認容すると同時に、Yの反訴請求も認容した。Xが上告。

〈判旨〉 上告棄却。「民法202条2項は、占有の訴において本権に関する理由に基づいて裁判することを禁ずるものであり、従って、占有の訴に対し防禦方法として本権の主張をなすことは許されないけれども、これに対し本権に基づく反訴を提起することは、右法条の禁ずるところではない。そして、本件反訴請求を本訴たる占有の訴における請求と対比すれば、牽連性がないとはいえない。」

この判例によれば、民法202条2項の解釈に関して、占有の訴えに対し防御方法として本権の主張をなすことは許されないが、占有の訴えに対し本権に基づく反訴を提起することは禁じられておらず、許されることになる。したがって、占有保持請求の本訴に対して、所有権に基づく建物収去・土地明渡請求を反訴として提起することは、適法に認められる。

【判例⑯】反訴における関連性の要件2
──反訴請求債権を自働債権とし本訴請求債権を受働債権とする相殺の抗弁は適法か？
最二小判平成18（2006）年4月14日・民集60巻4号1497頁

〈事案〉 マンション新築工事の注文者であるX（本訴原告兼反訴被告・控訴人兼被控訴人・被上告人）が、請負人Aに対して瑕疵修補に代わる損害賠償の支払を求める訴えを提起したのに対し、A（本訴被告兼反訴原告）

〔本訴〕損害賠償等請求訴訟
X ──────────→ Yら（亡Aの相続人）
        ←──────────
〔反訴〕請負報酬請求訴訟

第1審：Xの本訴一部認容、Yの反訴棄却
第2審：Xの本訴一部認容、Yの反訴棄却
最高裁：破棄自判

が反訴として、請負契約に基づく報酬残代金の支払を求める反訴を提起した。第1審係属中にAは死亡し、Aの相続人であるYら（本訴被告兼反訴原告・被控訴人兼控訴人・上告人）がAの訴訟上の地位を承継した。Yらは、第1審の口頭弁論期日において、Yらが相続によって取得したXに対する報酬残代金債権（反訴請求債権）を自働債権とし、XのYらに対する損害賠償債権（本訴請求債権）を受働債権として、対当額で相殺する旨の抗弁を提出した。

　第 1 審・原審ともに、相殺を当然に適法とした上で、本訴請求債権については相殺分を減額して請求を一部認容し、反訴請求債権については相殺により全額消滅したとして請求を棄却した。これに対し、Y が上告。この時点で、相殺自体の適法性に関しては当事者間では問題となっていなかったが、最高裁は、相殺の適法性を職権で取り上げ、以下のように判断した。

〈判旨〉　破棄自判。「本件相殺は、反訴提起後に、反訴請求債権を自働債権とし、本訴請求債権を受働債権として対当額で相殺するというものであるから、まず、本件相殺と本件反訴との関係について判断する。係属中の別訴において訴訟物となっている債権を自働債権として他の訴訟において相殺の抗弁を主張することは、重複起訴を禁じた民訴法 142 条の趣旨に反し、許されない（最三小判平成 3（1991）年 12 月 17 日・民集 45 巻 9 号 1435 頁）。
　しかし、本訴及び反訴が係属中に、反訴請求債権を自働債権とし、本訴請求債権を受働債権として相殺の抗弁を主張することは禁じられないと解するのが相当である。この場合においては、反訴原告において異なる意思表示をしない限り、反訴は、反訴請求債権につき本訴において相殺の自働債権として既判力ある判断が示された場合にはその部分については反訴請求としない趣旨の予備的反訴に変更されることになるものと解するのが相当であって、このように解すれば、重複起訴の問題は生じないことになるからである。そして、上記の訴えの変更は、本訴、反訴を通じた審判の対象に変更を生ずるものではなく、反訴被告 X の利益を損なうものでもないから、書面によることを要せず、反訴被告 X の同意も要しないというべきである。本件については、前記事実関係及び訴訟の経過に照らしても、反訴原告 Y らが本件相殺を抗弁として主張したことについて、上記と異なる意思表示をしたことはうかがわれないので、本件反訴は、上記のような内容の予備的反訴に変更されたものと解するのが相当である。」

　相殺の抗弁については、判決理由中の判断であっても自働債権の存否について既判力が生じることから、相殺の抗弁とその自働債権を訴訟物とする別訴・反訴が並行する場合には、重複訴訟の禁止（民訴 142 条）に違反しないかが問題となる。この判例は、まず、最三小判平成 3（1991）年 12 月 17 日・民集 45 巻 9 号 1435 頁（以下、「平成 3 年最判」〔【判例㉞】→ 89 頁。）を引用し、係争中の別訴において訴訟物となっている債権を自働債権として他の訴訟において相殺の抗弁を主張することは、重複訴訟を禁じた民訴法 142 条の趣旨に反し許さ

242

れないとする。その上で、本訴および反訴が係属中に、反訴請求債権を自働債権とし、本訴請求債権を受働債権として相殺の抗弁を主張することは許されると判示する。その理由は、反訴原告が異なる意思表示をしない限り、反訴請求債権につき本訴において相殺の自働債権として既判力ある判断が示された場合にはその部分を反訴請求としない趣旨の予備的反訴に変更するものと解するのが相当であり、重複訴訟の問題は生じないと判示した。つまり、この判例は、「平成3年最判」を前提としつつも、別訴としてではなく、反訴としてすでに訴求されていた債権を自働債権とし、本訴請求権を受働債権とする相殺の抗弁は許されるとする。

Ⅳ　中間確認の訴え

中間確認の訴えとは、当事者が、相手方に対して、係属中の訴訟を利用して先決的な事項の確認を求める訴えをいう（145条）。原告だけでなく、被告も利用できる（**中間確認の反訴**）。たとえば、建物収去土地明渡請求訴訟の係属中に、土地所有権の帰属について争いがある場合に提起される所有権確認の訴えがある。本来、そのような先決事項の判断は、判決理由中で判示されるため、既判力が及ばず（114条1項）、後にその点についての争いが蒸し返されることにもなりかねない。そこで、このような先決的権利関係を訴訟物として中間確認の訴えを提起し、判決を得て、その点を既判力で確定しておくことにより、紛争を未然に防止することができるのである。

第 13 講
複雑訴訟Ⅱ：多数当事者訴訟

〈本講のポイント〉
　これまでは、おおむね原告1人・被告1人という事件に関する民事訴訟手続について説明してきたが、本講では、当事者等が多数になる場合について説明する。これが、多数当事者訴訟であり、前講の複数請求訴訟とあわせて、複雑訴訟という。多数当事者訴訟には、共同訴訟（原告側または被告側に複数の当事者がいる訴訟の形態→Ⅰ）、訴訟参加（当事者または補助参加人として当該訴訟に関与する訴訟の形態→Ⅱ）、および、訴訟承継（第三者に従前の訴訟状態を引き継がせるための制度→Ⅲ）があるが、以下順に、重要な判例を紹介しながら説明する。

Ⅰ　共同訴訟

1　共同訴訟の意義と成立原因

　共同訴訟とは、1つの訴訟手続の当事者の一方または双方の側に数人の当事者がいる訴訟の形態をいう。このような訴訟形態が認められているのは、個別訴訟によるよりも共同訴訟によった方が、審理の重複を避けることができ、手続の時間・コスト・労力等を節約することができるからである。

　共同訴訟は、訴訟手続の最初から、1人または数人の当事者の訴えにより、数人の各請求または数人の被告に対する各請求の審判を求める場合に発生するのが通常である。これを**訴えの主観的原始的併合**または**固有の訴えの主観的併合**という。

　これに対して、訴訟係属中に共同訴訟が発生することを、**訴えの主観的追加的併合**という。訴えの主観的追加的併合は、民訴法に明文の規定のある以下の場合に許される。たとえば、係属中の訴訟に、第三者自らが原告または被告の

共同訴訟人として関与する場合（たとえば共同訴訟参加〔52条〕→Ⅱ）、訴訟の係属中に、既存の当事者が、第三者に対する訴訟を追加併合する場合（例、引受承継〔50条3項〕→Ⅲ）、複数の相続人による訴訟承継がなされる場合（124条→Ⅲ）、裁判所が弁論を併合した場合（152条1項）などに発生する。

ここで述べた以外に、当事者の申出によって訴えの主観的追加的併合が成立することが許されるかどうかについては争いがある。

【判例(97)】訴えの主観的追加的併合
――訴えの主観的追加的併合は認められるか？
最三小判昭和62（1987）年7月17日・民集41巻5号1402頁

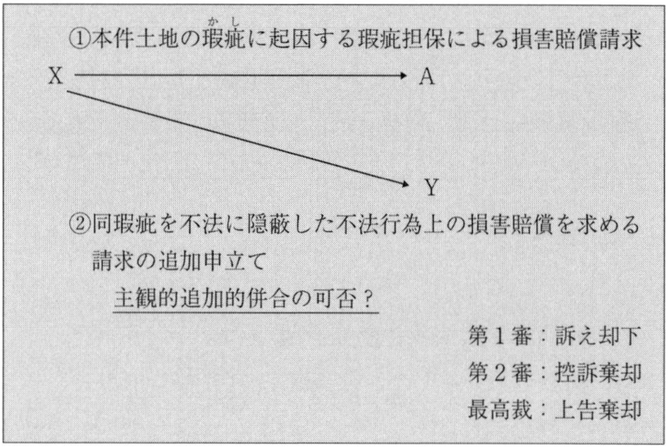
①本件土地の瑕疵に起因する瑕疵担保による損害賠償請求
X
A
Y
②同瑕疵を不法に隠蔽した不法行為上の損害賠償を求める請求の追加申立て
主観的追加的併合の可否？
第1審：訴え却下
第2審：控訴棄却
最高裁：上告棄却

〈事案〉 X（原告・控訴人・上告人）は、Aを被告として、Aに対して本件土地の瑕疵に起因する瑕疵担保による損害賠償を求める訴えを提起したが、右訴えが係属した後に、新たにY（被告・被控訴人・被上告人）に対して同瑕疵を不法に隠蔽した不法行為上の損害賠償を求める請求を追加する申立て（訴えの主観的追加的併合の申立て）を行った。この追加申立ての適法性が問題となった事案である。第1審は、「原告の……申立は、いわゆる主観的追加的併合の申立と解されるところ、その当否はさておき、本訴……は、被告会社に対する新訴の提起であり、本件において、右訴提起に要する手数料の納付を免ずべき理由は見出し難い」とし、Xが手数料を納付しないことを理由に、この訴えを不適法として却下した。原審も第1審の判断を支持し、Xの控訴を棄却した。Xが上告。

〈判旨〉 上告棄却。「所論は、要するに、XがAを被告として提起している東京地

方裁判所昭和55（1980）年（ワ）第八八一号事件の請求（以下「旧請求」という。）とＸがＹを被告として提起している本件訴えにかかる請求とは民訴法（以下「法」という。）59条〔現、38条〕所定の共同訴訟の要件を具備しているから、本件訴えを旧請求の訴訟に追加的に併合提起することが許されるべきであるところ、右の両請求の経済的利益が共通しているから、Ｘは本件訴えにつき手数料を納付する必要はない、というのである。

　しかし、甲が、乙を被告として提起した訴訟（以下「旧訴訟」という。）の係属後に丙を被告とする請求を旧訴訟に追加して一個の判決を得ようとする場合は、甲は、丙に対する別訴（以下「新訴」という。）を提起したうえで、法132条〔現、152条〕１項の規定による口頭弁論の併合を裁判所に促し、併合につき裁判所の判断を受けるべきであり、仮に新旧両訴訟の目的たる権利又は義務につき法59条所定の共同訴訟の要件が具備する場合であっても、新訴が法132条〔現、152条〕１項の適用をまたずに当然に旧訴訟に併合されるとの効果を認めることはできないというべきである。けだし、かかる併合を認める明文の規定がないのみでなく、これを認めた場合でも、新訴につき旧訴訟の訴訟状態を当然に利用することができるかどうかについては問題があり、必ずしも訴訟経済に適うものでもなく、かえって訴訟を複雑化させるという弊害も予想され、また、軽率な提訴ないし濫訴が増えるおそれもあり、新訴の提起の時期いかんによっては訴訟の遅延を招きやすいことなどを勘案すれば、所論のいう追加的併合を認めるのは相当ではないからである。

　右と同旨の見解に立ち、ＸのＹに対する本件訴えは新訴たる別事件として提起されたものとみるべきであるから、新訴の訴訟の目的の価額に相応する手数料の納付が必要であるとして、Ｘが手数料納付命令に応じなかつたことを理由に本件訴えは不適法として却下を免れないとした原審の判断は、正当として是認することができ、原判決に所論の違法はない。」

　この判例によれば、明文の規定のない場合における訴えの主観的追加的併合は許されず、当事者が主観的追加的併合を成立させようとすれば、当事者が新たに訴えを提起し、これを受けて裁判所が弁論を併合するしかない。

2　共同訴訟における手続規律

(1)　共同訴訟人独立の原則　共同訴訟における手続規律は、各共同訴訟人は他の共同訴訟人に制約されることなく、それぞれ独立に相手方に対する訴訟を追行するのが原則である。これは、**共同訴訟における共同訴訟人独立の原則**と

呼ばれる（39条）。

　すなわち、共同訴訟人の1人が相手方にした訴訟行為は、他の共同訴訟人と相手方との間の訴訟に影響を及ぼさない。同様に、相手方が共同訴訟人の1人に対してした訴訟行為は、相手方とその共同訴訟人との間でのみ効力が生じる。また、共同訴訟人の1人について生じた事項は、他の共同訴訟人と相手方との訴訟に影響を及ぼさない。裁判所は、弁論の分離や、ある共同訴訟人についてのみ一部判決をすることも許される。通常、口頭弁論期日が同一日時に指定され、記録も統一されるが、このような訴訟の共同性は事実上のものにすぎない。

　(2)　**共同訴訟人間の証拠共通の原則**　共同訴訟人独立の原則を厳格に適用すると、1つの訴訟手続で審判されるにもかかわらず、共同訴訟人間でまちまちの内容の判決が下されることになる。そこで、判例および通説は、本来、各共同訴訟人と相手方との間で作用する**証拠共通の原則**を、それを超えて共同訴訟人間においても作用することを許す。たとえば、債権者 X が連帯保証人 Y_1 と Y_2 とを共同被告として訴えを提起し、Y_1 の弁済による債務の消滅が争点となった場合に、Y_1 申請の証拠方法を証拠調べした結果である証拠資料は、X・Y_2 間の訴訟でも証拠資料となる。この規律により、自由心証主義（247条→161頁）のもと、共通の事実の認定のための証拠原因も事実上共通となり、画一的な事実認定が可能となる。

　(3)　**共同訴訟人間の主張共通の原則？**　共同訴訟人間の証拠共通を超えて、共同訴訟人間での主張共通を許すかどうかについては争いがある。

【判例⑱】通常共同訴訟人の独立の原則
　——通常共同訴訟人間で主張共通の原則は妥当するか？
　最一小判昭和43（1968）年9月12日・民集22巻9号1896頁

〈事案〉　X（原告・控訴人・上告人）は本件土地を所有しており、Y_1（被告・被控訴人・被上告人）が本件土地を賃借し、本件土地上に建物を所有していた。その後、本件建物が強制競売され、Y_3（被告・被控訴人・被上告人）が本件建物を競落し、これは後に Y_1 の子 Y_2（被告・被控訴人・被上告人）により買い戻され、Y_1・Y_2 が本件建物に居住している。

以上の事実
関係の下、X
は、Y₁、Y₂
およびY₃を
共同被告とし
て、Y₁に対
しては、本件
土地所有権に
基づく本件建
物の退去およ
び本件土地の
明渡請求等を、

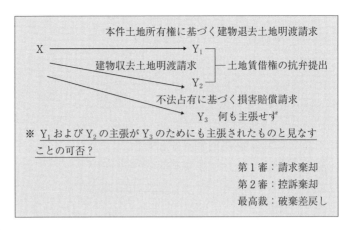

Y₂に対しては、本件土地所有権に基づく本件建物の収去および本件土地明渡請求
等を、Y₃に対しては、Y₃が本件建物を競落しこれをY₂に譲渡するまでに生じた、
本件土地の不法占有に基づく損害賠償請求を立てて、訴えを提起した。これに対し
て、Y₁・Y₂は、本件土地を賃借している旨の抗弁を提出したが、Y₃はこのような
主張を行わなかった。

　第1審は、Xの請求を全部棄却した。原審は、Y₁・Y₂の本件土地賃借権の抗弁
を認め、Xの控訴を棄却した。とりわけ、Y₃に対する請求については、「本件共同
訴訟人であるY₁およびY₂は右期間中の賃料弁済を主張しているから、右主張は
Y₃についてもその効力を及ぼすものと解するのが相当である（いわゆる共同訴訟
人の補助参加関係）」と判示した。X上告。

〈**判旨**〉　原判決破棄・事件を原審へ差戻し。「通常の共同訴訟においては、共同訴
訟人の1人のする訴訟行為は他の共同訴訟人のため効力を生じないのであって、た
とえ共同訴訟人間に共通の利害関係が存するときでも同様である。したがって、共
同訴訟人が相互に補助しようとするときは、補助参加の申出をすることを要するの
である。もしなんらかかる申出をしないのにかかわらず、共同訴訟人とその相手方
との間の関係から見て、その共同訴訟人の訴訟行為が、他の共同訴訟人のため当然
に補助参加がされたと同一の効果を認めるものとするときは、果していかなる関係
があるときこのような効果を認めるかに関して明確な基準を欠き、徒らに訴訟を混
乱せしめることなきを保しえない。

　されば、本件記録上、なんら被上告人Y₁・Y₂から補助参加の申出がされた事実
がないのにかかわらず、被上告人Y₁・Y₂の主張をもって被上告人Y₃のための補

助参加人の主張としてその効力を認めた原判決の判断は失当であり、……原判決は右請求に関する部分についても破棄を免れない。」

　最高裁は、以上のように述べて、共同訴訟人の1人が、他の共同訴訟人の訴訟に補助参加の利益を有する場合には、参加申立てがなくとも当然の補助参加関係があるため、前者が後者のためにも訴訟行為をすることができるとする共同訴訟人間の**当然の補助参加関係理論**を否定した。その他の学説として、共同訴訟人独立の原則は、各共同訴訟人は他の共同訴訟人の制約を受けないで積極的な訴訟行為をすることができることだけを意味するだけであるから、積極的な訴訟行為をしていないときは、その有利なものに限り、他の共同訴訟人の訴訟行為の効果が及ぶとする見解もある。

　(4)　**同時審判申出共同訴訟**　通常共同訴訟人独立の原則により、裁判所は、いつでも弁論を分離することができ、共同訴訟関係を解消することができる。しかし、原告が複数の共同被告に対して実体法上両立しえない請求を提出することにより共同訴訟が成立している場合に、裁判所が弁論を分離することができれば、原告にとって大きな不都合が生じうる。

　たとえば、Xが、本人Y_1に対する契約履行請求訴訟と、無権代理人Y_2に対する民法117条1項に基づく損害賠償請求訴訟を併合して提起する場合、Y_1がY_2に代理権を授与したという事実は、XのY_1に対する請求を基礎づける事実であると同時に、XのY_2に対する請求を排斥する事実でもあるため、2つの請求が実体法上併存し得ない関係にある。このケースを共同訴訟において審理をすれば、複数の請求の成否を左右する事実を共通の証拠資料に基づいて認定することにより、両請求が実体法上矛盾なく判断され、XはY_1とY_2のいずれかには勝訴することが期待できる。それにもかかわらず、このようなケースにおいても、裁判所は、共同訴訟人独立の原則にしたがって、弁論を分離した上で、X・Y_1間の訴訟では代理権の授与なし、X・Y_2間の訴訟では代理権の授与ありと認定し、いずれの請求も棄却することができる。これはXのいわゆる「両負け」を意味し、XがY_1とY_2を共同被告として共同訴訟を成立させた期待に背く結果となる。このような不都合を解消するために、民訴法41条は、事実審の口頭弁論終結時までに、Xに複数の請求についての同時

審判の申出をすることを許し、この場合、裁判所は、弁論および裁判は分離しないでしなければならないこととし、さらに、各共同被告にかかる控訴事件が同一の控訴裁判所に各別に係属するときは、弁論および裁判は併合してしなければならないとした。これを、**同時審判申出共同訴訟**という。

3　必要的共同訴訟

(1)　**共同訴訟の特則としての必要的共同訴訟**　通常の共同訴訟においては、共同訴訟人独立の原則があるため、判決の内容が共同訴訟人ごとにまちまちになるのが原則である。これに対して、「訴訟の目的が共同訴訟人の全員について合一にのみ確定」する必要があるため、共同訴訟人独立の原則が修正される共同訴訟を、**必要的共同訴訟**という（40条）。必要的共同訴訟には、**固有必要的共同訴訟**と**類似必要的共同訴訟**がある。

(2)　**固有必要的共同訴訟とその成立要件**　利害関係人全員が当事者になるのでなければ、訴訟が不適法として却下される共同訴訟の形態を**固有必要的共同訴訟**という。固有必要的共同訴訟では、利害関係人全員が共同訴訟人となることを必要とするので、これは、訴訟共同（共同訴訟）の必要性のある共同訴訟とも呼ばれる。固有必要的共同訴訟においては、訴訟共同が必要であることから、複数の共同訴訟人の1人により単独で当該訴訟における訴訟物を処分することが許されないため、**合一確定の必要性**があり、民訴法40条が適用される。

　判例によれば、第三者に対する共有者全員に帰属する一個の不可分の共有権の確認訴訟や共有権に基づく所有権移転登記手続請求訴訟は、共有者全員を共同原告とすべき固有必要的共同訴訟である（最一小判昭和46（1971）年10月7日・民集25巻7号885頁）。これに対して、各共有者は、第三者を被告とする自己の持分権確認訴訟を提起でき（最一小判昭和40（1965）年5月20日・民集19巻4号859頁）、第三者に対する所有権移転登記抹消登記手続を自己の持分に基づき共有物全体の保存行為として請求することができる（最一小判昭和31（1956）年5月10日・民集10巻5号487頁。なお、最二小判平成15（2003）年7月11日・民集57巻7号787頁も参照）。

　第三者が不動産の共有名義人を被告とする登記請求訴訟では、共有者全員を共同被告とすべき固有必要的共同訴訟であるとするのが判例である（最三小判

250

昭和 38（1963）年 3 月 12 日・民集 17 巻 2 号 310 頁）。これに対して、土地所有者が地上建物の共有者を被告として提起する建物収去土地明渡請求訴訟については、判例は、次のように判示する。

【判例⑨】固有必要的共同訴訟の成否
　　──共同相続人に対する訴えは、固有必要的共同訴訟か？
　最二小判昭和 43（1968）年 3 月 15 日・民集 22 巻 3 号 607 頁

〈**事案**〉　X（原告・被控訴人・被上告人）は、Aと被告として、本件土地をXが所有し、Aがその土地上に無断で建物を所有し本件土地を占有していると主張して、本件

土地所有権に基づく建物収去土地明渡請求

$$X \longrightarrow Y_1, Y_2, Y_3, B$$

Y₁〜Y₃およびBはAの共同相続人

Aの共同相続人全員を被告とすべき必要的共同訴訟であるにもかかわらず、弁論終結後のBの受継申立てと口頭弁論の再開を許さなかった原審の訴訟手続の瑕疵（かし）を理由にY₁〜Y₃が上告

第 1 審：請求認容
第 2 審：控訴棄却
最高裁：上告棄却

土地の所有権に基づく建物収去土地明渡請求の訴えを提起した。第 1 審は、Xの請求を認容する判決を言い渡した。ところが、第 1 審判決言渡し後に、第 1 審の口頭弁論終結前にAは死亡していたことが明らかとなった。この時点においてすでにAの訴訟代理人は辞任していたため、Aの共同相続人であるY₁〜Y₃（控訴人・上告人）は、受継の申立てをし、控訴を提起した。原審は、XのY₁〜Y₃に対する請求を認容する判決を言い渡した。これに対して、Y₁〜Y₃は、本件はAの共同相続人全員を共同被告とすべき固有必要的共同訴訟であるにもかかわらず、原審は、その口頭弁論終結後に行った、Aの共同相続人の 1 人であるBの受継申立てに応じず、弁論を再開しBを訴訟に関与させるべきであったのにこれをしなかったのは訴訟手続の重大な違背（いはい）があるとして、上告を提起した。

〈**判旨**〉　上告棄却。「被上告人の被告Aに対する本訴請求が本件土地の所有権に基づいてその地上にある建物の所有者である同被告に対し建物収去土地明渡を求める

ものであることは記録上明らかであるから、同被告が死亡した場合には、かりにB
が同被告の相続人の１人であるとすれば、Bは当然に同被告の地位を承継し、右請
求について当事者の地位を取得することは当然である。しかし、土地の所有者がそ
の所有権に基づいて地上の建物の所有者である共同相続人を相手方とし、建物収去
土地明渡を請求する訴訟は、いわゆる固有必要的共同訴訟ではないと解すべきであ
る。けだし、右の場合、共同相続人らの義務はいわゆる不可分債務であるから、そ
の請求において理由があるときは、同人らは土地所有者に対する関係では、各自係
争物件の全部についてその侵害行為の全部を除去すべき義務を負うのであって、土
地所有者は共同相続人ら各自に対し、順次その義務の履行を訴求することができ、
必ずしも全員に対して同時に訴を提起し、同時に判決を得ることを要しないからで
ある。もし論旨のいうごとくこれを固有必要的共同訴訟であると解するならば、共
同相続人の全部を共同の被告としなければ被告たる当事者適格を有しないことにな
るのであるが、そうだとすると、原告は、建物収去土地明渡の義務あることについ
て争う意思を全く有しない共同相続人をも被告としなければならないわけであり、
また被告たる共同相続人のうちで訴訟進行中に原告の主張を認めるにいたった者が
ある場合でも、当該被告がこれを認諾し、または原告がこれに対する訴を取り下げ
る等の手段に出ることができず、いたずらに無用の手続を重ねなければならないこ
とになるのである。のみならず、相続登記のない家屋を数人の共同相続人が所有し
てその敷地を不法に占拠しているような場合には、その所有者が果して何びとであ
るかを明らかにしえないことが稀ではない。そのような場合は、その一部の者を手
続に加えなかったために、既になされた訴訟手続ないし判決が無効に帰するおそれ
もあるのである。以上のように、これを必要的共同訴訟と解するならば、手続上の
不経済と不安定を招来するおそれなしとしないのであって、これらの障碍を避け
るためにも、これを必要的共同訴訟と解しないのが相当である。また、他面、これ
を通常の共同訴訟であると解したとしても、一般に、土地所有者は、共同相続人各
自に対して債務名義を取得するか、あるいはその同意をえたうえでなければ、その
強制執行をすることが許されないのであるから、かく解することが、直ちに、被告
の権利保護に欠けるものとはいえないのである。そうであれば、本件において、所
論の如く、他に同被告の承継人が存在する場合であっても、受継手続を了した者の
みについて手続を進行し、その者との関係においてのみ審理判決することを妨げる
理由はないから、原審の手続には、ひっきよう、所論の違法はないことに帰する。」

以上のように、判例は、土地の共同占有者（地上建物の共有者）の１人が土
地所有者に対して負う建物収去土地明渡義務が**不可分債務**であることを理由に、

土地所有者が地上建物の共有者の1人を被告として提起する土地所有権に基づく地上建物収去土地明渡請求を適法とし、このケースは固有必要的共同訴訟に当たらないとした。

　なお、複数の者が共同原告となるべき固有必要的共同訴訟の場合、共同原告となるべき者の一部が不在である場合や、共同の訴えを拒絶する場合、他の者は本案判決を受けることができない。そこで、判例は、入会権は権利者である一定の村落住民の総有に属するので、入会権の確認の訴えは入会権者全員が共同してのみ提起できる固有必要的共同訴訟であること（最二小判昭和41（1966）年11月25日・民集20巻9号1921頁）を前提として、次のような判例を形成した。

【判例⑩】固有必要的共同訴訟の課題

——固有必要的共同訴訟で提訴拒否者を被告に回して提訴できるか？

最一小判平成20（2008）年7月17日・民集62巻7号1994頁

〈**事案**〉　本件土地は、Y₂・Y₃（被告・被控訴人・被上告人）との共有名義であったが、その後Y₁が本件土地を買い受け、その旨の所有権移転登記がなされたために、Y₁（被告・被控訴人・被上告人）は、本件土地について所有名義登記を有している。Xら（原告・控訴人・上告人）は、A入会集落の構成員であり、

本件土地が Xら・Y₂・Y₃ が共有する入会地であることの確認請求

Xら ──────→ Y₁
　　　　　　　　→ Y₂
　　　　　　　　→ Y₃

第1審：訴え却下
第2審：控訴棄却
最高裁：原判決破棄、第1審判決取消し、
　　　　事件を第1審へ差戻し

本件土地はA入会集落の入会地であり、登記簿上便宜的にY₂とY₃の共有名義にしていたと主張して、Y₁とA入会集落の構成員であるY₂・Y₃を被告として、XsおよびY₂・Y₃が本件土地について共有の性質を有する入会権を有することの確認を求める訴えを提起した。第1審・原審はこれを却下した。Xらが上告受理申立て。

〈**判旨**〉　原判決破棄・第1審判決取消し・事件を第1審へ差戻し。「Xらは、本件各土地について所有権を取得したと主張するY₁に対し、本件各土地が本件入会集団の入会地であることの確認を求めたいと考えたが、本件入会集団の内部において

も本件各土地の帰属について争いがあり、Y_2 らは上記確認を求める訴えを提起することについて同調しなかったので、対内的にも対外的にも本件各土地が本件入会集団の入会地であること、すなわち X らを含む本件入会集団の構成員全員が本件各土地について共有の性質を有する入会権を有することを合一的に確定するため、Y_1 だけでなく、Y_2 らも被告として本件訴訟を提起したものと解される。

　特定の土地が入会地であることの確認を求める訴えは、原審の……説示のとおり、入会集団の構成員全員が当事者として関与し、その間で合一にのみ確定することを要する固有必要的共同訴訟である。そして、入会集団の構成員のうちに入会権の確認を求める訴えを提起することに同調しない者がいる場合であっても、入会権の存否について争いのあるときは、民事訴訟を通じてこれを確定する必要があることは否定することができず、入会権の存在を主張する構成員の訴権は保護されなければならない。そこで、入会集団の構成員のうちに入会権確認の訴えを提起することに同調しない者がいる場合には、入会権の存在を主張する構成員が原告となり、同訴えを提起することに同調しない者を被告に加えて、同訴えを提起することも許されるものと解するのが相当である。このような訴えの提起を認めて、判決の効力を入会集団の構成員全員に及ぼしても、構成員全員が訴訟の当事者として関与するのであるから、構成員の利益が害されることはないというべきである。

　最二小判昭和 41（1966）年 11 月 25 日・民集 20 巻 9 号 1921 頁は、入会権の確認を求める訴えは権利者全員が共同してのみ提起し得る固有必要的共同訴訟というべきであると判示しているが、上記判示は、土地の登記名義人である村を被告として、入会集団の一部の構成員が当該土地につき入会権を有することの確認を求めて提起した訴えに関するものであり、入会集団の一部の構成員が、前記のような形式で、当該土地につき入会集団の構成員全員が入会権を有することの確認を求める訴えを提起することを許さないとするものではないと解するのが相当である。

　したがって、特定の土地が入会地であるのか第三者の所有地であるのかについて争いがあり、入会集団の一部の構成員が、当該第三者を被告として、訴訟によって当該土地が入会地であることの確認を求めたいと考えた場合において、訴えの提起に同調しない構成員がいるために構成員全員で訴えを提起することができないときは、上記一部の構成員は、訴えの提起に同調しない構成員も被告に加え、構成員全員が訴訟当事者となる形式で当該土地が入会地であること、すなわち、入会集団の構成員全員が当該土地について入会権を有することの確認を求める訴えを提起することが許され、構成員全員による訴えの提起ではないことを理由に当事者適格を否定されることはないというべきである。

　以上によれば、X らと Y_2 ら以外に本件入会集団の構成員がいないのであれば、

Xらによる本件訴えの提起は許容されるべきであり、Xらが本件入会集団の構成員の一部であることを理由に当事者適格を否定されることはない。」

(3) **類似必要的共同訴訟とその成立要件**　類似必要的共同訴訟とは、訴訟追行権（→38頁）を有する者全員が共同訴訟人となって訴訟追行する必要はないが、同一の訴訟物について複数の訴訟追行権者が共同訴訟人となって訴訟をするときは、判決の合一確定を確保するために、固有必要的共同訴訟の場合と同様に、民訴法40条の規律が適用される共同訴訟の形態をいう。

判決効が第三者に拡張され、かつ、その第三者の中に、当該請求について訴訟追行権を有する者がいる場合に、類似必要的共同訴訟が成立する。株主総会決議取消訴訟・無効確認訴訟（会社830条・831条）等の会社関係訴訟を複数の者が提起する場合等がこれに当てはまる。

(4) **必要的共同訴訟の手続規律**　必要的共同訴訟においては、共同訴訟人間の判決内容に矛盾が生じないように、次の手続規律が設けられている。

まず、各共同訴訟人が異なる内容の訴訟行為をしたときは、全員にとって有利な場合にのみその効力を生じる（40条1項）。したがって、共同訴訟人に有利な訴訟行為は、それが共同訴訟人の1人によって行われてもその効力を生じるが、不利な訴訟行為は、それが共同訴訟人全員により行われた場合に限りその効力を生じる。事実の主張、相手方の主張した事実の否認、抗弁や証拠の提出、上訴の提起は、全員にとって有利な訴訟行為に当たり、請求の放棄・認諾、自白、上訴権の放棄、訴訟上の和解、訴えまたは上訴の取下げ、相手方の訴えの取下げに対する同意は、全員にとって不利な訴訟行為に当たる。もっとも、類似必要的共同訴訟の場合は、共同訴訟人の1人が訴えの取下げをすることができる。

その他、相手方が共同訴訟人の1人に対してした訴訟行為は、全員に対してしたのと同じ効力を生じる（40条2項）。共同訴訟人の1人に中断・中止事由があるときは、手続中断・中止の効力は共同訴訟人全員について生じる（40条3項）。弁論の分離や一部判決は許されない。口頭弁論や証拠調べは、共通の期日で行う。

なお、ある株式会社の複数の株主が共同原告となって提起した株主代表訴訟

が必要的共同訴訟に当たるか否か、および、株主の１人による上訴の効果について、判例は次のように判示する。

【判例⑩】必要的共同訴訟と上訴
――株主代表訴訟で株主の１人による上訴の効果をどう考えるか？
最二小判平成 12 (2000) 年 7 月 7 日・民集 54 巻 6 号 1767 頁

〈**事案**〉　Ａ株式会社の株主 X_1（原告・控訴人）は、Ａの代表取締役であるＹ（被告・被控訴人・被上告人）を被告として、Ｙの責任を追及する株主代表訴訟を提起した。第１審

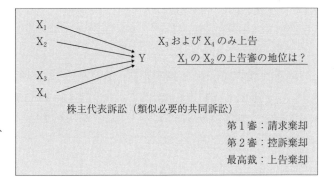

X_1
X_2
　　　　　　Ｙ
X_3
X_4

X_3 および X_4 のみ上告
X_1 の X_2 の上告審の地位は？

株主代表訴訟（類似必要的共同訴訟）
第１審：請求棄却
第２審：控訴棄却
最高裁：上告棄却

では X_1 の請求は棄却された。原審では、X_2（参加人）、X_3 および X_4（いずれも参加人・上告人）が原告側に共同訴訟参加したものの、X_1 の控訴は棄却、X_2 〜 X_4 の請求は棄却された。これに対して、X_3 および X_4 のみが上告。

〈**判旨**〉　上告棄却「商法 267 条〔現、会社 847 条〕に規定する株主代表訴訟は、株主が会社に代位して、取締役の会社に対する責任を追及する訴えを提起するものであって、その判決の効力は会社に対しても及び（民訴 115 条 1 項 2 号）、その結果他の株主もその効力を争うことができなくなるという関係にあり、複数の株主の追行する株主代表訴訟は、いわゆる類似必要的共同訴訟と解するのが相当である。
　類似必要的共同訴訟において共同訴訟人の一部の者が上訴すれば、それによって原判決の確定が妨げられ、当該訴訟は全体として上訴審に移審し、上訴審の判決の効力は上訴をしなかった共同訴訟人にも及ぶと解される。しかしながら、合一確定のためには右の限度で上訴が効力を生ずれば足りるものである上、取締役の会社に対する責任を追及する株主代表訴訟においては、既に訴訟を追行する意思を失った者に対し、その意思に反してまで上訴人の地位に就くことを求めることは相当でないし、複数の株主によって株主代表訴訟が追行されている場合であっても、株主各

人の個別的な利益が直接問題となっているものではないから、提訴後に共同訴訟人たる株主の数が減少しても、その審判の範囲、審理の態様、判決の効力等には影響がない。そうすると、株主代表訴訟については、自ら上訴をしなかった共同訴訟人を上訴人の地位に就かせる効力までが民訴法40条1項によって生ずると解するのは相当でなく、自ら上訴をしなかった共同訴訟人たる株主は、上訴人にはならないものと解すべきである（最大判平成9（1997）年4月2日・民集51巻4号1673頁参照）。

　したがって、本件において自ら上告を申し立てなかった X₁ 及び X₂ は上告人ではないものとして、本判決をする。」

　この判例は、このケースにおいて類似必要的共同訴訟が成立するのは、株主代表訴訟を提訴した株主の受けた判決の効力が会社を通じて反射的に他の株主に及ぶためであるとする点と、株主代表訴訟では「株主各人の個別的な利益が直接問題となっているものではない」ことから、自ら上訴しなかった共同訴訟人は上訴人にならないとする点に特徴がある。

II　訴訟参加

1　訴訟参加の定義とその分類

　第三者が新たに当事者またはこれに準じる主体として訴訟行為を行うために係属中の訴訟に加入する行為を訴訟参加という。訴訟参加には、**補助参加**、**共同訴訟的補助参加**、**共同訴訟参加**および**独立当事者参加**が含まれる。このうち、前の2つは、第三者が補助参加人として訴訟参加する補助参加、後の2つは、第三者が当事者として訴訟参加する当事者参加に分類される。

2　補助参加

(1)　**補助参加の定義とその成立要件**　補助参加とは、他人間の訴訟の結果に利害関係をもつ第三者が、当事者の一方を勝訴させるため、訴訟に参加する訴訟参加の形態を指す（42条）。補助参加が許されるための第1の要件は、**他人間に訴訟が係属していること**である。ただし、判決が確定している場合でも、再審の訴えの提起とともに補助参加の申出をすることができる（43条2項）。

　補助参加の第2の要件は、第三者に**補助参加の利益**があることである。第三者が訴訟の結果につき一定の利害関係を有する場合には、第三者はその訴訟に参加する利益を有する（42条）。補助参加の利益は、「**訴訟の結果**」すなわち判決中の判断を前提に実体法的論理を展開すれば、第三者の法的地位に影響が事実上生じる場合に認められる。したがって、「訴訟の結果」が第三者に感情的・経済的な影響を与えるだけでは補助参加の利益はない。また、「訴訟の結果」の判決効によって第三者の法的地位が決定される場合には当然に補助参加の利益はあるが、第三者の法的地位に判決効ではなく事実上の影響が及ぶにすぎない場合にも補助参加は許される。

　通説によれば、ここでいう「訴訟の結果」とは訴訟物についての判断のみを指す。これに対して、訴訟物についての判断のみならず、判決理由中の判断も「訴訟の結果」に含まれると解するのが有力説である。この点について判断をした判例は次の通りである。

【判例⑩】　**補助参加の利益**
――補助参加の利益をどう考えるか？
東京高決平成20（2008）年4月30日・判時2005号16頁

〈事案〉　Aの相続人であるXら（原告・抗告人）が、Y会社（被告）に対して、Yを保険者、Bを保険契約者、Aを被保険者とする搭乗者傷害保険契約（以下「基本事件保険契約」

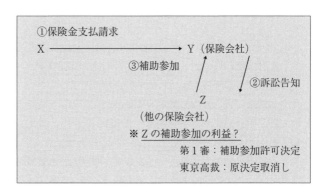

という）に基づき、Aに生じた死亡事故（以下「本件事故」という）についての保険金支払請求の訴えを提起した（以下、これを「基本事件」という）。この訴訟においては、保険金請求権の発生要件である、Aが急激かつ偶然の外来の事故により

死亡したか否かが争われている。

　ところで、Z（補助参加申出人・相手方）会社は、Qを保険契約者、Aを被保険者とする普通傷害保険契約及び交通傷害保険契約（以下、両契約をあわせて「本件保険契約」という）の保険者であり、死亡保険金受取人にXが指定され、Xから本件事故について死亡保険金の支払請求を受ける可能性のある立場にある。また、本件保険契約においても、Aが急激かつ偶然な外来の事故に基づき死亡したことが保険金支払義務の発生要件となっている。

　そこで、Yは、基本事件の訴訟係属中に、Zに対して訴訟告知をし、Zは補助参加の申出を行った。これに対して、Xらが異議を申し立てたため、Zの補助参加の許否が問題となった。原審は、「基本事件の訴訟において、本件基本保険契約の被保険者であるAが急激かつ偶然な外来の事故に基づき死亡したことを原因に保険金支払義務が認められると、Xらから本件保険契約による支払義務の請求がされる可能性があり、基本事件におけるのと同一の争点（偶然な外来事故か否か）につき判断が求められ、基本事件の判断がこの判断に影響を与え、補助参加申出人の本件保険契約上の法的地位又は法的利益に影響する」として、Zの補助参加を許した。Xら即時抗告。

〈決定要旨〉　原決定取消し、自判「民訴法42条の補助参加申出に対し補助参加が許されるのは、申出人が訴訟の結果につき法律上の利害関係を有する場合に限られ、法律上の利害関係を有する場合とは、当該訴訟の判決が参加申出人の私法上又は公法上の法的地位又は法的利益に影響を及ぼすおそれがある場合をいうものと解される。」

　「しかし、YとXらとの間の基本事件保険契約による法律関係と、ZとXらとの間の本件保険契約による法律関係とは、同一被保険者につき死亡を原因とする保険金を給付する同種の保険契約関係というにすぎないものであり、相互に損害を補填し合う関係にある旨の主張立証はないから、何ら法的関連や関係がない。基本事件において、争点である被保険者であるAに生じた本件事故が偶然な外来の事故に当たるか否かが決せられたとしても、ZとXとの間で、本件事故によるAの死亡についての保険金支払義務の存否につき法律上何ら影響するものではなく、Zの私法上又は公法上の法的地位又は法的利益に何ら影響することはない。ただ、同一の争点に対する判断として、これが参考にされ、事実上影響することがあるというにすぎないのであり、このような影響を与える関係を法律上の利害関係ということはできない。

　基本事件において、ZにYへの補助参加を認めても、上記事実上の影響以外に

は何ら法律的な関係がない以上、両者間に参加的効力を観念する余地はなく、Ｘら
との間でも何らかの法的効果を考える余地はなく、Ｚには補助参加制度が前提とす
る法律上の利害関係がないことは、このことからも明らかというべきである。また、
補助参加を認めることによる紛争解決の一回性を考えるとしても、それは事実上の
ものにすぎず、Ｚに対し何ら法的拘束力が生じない以上、法的な拘束力等によって
もたらされる紛争解決効は存しないのであるから、紛争解決の一回性を理由に補助
参加の是非を考えることもできない。」

　この判例によれば、「訴訟の結果」には、判決理由中の判断（本件では、「偶
発的な外来事故か否か」）は含まれないため、この判断が第三者の法的地位に事
実上の影響を及ぼす場合であっても、第三者には補助参加の利益はないとされ
る。

　(2)　**補助参加の手続　参加の趣旨**（参加しようとする訴訟と当事者の表示）と
参加の理由（訴訟の結果についての利害関係を示す事由）を示して、補助参加に
より訴訟行為をすべき裁判所に対して、書面または口頭で行う（43条1項）。
補助参加の許否については、当事者から異議があった場合にのみ、裁判所が決
定により判断する（44条1項）。

　(3)　**補助参加人の地位**　第三者が補助参加することにより、当該第三者は補
助参加人としての地位を有する。補助参加人は、自ら訴訟上の請求を立てない
で当事者の一方を勝訴させようとする地位であるから、被参加人を勝訴させる
ことにより間接的に自らの利益を保護する地位を有するにすぎない。したがっ
て、補助参加人は、被参加人である当事者に対して**従属的な地位**を有する。こ
のことから、補助参加人は判決の名宛人とはならないし、補助参加人について
訴訟手続の中断事由が生じても訴訟手続は停止しない。また、補助参加人は、
訴訟を処分する行為、その他被参加人に不利な行為、被参加人ができない行為
（45条1項但書）、および、被参加人の行為と抵触する行為（45条2項）をする
ことはできない。

　これに対して、補助参加人は、当事者の一方を勝訴させることによって結果
的に自らの法的利益を守ろうとするのであるから、被参加人から独立した地位
（**独立的な地位**）も得る。したがって、補助参加人にも訴訟行為の機会が保障さ

れ、各種の訴訟書類は補助参加人にも送達される。訴訟費用は、被参加人とは独立して、相手方との関係で負担割合が定められる（66条）。参加申出はいつでも取り下げることができる。

(4)　**補助参加人に対する判決の効力**　補助参加に係る訴訟の裁判は、原則として、補助参加人にもその効力を生ずる（46条）。この判決の効力が**既判力**であるかまたは民訴法46条独自の効力である**参加的効力**であるかについては争いがある。この点について、判例は次の通り判示している。

【判例⑩】補助参加人に対する判決の効力
　——補助参加人に対する判決効をどう考えるか？
　最一小判昭和45（1970）年10月22日・民集24巻11号1583頁

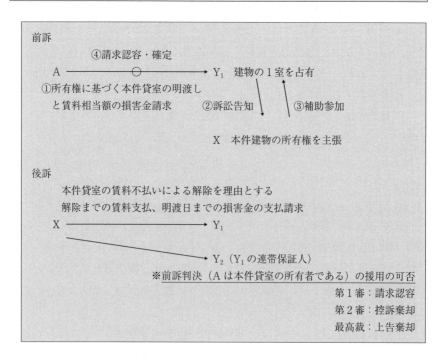

〈**事案**〉　Aは、本件建物の1室を占有するY₁を被告として、本件建物の所有権に基づく本件建物の1室（以下「本件貸室」という）の明渡しと賃料相当額の損害賠

償請求の訴えを提起した。この訴訟（前訴）において、A は、本件建物は、B との間で締結された請負契約に基づき、A が建築したが、B が約定の請負代金を支払わなかったため、A の契約の解除により、その所有権は A に帰属するに至ったと主張した。これに対して、Y_1 は、本件建物についての A の所有権の存在を認めず、本件建物は X が所有しており、Y_1 は X から本件貸室を賃借・占有していると主張し、X に訴訟告知をした。X は、Y_1 側に補助参加し、本件建物は Y_1 が賃貸した当時から X の所有であると主張した。前訴においては、Y_1 の賃貸当時から本件建物は A の所有であるとの理由で、X の請求が全部認容された。この判決に対して Y_1 が控訴・上告を提起したものの、Y_1 の敗訴が確定した。

　X（原告・控訴人・上告人）は、Y_1 および Y_1 の連帯保証人 Y_2（被告・被控訴人・被上告人）に対して、本件貸室の賃貸借契約（以下「本件賃貸借」という）に基づく賃料不払いによる解除を理由とする解除までの賃料支払、明渡日までの損害金の支払請求の訴え（後訴）を提起した（後訴は前訴の控訴審係属中に提起されたが、前訴判決は後訴の第 1 審係属中に確定した）。後訴において、Y_1 および Y_2 は、①本件賃貸借契約は、Y_1 が X に賃貸する権限があると誤信したことにより締結されたものであるから、錯誤により無効であり、②前訴判決の参加的効力が X に及ぶ以上、X は本件貸室が自らの所有に属するという主張をなしえないと主張した。第 1 審は、②の主張を排斥しつつも①の主張を容れて X の請求を認容した。原審は、②の主張も容れて X の控訴を棄却した。X 上告。

〈**判旨**〉　上告棄却「まず、民訴法 70 条〔現、46 条〕の定める判決の補助参加人に対する効力の性質およびその効力の及ぶ客観的範囲について考えるに、この効力は、いわゆる既判力ではなく、それとは異なる特殊な効力、すなわち、判決の確定後補助参加人が被参加人に対してその判決が不当であると主張することを禁ずる効力であって、判決の主文に包含された訴訟物たる権利関係の存否についての判断だけではなく、その前提として判決の理由中でなされた事実の認定や先決的権利関係の存否についての判断などにも及ぶものと解するのが相当である。けだし、補助参加の制度は、他人間に係属する訴訟の結果について利害関係を有する第三者、すなわち、補助参加人がその訴訟の当事者の一方、すなわち、被参加人を勝訴させることにより自己の利益を守るため、被参加人に協力して訴訟を追行することを認めた制度であるから、補助参加人が被参加人の訴訟の追行に現実に協力し、または、これに協力しえたにもかかわらず、被参加人が敗訴の確定判決を受けるに至ったときには、その敗訴の責任はあらゆる点で補助参加人にも分担させるのが衡平にかなうというべきであるし、また、民訴法 70 条〔現、46 条〕が判決の補助参加人に対する効力

につき種々の制約を付しており、同法78条〔現、53条〕が単に訴訟告知を受けたにすぎない者についても右と同一の効力の発生を認めていることからすれば、民訴法70条〔現、46条〕は補助参加人につき既判力とは異なる特殊な効力の生じることを定めたものと解するのが合理的であるからである。

　そこで、本件についてみるに、原審が適法に確定したところによれば、Aが、本件建物のAの所有であると主張して、Y₁に対し、その建物の一部である本件貸室の明渡などを請求した別件訴訟……において、Xは、その訴訟が第1審に係属中に、Y₁側に補助参加し、以来終始、本件建物の所有権は、XがY₂に本件貸室を賃貸した昭和33（1958）年5月31日当時から、AにではなくXに属していたと主張して、右請求を争うY₁の訴訟の追行に協力したが、それにもかかわらず、Y₁は、その訴訟の結果、本件建物の所有権は、右賃貸当時から、Aに属し、Xには属していなかったとの理由のもとに、全部敗訴の確定判決を受けるに至ったというのである。

　してみれば、右別件訴訟の確定判決の効力は、その訴訟の被参加人たるY₁と補助参加人たるXとの間においては、その判決の理由中でなされた判断である本件建物の所有権が右賃貸当時Xには属していなかったとの判断にも及ぶものというべきであり、したがって、Xは、右判決の効力により、本訴においても、Y₁に対し、本件建物の所有権が右賃貸当時Xに属していたと主張することは許されないものと解すべきである。」

．．

　この判例により、民訴法46条の判決効は既判力とは異なる**参加的効力**であると理解された。なお、参加的効力と既判力との違いは以下の点にある。つまり、参加的効力は、被参加人敗訴の場合にのみ発生し、被参加人と参加人との間にのみ生じる。**判決主文中の判断**のみならず、**判決理由中の判断**にも生じる。参加人に対して敗訴の共同責任を問えない民訴法46条各号所定の場合には、参加的効力は参加人に及ばない。参加的効力は、後訴における当事者の援用がなければ、斟酌できない。

　(5)　**訴訟告知**　**訴訟告知**とは、訴訟係属中、当事者が、訴訟の結果につき利害関係を有する第三者に対し、法定の方式により、訴訟係属の事実を通知することをいう（53条）。訴訟告知は、補助参加の利益を有する第三者に参加の機会を与え、被告知者が参加せずともこれを判決の効力については補助参加人と同一の地位に置き（53条4項）、被告知者に**参加的効力**（46条）を及ぼすことを目的とする。

　被告知者は、訴訟告知を受けても訴訟参加する義務を負わないが、参加しなくても参加することができた時点で参加したものと見なされ、参加的効力を受ける（53 条 4 項・46 条）。この場合に参加的効力を受ける被告知者の範囲については、次の判例がある。

【判例⑩】訴訟告知と参加的効力
　　——参加的効力を受ける被告知者の範囲をどう考えるか？
　最三小判平成 14（2002）年 1 月 22 日・判時 1776 号 67 頁

〈事案〉Ｘ（原告・被控訴人・被上告人）は、Ａに対して、ＸがＡに納入した家具等の商品（以下「本件商品」という）の残代金の支払を求めて訴え（前訴）

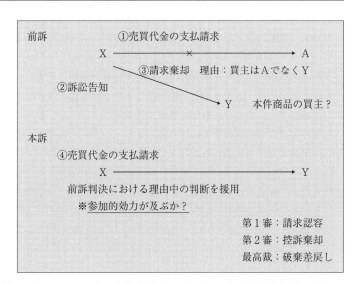

を提起した。前訴において、Ａは、本件商品を購入したのは、Ａではなく、Ａとの請負契約によりカラオケボックス（なお、本件商品はこのカラオケボックスに納入された）をＡに建築させたＹ（被告・控訴人・上告人）であると主張して争った。そこで、ＸはＹに訴訟告知をしたが、ＹはＸにもＡにも補助参加しなかった。前訴においては、本件商品の買主はＡではなくＹであるとの理由からＸの請求は棄却され、これが確定した。

　そこで、Ｘは、Ｙに対して、本件商品の売買代金の支払請求の訴え（本訴）を提起した。第 1 審では、Ｙが欠席したためＸの請求が認容された。Ｙは控訴し、本件商品を注文したのはＹではなくＡであると主張した。これに対して、原審は、訴訟告知による判決の効力がＹに及ぶので、Ｙは前述の主張をすることは許され

ないとして、Yの控訴を棄却した。Y上告。

〈判旨〉　破棄差戻し「旧民訴法78条〔現、53条〕、70条〔現、46条〕の規定により裁判が訴訟告知を受けたが参加しなかった者に対しても効力を有するのは、訴訟告知を受けた者が同法64条〔現、42条〕にいう訴訟の結果につき法律上の利害関係を有する場合に限られるところ、ここにいう法律上の利害関係を有する場合とは、当該訴訟の判決が参加人の私法上又は公法上の法的地位又は法的利益に影響を及ぼすおそれがある場合をいうものと解される（最一小決平成13（2001）年1月30日・民集55巻1号30頁参照）。

　また、旧民訴法70条〔現、46条〕所定の効力は、判決の主文に包含された訴訟物たる権利関係の存否についての判断だけではなく、その前提として判決の理由中でされた事実の認定や先決的権利関係の存否についての判断などにも及ぶものであるが（最一小判昭和45（1970）年10月22日・民集24巻11号1583頁参照）、この判決の理由中でされた事実の認定や先決的権利関係の存否についての判断とは、判決の主文を導き出すために必要な主要事実に係る認定及び法律判断などをいうものであって、これに当たらない事実又は論点について示された認定や法律判断を含むものではないと解される。けだし、ここでいう判決の理由とは、判決の主文に掲げる結論を導き出した判断過程を明らかにする部分をいい、これは主要事実に係る認定と法律判断などをもって必要にして十分なものと解されるからである。そして、その他、旧民訴法70条〔現、46条〕所定の効力が、判決の結論に影響のない傍論において示された事実の認定や法律判断に及ぶものと解すべき理由はない。

　これを本件についてみるに、前訴におけるXのAに対する本件商品売買代金請求訴訟の結果によって、YのXに対する本件商品の売買代金支払義務の有無が決せられる関係にあるものではなく、前訴の判決はYの法的地位又は法的利益に影響を及ぼすものではないから、Yは、前訴の訴訟の結果につき法律上の利害関係を有していたとはいえない。したがって、Yが前訴の訴訟告知を受けたからといってYに前訴の判決の効力が及ぶものではない。しかも、前訴の判決理由中、Aが本件商品を買受けたものとは認められない旨の記載は主要事実に係る認定に当たるが、Yが本件商品を買い受けたことが認められる旨の記載は、前訴判決の主文を導き出すために必要な判断ではない傍論において示された事実の認定にすぎないものであるから、同記載をもって、本訴において、Yは、Xに対し、本件商品の買主がYではないと主張することが許されないと解すべき理由もない。」

この判例は、被告知者に告知者の追行する訴訟について補助参加の利益があ

る場合に、訴訟告知の効果としての参加的効力が及ぶことを明らかにした。その他、参加的効力は、判決主文中のみならず理由中の判断にも生じるが、それは「判決の主文を導き出すために必要な主要事実に係る認定及び法律判断など」に限定されることを示した点でも意義がある。

3　共同訴訟的補助参加

　共同訴訟的補助参加とは、係属中の訴訟の判決の効力（既判力）が及ぶが、訴訟追行権を有しないために、共同訴訟参加することができない第三者がする補助参加のことである。この場合の第三者は、係属中の訴訟の判決の効力により自らの法的地位に影響が及ぶので補助参加の利益を有する。しかし、補助参加人として訴訟参加しても、被参加人に対する従属的地位のために、自らに不利な判決効が及ぶことを阻止することができない。そこで、判決効が及ぶ第三者に、必要的共同訴訟人に準じた訴訟上の地位を付与し、自らに不利な判決効が及ぶことを阻止する地位を与えるために、共同訴訟的補助参加が解釈上認められた（40条 1 項の類推適用）。もっとも、人事訴訟法には、共同訴訟的補助参加人の地位が明文化されている（人訴 15 条 3 項・4 項）。

4　共同訴訟参加

　共同訴訟参加とは、係属中の訴訟の当事者の一方と第三者との間で合一に確定すべき場合に、第三者が原告または被告の共同訴訟人として参加することをいう（52条）。

5　独立当事者参加

　(1)　**独立当事者参加とその訴訟構造**　独立当事者参加とは、係属中の訴訟の当事者または一方を相手方として、第三者が自己の請求を立てて、本訴の原告・被告、および、参加人の三者間で紛争を矛盾なく一挙に解決するための参加制度である（47条）。

　第三者が係属中の訴訟に独立当事者参加をすると、本訴原告の本訴被告に対する請求、参加人の本訴原告に対する請求、および、参加人の本訴被告に対する請求という 3 つの請求が 1 つの手続で審理される。この訴訟構造は、三者間

が相互に対立・牽制関係にある三面的な 1 個の訴訟（三面訴訟）であると説明される（最大判昭和 42 （1967）年 9 月 27 日・民集 21 巻 7 号 1925 頁）。

(2) **独立当事者参加の要件**　独立当事者参加の要件は、①他人間の訴訟係属があること（ただし、判決確定後も独立当事者参加の申出とともに再審の訴えを提起できる。最一小決平成 25 （2013）年 11 月 21 日・民集 67 巻 8 号 1686 頁→【判例⑪】）、②参加人は自己の請求を相手方の双方または一方との関係で定立すること（最一小決平成 26 （2014）年 7 月 10 日・判時 2237 号 42 頁）、および、③参加の理由があることである。参加の理由には、詐害防止参加と権利主張参加がある。

詐害防止参加とは、「訴訟の結果によって権利が害されることを主張する」場合の独立当事者参加である（47 条）。これは、係属中の訴訟における当事者の馴れ合いの結果下された判決により、第三者が事実上の不利益を受けるのを防止するために存在する。

詐害防止参加の例としては、次のものがある（最一小判昭和 42 （1967）年 2 月 23 日・民集 21 巻 1 号 169 頁）。X 所有の本件不動産につき、X から Y へ売買による所有権移転登記がなされているが、X は、これを A （Y の父）が不動産売渡証を偽造して行ったと主張して、Y に対して、この登記の抹消登記手続を求める訴えを提起した。この場合、Z は、Y の債権者として、この不動産に対し強制執行の申立てをし、競売開始決定を得ていたため、X・Y 間の訴訟で X が勝訴すると本件不動産は Y の所有物でなくなり Z 自身の権利が害されるために、X・Y 間の訴訟の係属中に、X と Y に対して本件不動産についての Y の所有権確認請求を立てて、民訴法 47 条 1 項前段により独立当事者参加をすることができる。

次に、**権利主張参加**とは、「訴訟の目的の全部若しくは一部が自己の権利であると主張する」場合の独立当事者参加である（47 条）。権利主張参加は、他人間の訴訟において主張されている権利を自己の権利であると主張する第三者が、係属中の当該訴訟において他人の権利であると判決されることによる事実上の不利益の発生を防止するためにある。したがって、係属中の訴訟の当事者間で争われている権利関係が参加人に帰属するか、または参加人が優先する権利を有し、参加人の請求が当事者間の請求と論理的に両立し得ない場合に許さ

れる。

　権利主張参加の例としては、次のものがある（最二小判昭和40（1965）年10月15日・民集19巻7号1788頁）。Xは、Yを被告として、本件不動産の所有権に基づく所有権移転登記およびその明渡しを求める訴えを提起した。この訴訟の係属中に、Zは、XおよびYを相手方として、それぞれに本件不動産についてのZの所有権確認請求を立てて、民訴法47条1項後段による独立当事者参加をすることができる。

　その他、権利主張参加が許されるか否かが問題となった判例として次のものがある。

> 【判例⑯】権利主張参加の許否
> ――権利主張参加として、所有権移転請求権保全の仮登記に基づく本登記手続請求は許されるか？
> 最三小判平成6（1994）年9月27日・判時1513号111頁

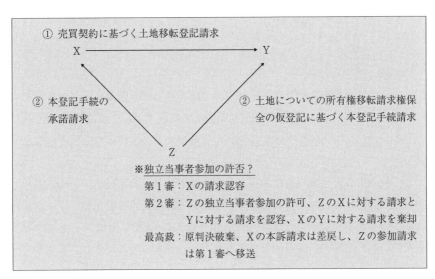

〈事案〉　X（原告・被控訴人・上告人）は、Y（被告・控訴人・被上告人）に対して、売買契約に基づく本件土地の所有権移転登記手続請求の訴えを提起した。第1審では、Xの請求が認容されたため、Yが控訴した。原審係属中に、Zが、Yに対して

は、本件土地についての所有権移転請求権保全の仮登記に基づく本登記手続請求を立て、Ｘに対しては、その本登記手続の承諾請求を立てて、独立当事者参加の申出をした。原審は、Ｚの独立当事者参加を許し、ＺのＸに対する請求とＹに対する請求を認容し、ＸのＹに対する請求を棄却した。Ｘが上告。

〈判旨〉 原判決破棄、Ｘの本訴請求は差戻し、Ｚの参加請求は第１審へ移送。「ＸのＹに対する売買契約に基づく所有権移転登記手続を求める本訴につき、Ｚが、Ｙに対し代物弁済の予約又は売買の一方の予約による各予約完結の意思表示をしたことを理由とする所有権移転請求権保全の仮登記に基づく本登記手続を求め、かつ、右仮登記後にされた処分禁止の仮処分登記の名義人であるＸに対し右本登記手続の承諾を求めてした本件参加の申出は、民訴法71条〔現、47条〕の要件を満たすものと解することはできない。けだし、同条の参加の制度は、同一の権利関係について、原告、被告及び参加人の三者が互いに相争う紛争を一の訴訟手続によって、一挙に矛盾なく解決しようとする訴訟形態であって、一の判決により訴訟の目的となった権利関係を全員につき合一に確定することを目的とするものであるところ（最大判昭和42（1967）年９月27日・民集21巻７号1925頁）、Ｚの本件参加の申出は、本件土地……の所有権の所在の確定を求める申立てを含むものではないので、Ｘ、Ｙ及びＺの間において右各所有権の帰属が一の判決によって合一に確定されることはなく、また、他に合一に確定されるべき権利関係が訴訟の目的とはなっていないからである。」

なお、本件では、Ｚが本件土地について所有権移転登記請求権の仮登記を得ているため、仮にＸがＹとの訴訟に勝訴したとしても、ＺはＸに対抗できることから、ＺがＸ・Ｙ間の訴訟に権利主張参加する必要性はないと理解されている。

(3) **独立当事者参加の手続** 独立当事者参加の申出は書面で行う（47条２項）。参加申出書には参加の趣旨および理由を記載し、独立当事者参加により訴訟行為をすべき裁判所に提出する（47条４項・43条）。参加申出は訴え提起の実質をもつから、参加申出の書面を当事者双方へ送達することにより、参加人と当事者それぞれとの関係で訴訟係属が生じる。

(4) **独立当事者参加訴訟の審判** 三者間の請求についての判決の合一性を確保するために、40条１項ないし３項の規定が準用される（47条４項）。したが

って、当事者の1人または参加人が行う訴訟行為は、他の者の不利になる限り
その効力を生じない。たとえば、二当事者間で訴訟上の和解が成立した場合で
もその効力は生じない（仙台高判昭和 55（1980）年 5 月 30 日・下民集 33 巻 9 ＝
12 号 1546 頁）。逆に、有利な訴訟行為は、他の者のためにもその効力を生じる。
1 人につき訴訟手続の中断・中止の事由が生じたときは、全員との関係で手続
が停止する。裁判所が弁論を分離することは許されない。裁判所は、一部判決
をすることは許されず、全請求について論理的に矛盾のない内容の判決を同時
に行わなければならない。

　(5)　**独立当事者参加訴訟における上訴の取扱い**　敗訴した 2 人のうち双方が
上訴した場合には、全請求が移審する。判例によれば、敗訴した 2 人のうちの
1 人のみが上訴した場合にも、全当事者および全請求につき移審の効果が生じ、
上訴の相手方にならなかった当事者は 40 条 2 項の準用により被上訴人となる。
このケースにおいて、上訴が認容された場合にどのような判決内容とすべきか
については、次の判例がある。

【判例⑩⑥】 独立当事者参加と上訴
　――独立当事者参加における敗訴者の1人の上訴をどう判断するか？
最二小判昭和 48（1973）年 7 月 20 日・民集 27 巻 7 号 863 頁

〈事案〉　X（原告・控訴人・被上告人）は、A の Y（被告・被控訴人・被上告人）
に対する 150 万円の工事請負代金債権の譲渡を受けたと主張し、Y に対して、その
支払請求の訴えを提起した。Y は、当該債権譲渡の存在を争い、債権者不確知を理
由に請負代金 82 万 4600 円を供託した。その後、Z（参加人・被控訴人・上告人）は、
A から上記請負代金債権の譲渡を受けたと主張し、Y に対しては、Z の供託金還付
請求権存在確認請求と上記請負代金 150 万円から供託金を引いた額（67 万 5400 円）
の支払請求を立て、X に対しては Z に供託金還付請求権存在確認請求等を立てて、
独立当事者参加をした。
　第 1 審は、上記請負代金債権の残額は 82 万 9800 円であるとしたうえで、上記請
負代金債権は二重譲渡されたが Z が X に優先すると認定した結果、X の Y に対す
る請求を棄却し、Z の X に対する請求を認容し、Z の Y に対する請求を 5200 円の
支払の限度で一部認容した。この判決に対して、X は、Y と Z を被控訴人として

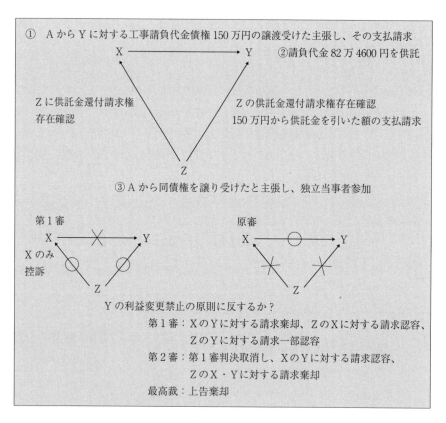

① AからYに対する工事請負代金債権150万円の譲渡受けた主張し、その支払請求

X ──────────────→ Y　　②請負代金82万4600円を供託

Zに供託金還付請求権　　　　　Zの供託金還付請求権存在確認
存在確認　　　　　　　　　　150万円から供託金を引いた額の支払請求

Z

③Aから同債権を譲り受けたと主張し、独立当事者参加

第1審　　　　　　　　　　　　　原審
X ───✕───→ Y　　　　　X ───○───→ Y
Xのみ
控訴

Z　　　　　　　　　　　　　　Z

Yの利益変更禁止の原則に反するか？
第1審：XのYに対する請求棄却、ZのXに対する請求認容、
　　　　ZのYに対する請求一部認容
第2審：第1審判決取消し、XのYに対する請求認容、
　　　　ZのX・Yに対する請求棄却
最高裁：上告棄却

控訴をしたが、Yは控訴をしなかった。

　これに対して、原審は、上記請負代金の残額は150万円であるとした上で、上記請負代金債権は二重譲渡されたがXがZに優先すると認定し、さらにYの供託は債務の本旨にしたがったものといえず無効であるとした。以上から、原審は、第1審判決を取消し、XのYに対する150万円の請負代金支払請求を全部認容し、ZのXおよびYに対する請求を棄却した。

　Zは、XおよびYを被上告人として上告。上告審では、第1審でZに敗訴したYが控訴をしていないにもかかわらず、ZY間の請求について第1審判決を変更することが、Yにとっての利益変更禁止、すなわち、Zにとっての不利益変更禁止の原則（304条→278頁）に違反するかどうかが問題となった。

〈判旨〉　上告棄却。「しかし、本件は、訴訟の目的が原告、被告および参加人の三

者間において合一にのみ確定すべき場合（民訴71条〔現、47条1項・4項〕、62条〔現、40条1〜3項〕）に当たることが明らかであるから、1審判決中参加人の被告に対する請求を認容した部分は、原告のみの控訴によっても確定を遮断され、かつ、控訴審においては、被告の控訴または附帯控訴の有無にかかわらず、合一確定のため必要な限度で1審判決中前記部分を参加人に不利に変更することができると解するのが相当である（最大判昭和42（1967）年9月27日・民集21巻7号1925頁、最一小判昭和36（1961）年3月16日・民集15巻3号524頁、最二小判昭和43（1968）年4月12日・民集22巻4号877頁参照）。原判決に所論の違法はなく、所論は、これと異なる独自の見解にたつものであって採用するをえない。」

(6)　**訴訟脱退**　権利主張参加の理由による独立当事者参加訴訟において、従前の訴訟当事者が独立当事者参加関係から離脱し、紛争の解決を従前の訴訟当事者の一方と参加人との訴訟の結果に委ねることを、**訴訟脱退**という（48条）。

Ⅲ　訴訟承継

1　訴訟承継制度の趣旨と訴訟状態承認義務

　訴訟承継とは、訴訟の係属中、訴訟物について原告または被告となることを基礎づける実体法上の地位が第三者に移転した場合に、その第三者にそれまでの訴訟状態を引き継がせる制度をいう。これは、判決に至る前の訴訟状態を承継人に帰属させ、前主（被承継人）とその相手方間の訴訟において生じている訴訟状態についての当事者の既得的地位を保護するために存在する。

　訴訟承継により、承継人は当事者となり、承継の時点での前主（被承継人）の訴訟追行上の地位を承継する。したがって、訴訟承継前になされた弁論・証拠調べ・裁判などは、すべて承継人との関係でも効力が維持され、承継人は前主ができなくなった訴訟行為をすることはできない。これを**訴訟状態承認義務**という。この根拠は、口頭弁論終結後の承継人への既判力の拡張の場合と同様に、係争権利義務の帰属主体となる原因となっていた実体法上の地位を、承継人が前主から承継したことにある。

　訴訟承継の発生原因には、当然承継と参加承継・引受承継がある。詳細は以下に述べる。

2 当然承継

当然承継は、係争権利義務の帰属主体性の変動とともに、当然に新たに訴訟追行権を有する者が訴訟当事者の地位を取得する場合の訴訟承継である。したがって、この場合、新たに訴訟追行権を得る者の意思を問わず、当然にその者が当事者の地位を取得する。そのため、新当事者に訴訟追行させるために、通常は、手続を中断し、新当事者に受継させる。

承継原因には、当事者の死亡または法人の合併等による消滅（124条1項1号・2号）、一定の資格に基づいて訴訟当事者となる者の資格の喪失（124条1項4号・5号・6号）、破産手続の開始または終了（破44条）等がある。当然承継により手続が中断する場合には、承継人または相手方の受継申立てに基づく受継決定、または、裁判所の続行命令によって手続が続行される（124条ないし129条）。

3 参加承継・引受承継

(1) **参加承継・引受承継の原因・範囲** **参加承継・引受承継**とは、参加申出や引受申立てなど当事者の訴訟行為によって当事者の地位が取得される場合の訴訟承継である。**参加承継・引受承継の原因**は、訴訟物について原告または被告となることを基礎づける実体法上の地位についての承継である。典型例は、権利者側については、権利者の権利の譲渡であり、義務者側については、債務の引受けや、訴訟物となる義務の帰属主体性を基礎づける目的物の占有の承継である。

参加承継人・引受承継人の範囲は、既判力の拡張を受ける口頭弁論終結後の承継人の範囲に準じると考えられているが、判例は次の基準によりこの点について判断する。

【判例⑩】引受承継
——引受承継人の範囲をどのように考えるか？
最三小判昭和41（1966）年3月22日・民集20巻3号484頁

〈事案〉 X（原告・被控訴人・被上告人）は本件土地を所有しており、Y（被告・控訴人・上告人）は本件土地をXから賃借して、本件土地上の建物を所有していた。

しかし、その後、Xは Y に対して、本件土地の賃貸借契約の無断増築に基づく解除および期間満了を理由とする建物収去土地明渡請求の訴えを提起した。この訴訟の係属中、Y が Z に建物

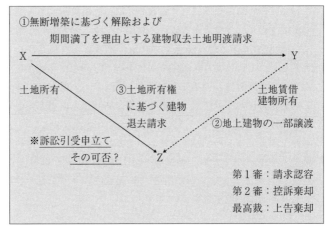

①無断増築に基づく解除および
　　期間満了を理由とする建物収去土地明渡請求

X ──────────────────────────────→ Y

土地所有　　　③土地所有権　　　　　　　　土地賃借
　　　　　　　に基づく建物　　　　　　　　建物所有
　　　　　　　退去請求　　　　　②地上建物の一部譲渡

※訴訟引受申立て
　その可否？　　　　　　　　Z

第1審：請求認容
第2審：控訴棄却
最高裁：上告棄却

の一部を賃貸して引き渡したため、X は、Z に対し、建物からの退去を求めて旧民訴法 74 条（現、50 条）による訴訟引受（ひきうけ）の申立てをした。これは裁判所により認められたが、Z は、X の Y に対する請求は債権的請求権、X の Z に対する請求は物権的請求権であり、両者は別個のものであるから、Z は当該義務を承継したとはいえず承継人ではないと主張して争った。第1審は、X の請求を認容し、原審も Y および Z の控訴を棄却した。Y および Z が上告。

〈**判旨**〉　上告棄却。「賃貸人が、土地賃貸借契約の終了を理由に、賃借人に対して地上建物の収去、土地の明渡を求める訴訟が係属中に、土地賃借人からその所有の前記建物の一部を賃借し、これに基づき、当該建物部分および建物敷地の占有を承継した者は、民訴法 74 条にいう「其ノ訴訟ノ目的タル債務ヲ承継シタル」者に該当すると解するのが相当である。けだし、土地賃借人が契約の終了に基づいて土地賃貸人に対して負担する地上建物の収去義務は、右建物から立ち退く義務を包含するものであり、当該建物収去義務の存否に関する紛争のうち建物からの退去にかかる部分は、第三者が土地賃借人から係争建物の一部および建物敷地の占有を承継することによって、第三者の土地賃貸人に対する退去義務の存否に関する紛争という型態をとって、右両者間に移行し、第三者は当該紛争の主体たる地位を土地賃借人から承継したものと解されるからである。これを実質的に考察しても、第三者の占有の適否ないし土地賃貸人に対する退去義務の存否は、帰するところ、土地賃貸借契約が終了していないとする土地賃借人の主張とこれを支える証拠関係（訴訟資料）に依存するとともに、他面において、土地賃貸人側の反対の訴訟資料によって否定されうる関係にあるのが通常であるから、かかる場合、土地賃貸人が、第三者を相

手どって新たに訴訟を提起する代わりに、土地賃借人との間の既存の訴訟を第三者に承継させて、従前の訴訟資料を利用し、争いの実効的な解決を計ろうとする要請は、民訴法74条〔現、50条〕の法意に鑑み、正当なものとしてこれを是認すべきであるし、これにより第三者の利益を損うものとは考えられないのである。そして、たとえ、土地賃貸人の第三者に対する請求が土地所有権に基づく物上請求であり、土地賃借人に対する請求が債権的請求であって、前者と後者とが権利としての性質を異にするからといつて、叙上の理は左右されないというべきである。されば、本件土地賃貸借契約の終了を理由とする建物収去土地明渡請求訴訟の係属中、土地賃借人であったＹからその所有の地上建物中の判示部分を賃借使用するにいたったＺに対してＸがした訴訟引受の申立を許容すべきものとした原審の判断は正当であり、所論は採用できない。」

....

(2) **参加承継・引受承継の手続規律**　参加承継の申出は、民訴法47条1項が規定する権利主張参加の方式により行われるので（49条・51条）、参加人は、申出の際に、前主（被承継人）と相手方当事者の双方に対して請求を立てるのが原則である。もっとも、参加人と前主との間に承継について争いがない場合には、相手方当事者に対する請求だけを立てればよい（47条1項）。参加により、時効完成猶予または法律上の期間遵守の効力が訴訟係属の時に遡って生じる（49条）。

当事者は、相手方当事者の承継人に対して、**訴訟引受の申立て**をし、**引受決定**を得て、承継人を当事者とする（50条1項・51条）。被告は訴訟から脱退することができる。（50条3項・48条）。引受人に対する時効完成猶予効等も訴訟係属の時に遡って生じる（50条3項・49条）。

参加承継は、独立当事者参加の方式により行われるため、承継後の手続については、必要的共同訴訟に関する審理の特則が準用される（49条・51条・47条4項・40条1項ないし3項）。これに対して、引受承継訴訟の審理については、同時審判申出共同訴訟の規律が準用される（50条3項・51条・41条）。

第 14 講
上訴・再審

〈本講のポイント〉
　本講では、裁判に対する不服申立ての手段として、上訴・再審について、重要な判例を交えて説明する。裁判に対する不服申立ての手段には、様々なものがあるが、本講では、未確定の裁判に対して上級審での審理を求める上訴（→Ⅰ）と、確定した裁判を取り消して、審理と裁判のやり直しを求める再審（→Ⅱ）について説明する。

Ⅰ　上訴

1　上訴の意義と要件・効果

(1)　**上訴の意義**　上訴とは、未確定の判決の取消しまたは変更を上級裁判所に対して求める不服申立てのことである。上訴制度の目的は、不利な裁判を受けた当事者を救済することであるとされている。また、最終的に最高裁判所による審理判断を受けることにより、法令の解釈適用が統一されるという側面もある。

　上訴は、裁判形式（判決と決定・命令）によってそれぞれ規律が分けられている。判決に対する上訴は控訴と上告である。控訴は、第1審裁判所の終局判決に対する上訴であり（281条）、上告は、主として控訴裁判所の終局判決に対する上訴である。ある事件が審理判断される際、控訴・上告によって最大3つの審級において審理判断される。これを**三審制**という。当事者は複数の審級で審理を受けることができることから、審級の利益をもつという。

(2)　**上訴の要件と効果**　上訴が適法なものとされるための要件を**上訴要件**という。すべての上訴に共通する上訴要件として次の5つが挙げられる。すなわ

ち、①上訴提起行為が有効であり、定められた方式に従っていること、②上訴期間を徒過していないこと、③上訴の対象となった裁判が、性質上不服申立て可能な裁判であり、その裁判に適した上訴が申し立てられたこと、④不上訴の合意や上訴権の放棄がないこと、⑤上訴人（上訴を提起する者）が、上訴の利益を有することである。

⑤の**上訴の利益**とは、原判決によって不利益を受けた当事者に認められるものであり、訴えにおける訴えの利益（→74頁）に相当する。控訴、上告に対応して、控訴の利益、上告の利益と呼ばれる。たとえば、XがYに1000万円の損害賠償請求訴訟を提起し、第1審裁判所が700万円の請求認容判決を下した場合、Xには棄却された300万円、Yには認容された700万円についてそれぞれ控訴の利益があるとされる。このように、上訴の利益の有無は当事者の申立事項と判決主文との比較、あるいは発生する判決効が当事者にとって不利益か否かを基準として判断される。この点に関し、判決主文ではなく、判決理由中の判断について不服がある場合、上訴の利益が認められるか否か問題となる。

【判例⑩】上訴の利益
　　──判決理由中の判断に対する上訴は可能か？
　　最三小判昭和31（1956）年4月3日・民集10巻4号297頁

〈事案〉X（原告・被控訴人・被上告人）はY（被告・控訴人・上告人）に対して負う債務とその利息の担保として、X所有の土地①の一部およびXの子A所有の土地②③について抵当権の設定・登

X　──→　Y
　　　(イ)所有権移転登記抹消および(ロ)抵当権登記抹消請求
　　←──
　　　(ハ)損害賠償請求（反訴）
　　第1審：(イ)・(ロ)請求認容、(ハ)請求棄却
　　第2審：(イ)請求棄却（所有権移転登記は売渡担保によると認定）、(ロ)・(ハ)控訴棄却
　　最高裁：上告棄却（原判決の確定）

記をした（A死亡によりXが相続）。その後、土地①の抵当権の登記は抹消され、改めて土地①の全部について売買に基づくYへの所有権移転登記がなされた。XはYに対し、(イ)土地①の所有権移転登記は抵当権を売渡担保に切り替えたもので

あり、被担保債権は完済したとして土地①の所有権移転登記の抹消、および㈹土地
①の所有権移転登記の際に土地②③についての抵当権の登記は抹消し忘れていたと
して、土地②③についての抵当権の登記の抹消を請求し、これに対し Y は反訴と
して㈥ X に対する損害賠償請求をした。

　第 1 審は、X の㈤および㈹の請求を認容し、㈥の請求を棄却したため、Y が控訴。
原審は、㈤の請求について、売渡担保として所有権移転登記がなされたものの、被
担保債権が完済されていないとして原判決を取り消した上で請求を棄却し、㈹・㈥
の請求については控訴を棄却した。これに対し Y は、㈤の請求に関する理由中の
判断において、売渡担保と認定した点は売買であるとして上告した。

〈**判旨**〉　上告棄却。「本件上告理由を見るに、すべて Y が勝訴した X の㈤の請求に
つき、原審がなした判決理由中の判断を攻撃するにとどまり、Y が敗訴した㈹及び
㈥の請求に対する不服でないことが明らかである。そして所有権に基く登記請求の
訴についてなされた判決の既判力は、その事件で訴訟物とされた登記請求権の有無
を確定するにとどまり、判決の理由となった所有権の帰属についての判断をも確定
するものではないから（最一小判昭和 30（1955）年 12 月 1 日・民集 9 巻 13 号
1903 頁）、Y は本件において㈤の請求につき敗訴しても、なお、自ら訴を提起し又
は相手方の請求に応訴することによって、①の不動産の所有権が自己に存すること
を主張して争うことができるのであるから、所論は結局上告の前提たる利益を欠く
ものと云わなければならない。」

　この判例によれば、判決理由中の判断については既判力が生じないことから、
判決理由中の判断を不服として上訴しても、上訴の利益は認められないことに
なる。なお、現行法では、【判例⑩】の取扱いとは異なり、上告要件を欠く場
合には、原裁判所により、上告は却下される（316 条 1 項）。

2　控訴

(1)　**控訴の提起**　控訴の提起は、第 1 審裁判所の判決に対して不服のある当
事者が控訴状を提出することで行う。控訴状は第 1 審裁判所に提出しなければ
ならず（286 条 1 項）、判決書ないし判決書に代わる調書（254 条 2 項）の送達を
受けた日から 2 週間の控訴期間内に提出しなければならない（285 条）。

　控訴審の審理構造につき現行法は**続審制**を採用している。これは、第 1 審裁

判所において提出された裁判資料（訴訟資料・証拠資料）と控訴裁判所で新たに提出された裁判資料を基礎に、第1審判決に対する不服の当否を判断するという審理構造である。すなわち、①控訴審の訴訟手続に第1審の訴訟手続に関する規定が準用され（297条）、②第1審での当事者の訴訟行為は、控訴審でも有効であり（298条1項）、③当事者は第1審における口頭弁論の結果を陳述しなければならない（296条2項）。③は**弁論の更新**といい、第1審からの裁判官の変更に伴い、直接主義（→108頁）の要請を満たすための行為である。

　(2)　**利益変更・不利益変更禁止の原則**　控訴審での口頭弁論は、当事者が第1審判決の変更を求める限度においてのみなされ（296条1項）、控訴裁判所が第1審判決の取消しおよび変更をすることができるのも当事者による不服の限度においてのみである（304条）。このことから、当事者の一方のみが控訴し、相手方からの控訴・附帯控訴（→280頁）がない場合、控訴裁判所は、不服申立ての限度を超えて控訴した者にとって利益あるいは不利益になるような第1審判決の変更をすることはできない。これを**利益変更禁止の原則**、**不利益変更禁止の原則**という。これらの原則は、**処分権主義**（→92頁）の控訴審における顕在化とされている。

　利益変更・不利益変更禁止の原則において、何をもって利益・不利益とするかについては、既判力の客観的範囲（→207頁）を基準として判断される。そのため、通常であれば、原判決の理由中の判断を変更したとしても、不利益変更禁止の原則は問題とならない。しかし、原判決の理由中の判断であっても、相殺（そうさい）の抗弁に関する判断については既判力が生じるため（114条2項）、不利益変更禁止の原則との関係が問題となる。

【判例⑩⑨】相殺の抗弁と不利益変更禁止の原則
　　——相殺の抗弁を認めて原告の請求を棄却した第1審判決に対し、原告のみが
　　控訴した場合に、控訴審がどのように判断すべきか？
　最一小判昭和61（1986）年9月4日・判時1215号47頁

〈**事案**〉　Ｘ（原告、控訴人、被上告人）はＹ（被告、被控訴人、上告人）に対し貸金および遅延損害金の支払を求めて提訴したところ、Ｙは、貸金は不法原因給付で

あるため返還の必要はなく、
そうでなくとも X に対して
有する反対債権をもって相殺
すると主張した。第 1 審は、
本件貸金契約は公序良俗に違
反しない等として、貸金債権
の成立を認めた上で、相殺の
抗弁を認めて X の請求を棄

```
X ──────→ Y
　貸金および遅延損害金の支払請求訴訟
　　（Y の主張）
　　　不法原因給付の抗弁、相殺の抗弁
　第 1 審：請求棄却（相殺の抗弁を認める）
　第 2 審：請求認容（反対債権は存在しない）
　最高裁：破棄自判、控訴棄却
```

却した。これに対し X のみが控訴し、Y は控訴も附帯控訴もしなかった。原審は、
第 1 審判決と同じく公序良俗違反等の抗弁を排斥した上で、反対債権は存在しない
として相殺の抗弁を認めず、第 1 審判決を取り消し、X の請求を認容した。これに
対し Y が上告したところ、最高裁判所は、本件貸金契約は公序良俗に違反し無効
であって、原判決は破棄を免れず、Y の主張する相殺の抗弁について判断するまで
もなく X の請求は棄却すべきであるとした上で、次のように判示した。

〈**判旨**〉　破棄自判、控訴棄却。「**本件のように、訴求債権が有効に成立したことを
認めながら、被告の主張する相殺の抗弁を採用して原告の請求を棄却した第 1 審判
決に対し、原告のみが控訴し被告が控訴も附帯控訴もしなかった場合において、控
訴審が訴求債権の有効な成立を否定したときに、第 1 審判決を取り消して改めて請
求棄却の判決をすることは、民訴法 199 条 2 項〔現、114 条 2 項〕に徴すると、控
訴した原告に不利益であることが明らかであるから、不利益変更禁止の原則に違反
して許されないものというべきであり、控訴審としては被告の主張した相殺の抗弁
を採用した第 1 審判決を維持し、原告の控訴を棄却するにとどめなければならない
ものと解するのが相当である。そうすると、本件では、第 1 審判決を右の趣旨にお
いて維持することとし、X の本件控訴を棄却……すべきことになる。**」

この判例によれば、訴求債権と反対債権の双方の存在を認め、相殺の抗弁を
認めて原告の請求を棄却した第 1 審判決に対し、原告のみが控訴し、被告は控
訴も附帯控訴もしなかった場合であっても、控訴裁判所は、反対債権の存否だ
けでなく、訴求債権の存否も審理判断することができるということになる。こ
の場合に、訴求債権が不存在であるとの心証に至り、これを理由として第 1 審
を取り消して請求棄却の判決を下すとすれば、相殺によって反対債権が消滅し
た（反対債権の不存在）という既判力が失われるという点で控訴人（原告）の不

利益となってしまう。そのため、不利益変更禁止原則が働き、控訴棄却にとどまることになる。

(3) **附帯控訴** 被控訴人が控訴期間内に控訴をしなくても、控訴審の口頭弁論終結までに附帯控訴（293条1項）という方法によって、不服申立てをすることができる。これは、被控訴人が不服申立てをする方法であり、附帯控訴があれば、原判決につき、附帯控訴人にとって有利な判決の変更（控訴人に不利な判決変更）も可能になる。

【判例⑩】不服の限度

——請求の予備的併合との関係で、不服の範囲をどう考えるか？

最三小判昭和58（1983）年3月22日・判時1074号55頁

〈**事案**〉 Aの母Yが所有・経営する店舗を改装する際、Aは請負工事代金211万円をXからの預託金の中から支払った。そこで、XはYに対し211万円の返還を求めて提訴した。

```
X ──────→ Y
   211万円の支払請求
   ①無権代理とその追認による支払請求
   ②債権者代位による支払請求
   ③不当利得返還請求
      第1審：請求認容（③請求を認容）
      第2審：請求棄却（③請求のみ審理判断）
      最高裁：上告棄却
```

Xは、主位的に①AはXの無権代理人としてYとの間に消費貸借契約または立替契約を締結し、その後Xは追認したことから支払請求権を有すると主張し、予備的に②仮にAが前記消費貸借契約または立替契約の本人であるとすれば、XはAに対し不法行為に基づく損害賠償請求権を有するので、債権者代位によってXはYに、AのYに対する貸金または立替金211万円の支払請求権を有すると主張した上で、さらに、③仮に①・②の請求が成立しないならば、不当利得として211万円の支払請求権を有すると主張した。

第1審は①・②請求を棄却し、③請求を認容したところ、Yのみが控訴し、Xは控訴も附帯控訴もしなかった。原審は、①・②請求について、Xが控訴ないし附帯控訴の申立てをしていないため、審理判断の対象とならないとした上で、③請求は認められないとしてXの請求を棄却した。これに対しXは、原審は第1審でXは

211 万円の請求について全部勝訴しており控訴の利益がないために控訴しなかったのであり、原審でも第 1 審での X の主張をすべて維持・陳述していたことから、控訴または附帯控訴がなくとも①・②請求も審理判断の対象とすべきであり、仮に、控訴または附帯控訴が必要であるとすれば、原審は附帯控訴に関する釈明を命じるべきであったとして上告した。

〈判旨〉　上告棄却。「主位的請求を棄却し予備的請求を認容した第 1 審判決に対し、第 1 審被告のみが控訴し、第 1 審原告が控訴も附帯控訴もしない場合には、主位的請求に対する第 1 審の判断の当否は控訴審の審判の対象となるものではないと解するのが相当である」。

　「また、記録にあらわれた本件訴訟の経過に徴すれば、原審が所論の点について釈明権を行使しなかったとしても審理不尽等所論の違法があるとは認められない。」

　この判例によれば、予備的請求が認容された第 1 審判決に対し、被告のみが控訴した場合、控訴審裁判所の審理判断の対象は予備的請求のみであり、主位的請求を対象とするためには原告の附帯控訴が必要ということになる。

　(4)　**控訴裁判所の判決**　控訴裁判所の判決には、**控訴却下判決**（290 条）、**控訴棄却判決**（302 条）、**控訴認容判決**（305 条〜 308 条）がある。なお、事件が原審と上級審の間を際限なく往復することを防ぐため、差戻判決は差戻審を拘束し（裁 4 条）、差戻審判決に対する控訴・上告審をも拘束する（最二小判昭和 30 (1955) 年 9 月 2 日・民集 9 巻 10 号 1197 頁）。

3　上告

　控訴裁判所の終局判決に対する法律審への上訴が上告である（高等裁判所が第 1 審として判決をする場合や飛越上告の合意がある場合は第 1 審判決に対する上告が可能）。地方裁判所が第 1 審となる場合には最高裁判所が、簡易裁判所が第 1 審となる場合には高等裁判所が上告審となり、上告のために必要とされる理由（**上告理由**）に関する規律が異なる（312 条）。上告および上告審の訴訟手続には、原則として控訴の規定が準用される（313 条）。

　上告審の手続は、上訴要件を具備し、312 条所定の上告理由を主張することによって開始される。上告理由に基づく上告は、**権利上告**と呼ばれる。ただし、

最高裁判所が上告審となる場合には、権利上告の理由は憲法違反と重大な手続法違反に限定され、判決に影響を及ぼすことが明らかな法令の違反がある場合は含まれていない（312条3項参照）ので、原判決に最高裁判所の判例と相反する判断がある場合その他法令の解釈に関する重要な事項が含まれる場合については、最高裁判所が決定で上告を受理することができることとなっている（318条1項）。これが、**上告受理申立て**である。最高裁判所の負担軽減を目的とした制度である。

　上告審の審理は、職権調査事項（322条）を除き、上告理由に基づく不服申立ての限度でのみ行われる（320条）。上告裁判所の上告に対する裁判として、上告却下決定（317条1項）、上告棄却決定（317条2項）、上告棄却判決（319条）、原判決破棄判決（325・326条）がある。

4　抗告

　決定または命令に対する不服申立てが抗告である。あらゆる決定・命令に対して抗告が認められているわけではない。口頭弁論を経ないで訴訟手続に関する申立てを却下した決定または命令（328条1項）、決定または命令により裁判することができない事項についての決定または命令（328条2項）のほか、個別の明文規定がある場合（21条・44条・223条7項等）にのみ抗告が可能となる。抗告については、民訴法328条以下に規定がある。

　現行法上、特に重要な抗告は、特別抗告（336条）と許可抗告（337条）である。前者は、憲法違反を理由とするものであり、後者は、高等裁判所の決定等（例、文書提出命令手続における文書提出決定等）に対して、当該高等裁判所が許可をした場合に最高裁判所に特に抗告を許すものである。

Ⅱ　再審

1　再審の意義

　終局判決が確定すれば、権利関係の安定のためにもその通用力を尊重しなければならない。他方で、その確定判決の基礎となった手続や資料に重大な瑕疵<rp>（かし）</rp>が存在する場合であっても判決の通用力は覆<rp>（くつがえ）</rp>せないとすると、当事者にとって

酷であり司法への信頼も損なわれることになる。そこで、民訴法は、確定した
終局判決に対する不服申立ての制度として再審を用意している（338 条）。

2　再審の要件

　再審を開始させるために必要な事由を**再審事由**といい、以下の事由がある（338
条 1 項各号）。すなわち、①法律に従って判決裁判所を構成しなかったこと（1 号）、
②法律により判決に関与することができない裁判官が判決に関与したこと（2 号）、
③法定代理権、訴訟代理権または代理人が訴訟行為をするのに必要な授権を欠
いたこと（3 号）、④裁判官の職務行為に関する犯罪（4 号）、⑤刑事上罰すべき
行為による自白または判決に影響を及ぼす攻撃防御方法の提出の妨害（5 号）、
⑥証拠の偽造・変造（6 号）、⑦偽証（7 号）、⑧判決の基礎となった裁判または
行政処分の変更（8 号）、⑨判断の遺脱（9 号）、⑩判決の矛盾（10 号）である。
1 号から 3 号の事由は上告理由（312 条 2 項 1 号・2 号・4 号参照）と一致する。
また、3 号に関しては、手続保障の欠缺に対する救済として類推適用の可否が
問題となっている（【判例㊿】→ 102 頁）。

　これらの再審事由は、当事者が控訴または上告によって主張したとき、また
はこれを知りながら主張しなかったときは、再審を申し立てることができない
（338 条 1 項但書）。これを**再審の補充性**という。また、犯罪等が関連する 4 号
から 7 号の再審事由（④〜⑦）については、有罪判決もしくは過料の裁判が確
定したとき、または証拠がないという理由以外の理由で有罪の確定判決もしく
は過料の確定裁判を得ることができないときに限り、再審の訴えが可能となる
（338 条 2 項）。

　再審の訴えの原告適格を有する者は、原判決の効力を受け、不服の利益を有
する者である。典型例は、原判決において一部または全部敗訴した当事者であ
る。この点に関し、当事者ではないものの原判決の効力を受ける第三者が再審
の訴えの原告適格を有するか否か問題となる。

【判例⑪】再審の訴えの原告適格
　——第三者は再審の訴えの原告適格を有するか？
　最一小決平成 25（2013）年 11 月 21 日・民集 67 巻 8 号 1686 頁

〈**事案**〉 Xが有する新株予約権の行使に基づき、株式会社YはXに新株を発行した。その後、Yの株主であるZが本件新株発行は無効であること等を求める

```
Z ─────────→ Y （特に防御活動をせず）
        新株発行の無効確認等の訴え
              ↓
     請求認容判決（判決の効力はXに拡張、会社838条）
              ↑
     Xによる再審の申立て＋独立当事者参加の申出
                 第1審：再審請求棄却
                 第2審：抗告棄却
                 最高裁：破棄差戻し
```

訴えを提起したところ（以下、前訴という）、Yは特に防御することもないまま本件新株発行を無効とする判決が言い渡された。前訴判決確定後、その存在を知ったXは、YとZは前訴判決の効力が及ぶXに前訴の係属を知らせず判決を確定させたため、338条1項3号に準じる再審事由があるとして、独立当事者参加の申出をし、YとZらを被告として再審の訴えを提起した。

　第1審はXの再審請求を棄却したため、Xが抗告。原審は、Xは共同訴訟的補助参加が可能であることからXの再審の原告適格を認めたものの、再審事由は認められないとして抗告を棄却した。そこでXは許可抗告（337条）を申し立てた。

〈**決定要旨**〉　破棄差戻し。「新株発行の無効の訴えに係る請求を認容する確定判決の効力を受ける第三者は、再審原告として上記確定判決に対する再審の訴えを提起したとしても、上記確定判決に係る訴訟の当事者ではない以上、上記訴訟の本案についての訴訟行為をすることはできず、上記確定判決の判断を左右できる地位にはない。そのため、上記第三者は、上記確定判決に対する再審の訴えを提起してもその目的を達することができず、当然には上記再審の訴えの原告適格を有するということはできない。

　しかし、上記第三者が上記再審の訴えを提起するとともに独立当事者参加の申出をした場合には、上記第三者は、再審開始の決定が確定した後、当該独立当事者参加に係る訴訟行為をすることによって、合一確定の要請を介し、上記確定判決の判断を左右することができるようになる。なお、上記の場合には、再審開始の決定がされれば確定判決に係る訴訟の審理がされることになるから、独立当事者参加の申出をするために必要とされる訴訟係属があるということができる。

　そうであれば、新株発行の無効の訴えに係る請求を認容する確定判決の効力を受ける第三者は、上記確定判決に係る訴訟について独立当事者参加の申出をすること

によって、上記確定判決に対する再審の訴えの原告適格を有することになるというべきである。」

　「新株発行の無効の訴えは、株式の発行をした株式会社のみが被告適格を有するとされているのであるから（会社 834 条 2 号）、上記株式会社によって上記訴えに係る訴訟が追行されている以上、上記訴訟の確定判決の効力を受ける第三者が、上記訴訟の係属を知らず、上記訴訟の審理に関与する機会を与えられなかったとしても、直ちに上記確定判決に民訴法 338 条 1 項 3 号の再審事由があるということはできない。

　しかし、当事者は、信義に従い誠実に民事訴訟を追行しなければならないのであり（民訴法 2 条）、とりわけ、新株発行の無効の訴えの被告適格が与えられた株式会社は、事実上、上記確定判決の効力を受ける第三者に代わって手続に関与するという立場にもあることから、上記株式会社には、上記第三者の利益に配慮し、より一層、信義に従った訴訟活動をすることが求められるところである。そうすると、上記株式会社による訴訟活動がおよそいかなるものであったとしても、上記第三者が後に上記確定判決の効力を一切争うことができないと解することは、手続保障の観点から是認することはできないのであって、上記株式会社の訴訟活動が著しく信義に反しており、上記第三者に上記確定判決の効力を及ぼすことが手続保障の観点から看過することができない場合には、上記確定判決には、民訴法 338 条 1 項 3 号の再審事由があるというべきである。」

　この判例によれば、ある訴訟の確定判決の効力を受ける第三者が、その訴訟によって権利を害された場合、独立当事者参加の申出（→ 265 頁）をすることによって再審の原告適格が認められ、さらに信義則の観点から救済の必要性が高い場合、民訴法 338 条 1 項 3 号の類推によって再審を認めうることになる。この際には、前訴当事者に対し独自の請求を立てる必要があるとされる（最一小決平成 26（2014）年 7 月 10 日・判時 2237 号 42 頁）。

3　再審の訴えの提起・審理・裁判

　再審の訴えは、原判決を言い渡した裁判所の管轄に専属する（340 条 1 項）。再審の訴えを提起する際、「当事者および法定代理人」、「原判決の表示と再審を求める旨」、「不服の理由」を記載した再審の訴状を管轄裁判所に提出しなければならない（343 条）。

　再審の訴えは、訴えの要件と再審事由の有無を判断する**再審開始決定手続**と（346条）、**本案の再審理を行う手続の2段階構造**となっている（348条）。

　再審事由が認められる場合には、相手方を審尋した上で**再審開始決定**を下すことになる（346条2項）。他方、再審の要件を満たさず不適法となる場合は、再審の訴えを却下する決定をし（345条1項）、再審事由がなければ再審請求を棄却する決定をすることになる（同条2項）。棄却決定が確定すると、同一の再審事由を理由とする再審は認められない（同条3項）。

　再審開始決定が確定すると、不服申立ての限度で**本案の再審理**がなされる（348条1項）。裁判所は、原判決を正当としない場合、原判決を取り消した上で新たな判決をする（348条3項）。原判決を正当とする場合、再審請求棄却判決をする（同条2項）。

第15講
簡易救済手続

> 〈本講のポイント〉
> 本講では、簡易裁判所における訴訟手続について取り扱う。前講までに概観してきた民事訴訟手続は、最も公正、慎重、かつ重厚ないわばフルサイズの地方裁判所等における法的救済手続であり、見方を変えれば、これは、公平な紛争解決のために手続の迅速性や低廉性をある程度犠牲にすることをも厭わない手続でもある。これに対して、簡易裁判所においては、少額軽微な事件の簡易・迅速・低廉な紛争解決手続が用意されている。
> そこで、本講では、簡易裁判所における簡易な訴訟手続等を、簡易救済手続と呼ぶ。それには、簡易裁判所における通常の訴訟手続（→Ⅰ）、少額訴訟手続（→Ⅱ）、および、手形・小切手訴訟手続（→Ⅲ）がある。

Ⅰ　簡易裁判所とその手続

　⑴　**意義**　簡易裁判所は、戦後、「司法の民主化・民衆化」政策の一環として、少額軽微な民事事件等を取り扱うために特に創設されたものであり、その目的は、「簡易な手続により迅速に紛争を解決する」ことである（270条）。いわば、「**簡易救済**」を実現する裁判所である。

　簡易裁判所の組織自体における具体的な特色としては、①全国主要・中小都市を中心に438ヶ所と多数設置されており、これは、日本の裁判所組織の中で最も多いこと、②法曹資格を有しないが所定の要件を満たす者にも、**簡易裁判所判事**として裁判官となることを認めたこと（裁44条1項4号・5号、裁45条）、③訴額による事物管轄の制限（**140万円以下**）を設けたこと（裁33条1項1号。行政事件訴訟に関する請求は除外）、④国民の司法参加として、**司法委員**の制度（279

〈表11〉簡易裁判所の民事手続

〈訴訟手続〉	〈訴訟先駆手続〉	〈合意型手続〉
簡易裁判所の通常訴訟 少額訴訟 手形・小切手訴訟	督促手続 （382条以下）	民事調停 （民事調停法） 訴えの提起前の和解 （275条）

条、規172条、司法委員規）を設け、**調停委員**の制度を拡充したこと、そして、⑤手続案内カウンター等を設置し、また、手続に必要な書類に関して定型書式も準備するなど、市民の司法アクセスを増進するための様々な工夫がなされていること等を挙げることができる。

　簡易裁判所には、本講で述べる様々な訴訟手続以外にも、〈**表11**〉で示したように様々な民事手続がある。

　簡易裁判所の民事訴訟手続に関しては、「簡易な手続により迅速に紛争を解決する」という簡易裁判所の目的を達成するために、当事者の利便性を向上することを意図した規定と、裁判所の負担軽減等を図る規定が設けられている。

　(2)　**特色**　①当事者が訴えの提起において明らかにすべき事項の緩和（272条）、③任意の出頭（出廷）による訴えの提起等（273条）、④弁護士代理の原則ではなく、許可代理（54条1項但書）および認定司法書士による代理の許容（司法書士3条1項6号）、⑤準備書面の省略等（276条）、⑥続行期日における陳述の擬制（277条）、⑦尋問に代わる書面の提出（278条）、⑧少額訴訟手続（368条以下）および少額訴訟債権執行手続（民執25条但書・167条の2以下）、⑨訴え提起前の和解（275条1項）と訴え提起前の和解が不調となった場合の弁論（同条2項）、⑩和解に代わる決定（275条の2）、⑪民事調停手続（民調1条）、および、⑫督促手続（382条以下）等がある。

Ⅱ　少額訴訟手続

　(1)　**意義**　少額訴訟手続は、一般市民が少額軽微な紛争を、費用・時間・労力等の面で訴額に見合った負担で迅速かつ効果的に裁判所で解決することを可能にするために設けられた手続である。そこでは、弁護士等の法律専門家の手

を借りなくても、市民自らの手で法的救済を確保できるようになることが期待
されている。特に旧法のもとでは、簡易裁判所は、貸金業者や信販会社等の業
者が市民を被告として訴える場ともなり、「国民の裁判離れ」という言葉が登
場したのも、この頃であった。そこで、このような事態を打開するため、アメ
リカ合衆国の少額裁判所（Small Claims Court）の手続を参考に、少額訴訟手続
が創設されたのである。

　(2)　**手続**　当事者が少額訴訟を利用するためには、以下の要件を満たす必要
がある。すなわち、①訴額が **60 万円以下**の**金銭支払請求訴訟**であること（368
条 1 項本文）と、②利用回数の制限を超過していないこと（同一の原告は、同一
の簡易裁判所において同一の暦年に、**10 回**を超えて少額訴訟を利用することができ
ない〔368 条 1 項但書、規 223 条・368 条 2 項・3 項、381 条〕）である。もっとも、
これらの要件を満たさない事件であっても、少額訴訟に類する事件については、
準少額訴訟事件等として、東京簡易裁判所や大阪簡易裁判所等では、少額訴訟
手続に準じた手続運営上の工夫が行われている。

　ただし、少額訴訟として提起されても、地方裁判所に移送されて審理判断さ
れることもある（→【判例⑫】）。

> **【判例⑫】**「架空請求」と裁判所の役割
> ──架空請求に対して、裁判所はいかなる役割を演じるか？
> 東京地判平成 17（2005）年 3 月 22 日・判時 1916 号 46 頁

〈事案〉　本件は、携帯電話用有料
サイトの運営業者であるＸ（本訴
原告・反訴被告）が、Ｙ（本訴被
告・反訴原告）に対し、自己が運
営するサイトにＹが接続し規約

```
X ──────→ Y
　（本訴）損害賠償請求
　（反訴）損害賠償請求
東京地裁：本訴請求棄却・反訴請求一部認容
```

違反をしたとして、簡易裁判所に、約 14 万円の支払を求めて提起した少額訴訟で
ある。これに対し、Ｙは、Ｘの請求は架空請求であるとしてこれを争った上で、反
訴として、Ｘによるプライバシー情報の不正取得および架空請求により精神的苦痛
を被ったとして、不法行為による慰謝料 100 万円および弁護士費用 10 万円の支払
を求めた。簡易裁判所は、本件を地方裁判所に移送した。

①Ｘは、簡裁の少額訴訟法廷に許可代理人としてＡを出頭（出席）させておきながら、Ｙに多数の訴訟代理人が就任し、本件が地裁に移送される旨の決定がなされた途端、突如本訴を取り下げようとし、②Ｙの同意がなく取下げは成立しなかった上、反訴が提起されているにもかかわらず地裁の第２回口頭弁論期日以降欠席を続け、しかも、③送達場所についてもＡを送達場所にする旨の届出があり、従前は送達できていたが、上記第２回口頭弁論以降「転居先不明」で返送され、送達場所変更の届出もされなかった。

〈判旨〉　本訴請求棄却・反訴請求一部認容。「……Ｘの行為とは詐欺行為とも評価しうるものである。

即ち、Ｙが本件サイトを利用したことは一度もないことは……認定したとおりであるが、本件サイトの運営業者を名乗る以上、Ｘとしてもそのことは十分承知しているはずであり、にもかかわらず、本件督促状、本件通告書を送付しているのは、出会い系サイト利用経験のある者ならば、利用したものと誤信して支払に及ぶ可能性を見込んだものであるとの推認ができる。

また、実際に本訴の提起に及んでいることについては、いわゆる架空請求について、一般的に『相手にしないで放置するべき』と報道されていることに便乗し、提訴後も応訴することなく弁論期日に欠席させることで勝訴判決を取得できるとの計算のもとに提訴に及んでいるのではないか、敢(あ)えて少額訴訟を選んだのはＹが応訴してきた場合でも第１回期日での終結を押し切ろうとしたのではないか、との推認もでき、被害予防のための報道や裁判制度をも悪用する極めて悪質ないわゆる訴訟詐欺に該当する可能性が高いものといわざるを得ない。

こうしたＸによる一連のプライバシー侵害、恐喝行為等によって、Ｙにおいて精神的苦痛を被ったことは明らかであるけれども、その一方で、結果として本訴が棄却されることでＸの恐喝行為ないし詐欺行為は未遂で終わること、かつ、本件の審理を経る過程でＹの受けた精神的苦痛とは相当程度慰謝されているものと評価されることをも総合して斟酌(しんしゃく)すれば、Ｙの慰謝料額は30万円が相当と思料する。……弁護士費用については、Ｙの主張する10万円全額について相当因果関係を認めることができる。」

少額訴訟の手続にも、顕著な特徴がある。たとえば、①**一期日審理の原則**が採用されており（370条１項）、②証拠調べの対象は即時に取り調べることができる証拠に限定され（371条）、③尋問事項書は利用されず（規225条）、④証人

宣誓も不要とされる（372条1項）。⑤人証調べに際して交互尋問方式は採用されず、証人尋問の順序は裁判官の裁量で決定される（同条2項）。⑥通常訴訟ではテレビ会議システムで行われる証人尋問を、当事者の申出によってではあるが、電話会議システムで代替することが認められ（規226条）、しかも、⑥証人等の陳述の調書記載を省略できる（規227条1項）。また、⑦反訴は禁止される（369条）。さらに、⑧いわゆる「一体型審理」が採用されている。すなわち、弁論手続と証拠調べ手続が峻別されずに審理手続が行われるのである。そのため、裁判官は、訴状、答弁書、準備書面、書証等に基づき、当事者から紛争の実情を聴きながら、証拠資料と訴訟資料を適宜獲得するという方法で、審理を進めていくことになる。⑨即日判決の原則が採用されている。すなわち、裁判所は、相当でないと認める場合を除き、判決言渡しを口頭弁論の終結後直ちに行うことを求められる（374条1項）。⑩裁判所は、支払猶予判決（375条）を出すことができる。原則として、現在給付の訴えに対する請求認容判決は、原告からの分割払いの申立がない限り、一括払判決が出されることになる。だが、資力不足の被告に対して強制執行を行ったところで、その実効性は乏しく、むしろコストばかりが嵩むことが危惧される。したがって、そのような場合には、債務者の自発的な支払努力、すなわち、任意履行ないし任意弁済に依拠する方が、より安価で効率的な満足を原告は期待できる。⑪少額訴訟に対しては、控訴が禁止される（377条）代わりに、一定の要件のもとで、その判決を言渡した裁判所への異議申立てのみが認められる（378条1項、規230条）。⑫強制執行手続が簡易執行化されており、様々な面で手続の簡素化が図られている。すなわち、仮執行宣言を必要的とし（376条）、少額訴訟判決（仮執行宣言付のものを含む）における単純執行文を不要とし（民執25条但書）、⑬簡易裁判所における特別な強制執行手続である少額訴訟債権執行手続（民執167条の2以下）が設けられている。

　なお、少額異議判決について憲法違反が問題となる場合、最高裁判所における憲法81条の違憲法令審査権の行使の要請から、異議審の終局判決に対しても特別上告が認められている（380条2項・327条）。

【判例⑬】少額訴訟手続における控訴の禁止
── 少額訴訟手続における控訴禁止規定は合憲か？

最二小判平成 12（2000）年 3 月 17 日・判時 1708 号 119 頁

〈**事案**〉 本件で、X（原告・被上告人）
は、Y（被告・上告人）に対して、Y
が運転する乗用車がコンビニエンス・
ストアーの駐車場でX所有の乗用車
に衝突したとして、不法行為に基づき、
修理代および代車代として、計 19 万

```
X ─────→ Y
  損害賠償請求（少額請求）
簡易裁判所：少額訴訟判決（一部認容）
  異議審：認可判決
最高裁判所：上告棄却
```

9374 円の損害賠償を求めて、少額訴訟を提起した。

　事故時における両車両の衝突の態様として、後退してきたYの車両がXの車両
の側面に衝突したというものであった。この点につき、一方で、Xは、Yの車両が、
一旦停止中であったXの車両に向かって突然後退してきたので衝突したと主張し
たのに対して、他方で、Yは、自分が後退しようとしたその時に、Xの車両がいき
なりYの車両の進路に入り込んできたので、停止しきれず衝突したとして、無過
失を主張した。

　1 週間後に、Xの請求を一部認容する少額訴訟判決が言い渡された。それは、Y
の過失を認めるものであり、X側にも 1 割の過失があったとして、過失相殺し、17
万 9437 円の認容判決であった。これに対した、Yが異議申立てをした。それにより、
通常の訴訟手続で審理が行われ、異議審は、少額訴訟判決を認可する旨の判決を言
い渡した。

　これに対して、Yが、異議後の訴訟の判決に対して控訴を許さない民訴法 380 条
1 項の規定は、裁判を受ける権利を侵害するので、憲法 32 条に反するとして、Y
が特別上告（380 条 2 項・327 条）を申し立てた。

〈**判旨**〉 上告棄却。「論旨は、少額訴訟の判決に対する異議後の訴訟の判決に対し
て控訴をすることができないとする民訴法 380 条 1 項は憲法 32 条に違反するとい
うものである。しかし、憲法 32 条は何人も裁判所において裁判を受ける権利があ
ることを規定するにすぎないのであって、審級制度をどのように定めるかは憲法
81 条の規定するところを除いて専ら立法政策の問題であると解すべきことは、当
裁判所の判例とするところである（最大判昭和 23（1948）年 3 月 10 日・刑集 2 巻
3 号 175 頁、最大判昭和 29（1954）年 10 月 13 日・民集 8 巻 10 号 1846 頁）。その

趣旨に徴すると、民訴法 380 条 1 項が憲法 32 条に違反するものでないことは明らかである。論旨は採用することができない。」

Ⅲ　手形・小切手訴訟手続

1　意義

　手形・小切手訴訟（350 条・367 条）とは、手形・小切手に基づく金銭支払請求を対象とする簡易救済手続である。この制度が創設された 1960 年代の経済界では、信用取引の活性化のために簡易迅速な決済機能が重視され、現金化が容易である手形・小切手が頻繁に利用されていた。そして、その利点を訴訟手続上も実効化し、債権者が簡易迅速に債務名義を取得することができるようにするために、手形・小切手訴訟の制度が設けられたのである。かつては年間 3 万件以上で推移していた手形・小切手訴訟も、電子決済等の普及に伴いその事件数は年々減少し、平成 31（2019）年の新受件数はわずか 57 件であった。

> 【判例⑭】手形訴訟制度の濫用
> ──手形訴訟制度が濫用された場合に、裁判所はどのような態度をとるか？
> 東京地判平成 15（2003）年 10 月 17 日・判時 1840 号 142 頁

〈事案〉　本件は、X（原告）が Y（被告）から約束手形の振出を受けたとして、同手形金 200 万円および手形法所定の法定利息金の支払を、手形訴訟によって求めた事案である。

```
X ──────→ Y
   手形金請求
地方裁判所：訴え却下
```

〈判旨〉　訴え却下。「本件手形は、A4 版用紙に『約束手形』の表題の下に X 主張の手形要件が記載されているものであり、いわゆる私製手形である。その記載に照らすと、本件手形は、Y が X に対して支払期日に被告方において 200 万円を支払うことを約束した文書であり、どうしてこのような文書が X・Y 間で授受されたか明らかでないが、単なる金銭支払約束書で、借用書の類というべきものである。

　本件手形は、上記のとおり『約束手形』と記載され、『上記金額をあなたまたは

あなたの指図人へこの約束手形と引替にお支払いいたします。』と記載されているが、暴力金融取立業者でもない限りこれを取得しようとする者がいるとはおよそ考えられず、正常な取引により第三者へ転々流通譲渡されることは全く予定されておらず、かつ、不可能であることが明らかである。手形は金銭支払の手段として利用され、約束手形は一般に信用利用の道具として用いられるものであるが、本件手形は、そのような手段性、用具性が全く認められず、形式的には手形要件が記載されているものの、上記のとおり手形としての本来の性質を何ら見いだせないものである。

それにもかかわらず、ＸがＹをして本件手形を作成させたのは、手形訴訟により、Ｙの抗弁を封じ、かつ、簡易・迅速に債務名義を取得して、Ｙに対して強制執行手続をし、または、同手続をすることを示して圧力をかけて金銭の取立をすることを目的としているものと推認される。

手形訴訟制度が、証拠制限をし、簡易・迅速に債務名義を取得させることとしているのは、手形の信用を高め流通を促進するために、その簡易・迅速な金銭化が強く要請されるからであるところ、本件手形が手形の信用と流通とは無縁のものであることは上記説示から明らかである。

以上に説示したところを併せ考慮すると、Ｘが本件手形により提起した本件手形訴訟は手形制度および手形訴訟制度を濫用（悪用）したもので、不適法なものというべきである。

よって、本件訴えは不適法でその不備を補正することができないから、口頭弁論を経ないでこれを却下する……。」

2　手続

手形・小切手訴訟の手続には、簡易救済手続に相応しく、以下のような特徴がある。①請求適格が手形金・小切手金の請求に限定され（350条）、②被告・裁判所による通常訴訟への移行が許されず（353条参照）、③早期に口頭弁論期日を指定すべき旨の規定が置かれ（規213条）、④**一期日審理の原則**が明記され（規214条）、⑤証拠調べが書証に制限され（352条）、⑥反訴の提起が禁止され（351条）、⑦職権による必要的仮執行宣言の付与が規定され（259条2項）、⑧手形訴訟の判決を手形判決（小切手訴訟の判決は小切手判決）といい、⑨終局判決に対する控訴は原則として禁止され（356条本文）、しかも、⑩執行停止の要件が厳格化されている（403条1項4号・5号）。

なお、手形訴訟に関する規定は、すべて小切手訴訟に準用される（367条2項）。

事 項 索 引

判例索引

306

編著者と執筆担当部分

川嶋四郎（かわしま・しろう）同志社大学　教授　　　　第 1 講、第 10 講、第 15 講

執筆者

宮永文雄（みやなが・ふみお）広島大学　教授　　　　　　　　　　　第 2 講

鶴田　滋（つるた・しげる）大阪市立大学　教授　　　　　　　　　第 13 講

上田竹志（うえだ・たけし）九州大学　教授　　　　　　　　　　　　第 7 講

園田賢治（そのだ・けんじ）同志社大学　教授　　　　　　　　　　　第 5 講

濵田陽子（はまだ・ようこ）岡山大学　准教授　　　　　　　　　　　第 3 講

酒井博行（さかい・ひろゆき）北海学園大学　教授　　　　　　　　　第 4 講

濵﨑　録（はまさき・ふみ）西南学院大学　教授　　　　　　　　　　第 8 講

薗田　史（そのだ・ふみ）久留米大学　准教授　　　　　　　　　　　第 6 講

池田　愛（いけだ・めぐみ）関西大学　准教授　　　　　　第 11 講 I 〜 II 3

渡邉和道（わたなべ・かずみち）金沢星稜大学　准教授　　　　　　　第 9 講

石橋英典（いしばし・ひでのり）松山大学　准教授　　　　　　　　第 14 講

山中稚菜（やまなか・わかな）椙山学園大学　専任講師　　第 11 講 II 4 〜第 12 講

寺村信道（てらむら・のぶみち）国立ブルネイ大学　助教授　　　　第 15 講

山本　真（やまもと・まこと）龍谷大学　非常勤講師　　　　　第 10 講 III

［編著者紹介］

川嶋四郎（かわしま・しろう：KAWASHIMA, Shiro）

現在、同志社大学法学部・大学院法学研究科、教授

略歴　滋賀県生まれ
　　　一橋大学大学院博士後期課程単位修得、博士（法学）
　　　九州大学大学院法学研究院・法科大学院教授を経て、2008 年 4 月から現職

著書　単著『民事訴訟過程の創造的展開』弘文堂 2005 年
　　　　　『差止救済過程の近未来展望』日本評論社 2006 年
　　　　　『民事救済過程の展望的指針』弘文堂 2006 年
　　　　　『アメリカ・ロースクール教育論考』弘文堂 2009 年
　　　　　『日本人と裁判：歴史の中の庶民と司法』法律文化社 2010 年
　　　　　『民事訴訟法』日本評論社 2013 年
　　　　　『公共訴訟の救済法理』有斐閣 2016 年
　　　　　『民事訴訟法概説〔第 3 版〕』弘文堂 2019 年
　　　　　『民事訴訟の簡易救済法理』弘文堂 2020 年
　　　共著『会社事件手続法の現代的展開』日本評論社 2013 年
　　　　　『レクチャー日本の司法』法律文化社 2014 年
　　　　　『テキストブック現代司法〔第 6 版〕』日本評論社 2015 年
　　　　　『民事手続法入門〔第 5 版〕』有斐閣 2018 年
　　　　　『はじめての民事手続法』有斐閣 2020 年
　　　　　『民事執行・保全法』法律文化社 2021 年
　　　　　『民事裁判 ICT 化論の歴史的展開』日本評論社 2021 年〔近刊〕、等

はんれいみんじ そ しょうほうにゅうもん
判例民事訴 訟 法 入 門

2021 年 9 月 28 日　第 1 版第 1 刷発行

かわしましろう
編著者／川嶋四郎
発行所／株式会社 日本評論社
　　　　〒 170-8474 東京都豊島区南大塚 3-12-4
　　　　電話　03-3987-8621（販売）、3987-8631（編集）
　　　　振替　00100-3-16
　　　　https://www.nippyo.co.jp/
印刷／株式会社 平文社　　　製本／株式会社難波製本　　　装幀／有田睦美
©KAWASHIMA Shiro　2021　Printed in Japan.
ISBN 978-4-535-52436-1